KB091386

개발자를 위한
위협 모델링

개발자를 위한
위협 모델링

김예슬 옮김   이자르 타란다쉬 · 매튜 콜스 지음

i!i
에이콘

이 책을 아내 쉴라(Sheila)에게 바친다. 그녀가 기술 작가로서의 비판적인 안목을 우리 콘텐츠에 적용하기 전에도 긴 밤과 주말 집필 시간을 100% 지지함으로써 이 책을 작업할 수 있었다. 또한 내 다른 동료에게도 감사의 말을 전하고 싶다. 충분한 휴식 시간(밖에서 놀거나 산책하면서)을 준 가너(Gunnar, 반려견), 글을 쓰는 동안 내 옆에 앉아 잘 쓰고 있는지 확인했던 아이벡스(Ibex, 반려묘) 그리고 공동 저자이며 오랜 시간 친구이자 동료인 이자르(Izar) – 위협 모델링과 보안의 세계에서 설 자리를 찾을 수 있도록 도와주고 아이디어를 줘서 감사하다. 당신과 하게 될 새로운 모험을 기대하고 있다.

매트(Matt)로부터

이 책을 아들 샤학(Shahak)에게 바친다. 아이디어를 쏟아내고, 똑똑한 사람들과 함께 작업하면서 일을 해내게 만들었다. 인내와 끊임없는 지원을 해준 배우자 르우트(Reut)에게도 감사의 인사를 전한다. 이들 없이는 이 일을 할 수 없었을 것이다. 특별히 공동 저자이자 같이 생각하고, 같이 수정하고, 여러 번 교정자의 역할을 한 매트(Matt)는 이 여정을 함께할 수 있었던 적임자이며 이보다 더 좋은 사람은 없을 것이다. 시큐리티 툴박스 이후로 길고, 재미있고, 인상 깊은 즐거운 일이었다.

이자르(Izar)로부터

김예솔(susiekys@gmail.com)

정보보안회사에서 약 3년간 해외 고객을 대상으로 통합 보안 관리 시스템^{ESM}의 기술지원을 담당했고, 현재는 게임회사에서 테크니컬 라이터로 영문 기술 문서 작성과 모바일 QA를 담당하고 있다. 에이콘출판사에서 펴낸 『Cuckoo 샌드박스를 활용한 악성코드 분석』(2014)과 『안드로이드 보안과 침투 테스팅』(2016)을 번역했다.

옮긴이의 말

이 책은 위협 모델링이 무엇인지, 왜 필요하고, 어떻게 만들고, 어떻게 관리해야 하는지에 관한 전반적인 가이드를 제공한다. 특별한 보안 전문 지식이 없어도 위협 모델링을 만들고 수행할 수 있도록 격려하며, 처음부터 완벽한 모델링을 만들기보다는 시행착오를 겪으며 조직에 맞는 모델링 방법론을 찾고 개선하기를 권장한다.

위험을 식별하는 것도 중요하지만 보안 마인드를 갖고 제품 보안의 체계를 만들어가는 것 또한 위협 모델링의 목적이다. 한번 만드는 것으로 끝나지 않고 지속적으로 시스템의 변경 사항을 관리해야 진정한 위협 모델링의 의미를 찾을 수 있을 것이다.

저자는 수십 년간 현장에서 쌓은 경험을 통해 얻은 노하우를 이 책에 담았다. 시스템 모델링을 만드는 방법부터 위협 모델링의 기본적인 흐름, 방법론의 종류, 자동화 방법, 위협 모델링 툴 등 보안을 처음 시작하는 입문자에게도 도움이 될 만한 내용을 설명하고 있으므로 위협 모델링에 관심이 많은 독자들에게 추천한다.

이자르 타란다쉬 Izar Tarandach

브리지워터 어소시에이츠Bridgewater Associates의 수석 보안 설계자다. 이전에는 오토데스크Autodesk에서 수석 제품 보안 설계자로, 델Dell EMC에서 엔터프라이즈 하이브리드 클라우드 보안 설계자로 근무했으며, 델 EMC 제품 보안실에서 장기간 보안 고문을 담당했다. 세이프코드SAFECode의 핵심 멤버이자 IEEE 보안 설계 센터의 창립 멤버다. 보스턴 대학교에서 디지털 포렌식 강의를, 오리건 대학교에서 보안 개발 강의를 진행했다.

매튜 콜스 Matthew J.Coles

제품 보안 프로그램의 리더이자 보안 설계자로서 15년 동안 EMC, 아날로그 디바이스Analog Devices, 보스Bose에서 제품 보안을 구축하고, 전 세계 고객에게 맞춤형 지식을 제공했다. CWE/SANS Top 25 목록을 포함한 커뮤니티 보안 이니셔티브에 참여하고 있으며, 노스이스턴 대학교에서 소프트웨어 보안 강의를 진행했다.

차례

에이콘출판의 기틀을 마련하신 故 정완재 선생님 (1935-2004)

프롤로그

지난 15년 동안 엔지니어들과 개발 수명 주기의 보안을 이야기했을 때 그들은 한 가지 질문을 반복했다. '보안 전문가인 당신이 제시한 것 중에 우리가 해야 할 가장 중요한 활동은 무엇입니까?' 솔직히 어떠한 중요 활동도 개발 수명 주기의 보안을 보장할 수 없기에 이 질문이 신기하고 짜증나고 지쳤으며 질리기도 했다. 하나의 프로세스와 모든 부분적 프로세스를 준수하는 대부분의 경우에도 애플리케이션은 취약하고 실제 환경에서 악용될 수 있다. 버그가 없는 완벽한 소프트웨어가 없는 것처럼 보안에서 완벽한 해결책은 없다.

그러나 하나의 활동을 올바르게 지속적으로 수행하는 것은 엄청난 가치가 있고 이것이 위협 모델링threat modeling이다. 우리가 제시하는 다른 모든 보안 활동을 위협 모델링으로 대체하자는 것은 아니다. 위협 모델링을 '올바르게 수행'하려면 부담스럽고, 힘들고, 끝이 없으며, 활동을 수행하는 개인 또는 팀의 보안 지식에 의존하기도 한다. 하지만 왜 위협 모델링이 모든 개발 팀이 수행해야 하는 가치 높은 활동인지 내 경험을 공유해 보려고 한다.

EMC에서 보안을 책임지던 당시, 보안 소프트웨어 개발 프로그램을 통해 몇 년간의 데이터를 확보했고, 외부 연구원들이 제품 보안 대응 센터PSRC, Product Security Response Center에 보고한 취약점을 자세히 알아보기로 했다. 목적은 간단했다. 보고된 취약점 중 위협 모델링으로 식별할 수 있는 취약점의 수를 파악하기만 하면 되는 일이었다. 데이터에 따르면 이러한 문제의 대다수(80% 이상)는 위협 모델 중에 발견할 수 있는 설계 수준의 문제였다.

외부 테스트 업체가 식별한 내용을 위협 모델도 식별할 수 있는지 여부를 비교하려고 우리는 그들의 리포트에 있는 침투 테스트 결과와 유사한 작업을 수행했다. 결과는 비슷했다. 데이터 기반 접근 방식을 사용해 내부 위협 모델링 사례를 좀 더 적극적으로 개발하고 실행하는 데 집중할 수 있었다.

현재는 오토데스크^Autodesk에서 위협 모델링 활동을 맡아 추진하고 있다. 위협 모델링은 애플리케이션에서 소스 코드 분석 도구를 실행하는 것보다 더 효과적일 뿐만 아니라 잡음이 적다. 보안 취약점을 찾는 툴의 능력을 판단하는 것은 아니지만, 경험상 잡음이 적을수록 엔지니어의 만족도가 높고, 개발 수명 주기 안에 보안 관행을 포함하는 것에 덜 회의적이다.

개발자는 바쁘다. 작업량이 많기 때문에 작업 방식을 바꾸거나 보안 팀이 원하는 것을 포함해 속도를 늦추고 싶어 하지 않는다. 이자르^Izar와 매트^Matt는 수년간 개발자와 협력한 경험을 통해 모든 개발자가 위협 모델링에 쉽게 접근할 수 있는 방법과 위협 모델링의 결과를 효과적인 위험 관리에 적용하는 실용적인 팁을 수집했다. 이 책에서 매트와 이자르가 제안하는 내용은 수명 주기 초기에서 가장 심각한 보안 결함을 식별하는 데 도움을 주고 소프트웨어가 생산되기 전 아직 개발 팀에 시간이 있을 때 위험 관리 관행을 따를 수 있게 한다.

지속적인 통합과 구현을 위한 기술을 채택하는 것이 중요한 클라우드 환경에서는 위협 모델링이 적합하지 않아 보일 수 있다. 이 책은 화이트보드^whiteboard에 시간을 들이지 않고도 설계 위험을 식별할 수 있도록 연속 모델링이 어떤 것인지 보여 준다. 이러한 측면에서 더 많은 작업이 필요하며, 나는 매트와 이자르에게 연속 모델링을 통합하고 자동화 개발을 위한 새로운 기술을 고안해 내도록 계속 요구했다. 오토데스크에서는 간단한 주문을 외운다. 모든 것을 자동화하라. 몇 년 전만 해도 위협 모델링 자동화는 허황된 꿈처럼 보였을 것이다. 오늘, 이 책에 제시된 몇 가지 개념과 함께 이 꿈에 점점 더 가까워지길 희망해 본다.

이제는 '보안 전문가인 당신이 제시한 것 중에 우리가 해야 할 가장 중요한 활동은 무엇입니까?'라는 질문을 받으면 '위협 모델링부터 시작해서 자세히 알려 드리겠습니다'라고 대답한다. 이 책은 위협 모델링을 올바르게 수행하는 방법을 알려 주고 여러분의 제품 개발 수명 주기에 원활하게 통합될 수 있도록 도와줄 것이다.

– **리니 산디**(Reeny Sondhi)
오토데스크 부사장 겸 최고 보안 책임자

들어가며

실제 환경에서의 위협 모델링 가이드에 온 것을 환영한다. 이 책은 위협 모델링과 보안 시스템 설계에 대한 10년 간의 연구, 개발, 실습의 결과다. 우리가 알고 있는 내용뿐만 아니라 애플리케이션 보안 커뮤니티의 경험을 모아 알차게 구성하려고 노력했다.

현재와 미래 지향적인 방법론과 기술을 보여 주려고 노력했지만, 향후 몇 달 또는 몇 년 뒤에 이를 능가할 변화가 있을 것이다. 위협 모델링은 계속 발전하고 있다. 글을 쓰는 이 시점인 2020년에는 보안 모델링을 수행하고 분석하기 위한 약 24가지의 방법이 존재한다. 보안 관련 조직과 전 세계의 개발 커뮤니티가 참가하는 포럼에서 계속 새로운 기술이 개발되거나 기존 기술을 업데이트하고 있다. 이를 염두에 두고 충분한 이론과 가이드를 통해 스스로 결론을 내려야 한다. 이 책은 여러분의 팀과 시스템에 이러한 기술을 적용할 수 있도록 실행 및 접근이 가능한 정보를 제공하는 것을 목표로 한다.

이 책을 쓴 이유

위협 모델링을 수행하려면 보안 전문가들로 구성된 특정 클럽에 소속돼야 한다는 인식이 있지만 꼭 그렇지만은 않다. 위협 모델링은 기능적이고 개발의 원칙에 따라 수행돼야 한다. 따라서 이 책의 궁극적인 목표는 위협 모델링의 인식을 바꿔 누구나 배우고 수행할 수 있는 접근 가능한 분야로 만드는 것이다.

왜 우리인가? 몇 년 전까지만 하더라도 지금 여러분이 느끼는 것처럼 '위협 모델링'의 전반적인 내용은 혼란스러웠다.

시간이 지날수록 몇 가지 방법론을 알게 됐고, 대부분은 문제가 있었지만 잘 만들어진 위협 모델은 즐거움을 줬다. 그 과정에서 위협 모델링(그에 수반되는 지식들)을 새로운 수준으로 끌어올리는 흥미롭고 똑똑한 사람들을 만났고 그들에게 배우게 됐다. 우리만의 아이디어를 발전시켜 그 과정에서 다른 사람에게 도움을 주고 위협 모델링의 불안함, 불확실성, 의심으로부터 벗어나게 할 수 있다는 것을 깨달았다. 짧게 말해서 여러분이 위협 모델링에 흥미를 갖게 해주고 싶었다.

이 책의 대상 독자

설계와 개발 프로세스, 출시된 시스템의 보안 태세를 높일 책임이 있는 시스템 개발 팀 구성원(개발자, 설계자, 디자이너, 테스터, 데브섹옵스^{DevSecOps})을 위한 책이다. 여기에는 제품 또는 IT 시스템을 설계, 구축, 유지 관리하는 사람도 포함된다.

위협 모델링을 아직 경험해 보지 않은 기존 보안 실무자에게도 유용하지만 특히 시스템 개발 팀을 염두에 두고 작성했다. 제품 관리자, 프로그램 관리자, 다른 기술자도 최소한 프로세스에서 자신의 가치를 이해하고 있어야 한다.

이 책의 구성

시스템 설계를 분석하고자 어떻게 위협 모델링을 사용하는지에 초점을 두고 시스템의 구현과 배포에 내재된 위험을 파악하고 미리 방지할 수 있다. 이 책에서 특정 토폴로지, 시스템, 알고리듬의 분석이나 보안 설계를 위한 방법은 다루지 않지만, 이를 잘 설명하는 다른 책을 참고할 수 있게 소개한다. 대신 위험 조건이 존재할 때 이것을 인지할 수 있는 툴을 소개하고, 위험 조건을 해결하기 위한 구체적인 방법론을 제공하며, 위협 모델링 기술을 높이는 데 도움이 되는 정보를 제공한다.

서문에서는 보안 원칙과 보안 설계 기술의 배경 지식을 설명하고 데이터와 시스템 기능을 보호하기 위한 기본적인 특성과 메커니즘을 논의한다. 보안과 개인 정보, 안정성의 관계와 위험도의 정의를 살펴보고 시스템의 위험을 측정하는 요소를 설명한다. 서론에서 다루는 보안 기본 사항은 특히 애플리케이션 보안에 입문하는 사람과 원칙 및 목표의 새로운 설명을 찾는 독자에게 중요하다.

1장에서는 시스템 모델링 기술을 살펴보고 시스템 보안을 평가하는 데 중요한 주요 특성을 파악하는 방법을 설명한다. 악용 가능한 취약점과 시스템 보안에 부정적인 영향을 미치는 취약점 방법론을 설명한다.

2장과 3장에서는 시스템 개발 수명 주기의 활동으로서 위협 모델링의 개요를 설명하고, 시스템을 모델링하고 분석할 때 사용 가능한 일반적인 위협 모델링 기술을 설명한다. 새로운 방법론과 더불어 위협 모델링의 게임화도 논의한다.

2장 이후부터는 위협 모델링이 왜 중요한 활동인지 이미 알고 있는 상태에서 보안 설계의 원칙을 수행하는 전문 보안 실무자를 포함해 모든 독자에게 도움이 되는 내용을 담고 있다.

4장과 5장에서는 위협 모델링 방법론의 미래와 자동화, 데브옵스^{DevOps} 자동화를 포함한 애자일^{Agile} 개발 방법론을 설명한다. 새롭고 흥미로운 방식의 위협 모델링을 수행하는 특별한 기술도 다룬다. 특히 전문가인 독자에게 좀 더 흥미로울 것이다.

6장에서는 조직에서 위협 모델링 적용을 시작하려는 개발 팀으로부터 자주 듣는 질문을 설명한다. 일반적인 함정과 장애물을 피하는 방법을 위한 조언과 지침을 준다.

부록 A에서는 위협 시스템 모델을 구성하고 분석하고자 pytm을 사용한 예제를 제공한다.

다양한 시스템 적용 기술

사물인터넷^{IoT, Internet of Things}이나 클라우드 기술과 같은 지식이 예제를 이해하기 위한 전제 조건이 되지 않도록 모든 시나리오에 일반적인 소프트웨어 기반 시스템을 적용해 이 책을 기술했다. 하지만 하드웨어 기반, 클라우드 기반, 데이터를 옮기고 안전하게 저장하는 대부분의 시스템과 소프트웨어 조합에 관계없이 이 기술은 모든 시스템 유형에 적용할 수 있다. 시스템에 미치는 영향을 이해하는 데 도움이 되는 비즈니스 프로세스 분석 가이드도 제공한다.

독자 기여의 중요성

이 책이 아닌 다른 곳에서 위협 모델을 수행하는 방법을 읽는다면 우리가 제시한 기술, 구성, 접근 방식의 차이를 발견할 수 있다. 이것은 의도된 것이다(말장난 아님). 이 책이 커뮤니티에서 보안을 이해하는 방법과 보안이 시스템 설계에 미치는 영향에 건설적인 논쟁을 불러일으킨다면 위협 모델링은 개선될 것이고 커뮤니티에 의존하는 우리에게 도움이 될 것이다. 앞서 언급했듯이 위협 모델링은 발전하고 있으며 여러분이 이 발전에 기여하길 촉구한다. 아마도 언젠가 여러분을 콘퍼런스에서 만나거나 함께 개발 프로젝트를 진행하고 경험을 공유하면서 서로에게 배울 수 있는 날이 올 것이다.

https://threatmodeling.dev에서 우리와 소통할 수 있다.

편집 규약

이 책은 다음과 같은 편집 규약을 사용한다.

고정폭 글꼴

　변수 또는 함수 이름, 데이터베이스, 데이터 유형, 환경 변수, 명령문, 키워드와 같은 프로그램 요소를 참조하는 단락과 프로그램 목록에 사용된다.

일정한 너비 굵게

　사용자가 문자 그대로 입력해야 하는 명령어 또는 텍스트를 표시한다.

일정한 너비 기울임꼴

　사용자가 정의한 값이나 문맥에 따라 변경돼야 하는 값을 표시한다.

 요령이나 제안을 나타낸다.

일반적인 참고 사항을 나타낸다.

 경고나 주의를 나타낸다.

문의

이 책에 관한 의견이나 문의는 출판사로 보내 주기 바란다.

이 책의 오탈자 목록, 예제, 추가 정보는 책의 웹 페이지인 https://www.oreilly.com/library/view/threat-modeling/9781492056546/를 참고한다. 한국어판의 정오표는 에이콘출판사의 도서정보 페이지 http://www.acornpub.co.kr/book/practical-threat-modeling에서 확인할 수 있다.

책의 기술적인 내용에 관한 의견이나 문의는 메일 주소 bookquestions@Oreilly.com으로 보내 주기 바란다. 그리고 한국어판에 관해 질문이 있다면 에이콘출판사 편집 팀(editor@acornpub.co.kr)이나 옮긴이의 이메일로 연락 주길 바란다.

감사의 말

경험과 지식을 공유하고 리뷰와 토론, 의견, 기술적 세부 사항에 많은 도움을 주신 모든 분께 감사드린다. 그들의 도움 없이는 이 책이 완성되기 어려웠을 것이다.

아론 린트Aaron Lint, 아담 쇼스탁Adam Shostack, 아크힐 벨Akhil Behl, 알렉산더 비칼호Alexander Bicalho, 앤드류 칼랏Andrew Kalat, 알리사 밀러Alyssa Miller, 브룩 쇼엔필드Brook S. E. Schoenfield, 크리스 로메오Chris Romeo, 크리스티안 슈나이더Christian Schneider, 프레이저 스콧Fraser Scott, 조나단 마실Jonathan Marcil, 존 파라마딜록John Paramadilok, 킴 부이츠Kim Wuyts, 로렌스 시온Laurens Sion, 마이크 헵플Mike Hepple, 로버트 헐버트Robert Hurlbut, 세바스티엔 델리스나이더Sebastien Deleersnyder, 세스 라코브스키Seth Lakowske, 토니 우세다벨리스Tony UcedaVélez.

이 책의 품질과 명확성을 높일 수 있게 기술 작문 능력으로 우리를 도와준 쉴라 카마스Sheila Kamath에게 특별한 감사를 전한다.

첫 번째 책을 출간하는 저자로서 그녀의 귀중한 논평을 통해 페이지에 떠오르는 생각을 아무렇게 작성하는 것과 백서를 쓰는 것 그리고 이 책이 유용하게 쓰이길 바라는 광범위한 청중을 위해 작성하는 것은 크게 다르다는 것을 깨달았다.

이 책을 출판할 수 있도록 도와준 버지니아 윌슨Virginia Wilson 편집장의 인내와 헌신, 전문성에 감사를 표한다.

 헌정사에서 언급된 시큐리티 툴박스가 궁금하다면 SOURCE Boston 2011에서 공동 발표한 첫 번째 작업(https://oreil.ly/Ps9uw)에서 확인할 수 있다. 현재 연구 중인 pytm(https://owasp.org/www-project-pytm) 프로젝트에서 시큐리티 툴 박스의 일부 개념을 찾을 수 있다.

서문

내가 알고 싶은 것은 어떻게 알아냈는가다.

– 리처드 파인만(Richard Feynman), 미국 물리학자

서문에서는 위협 모델링의 기본을 설명한다. 분석 중인 시스템 보안을 평가하고자 알아야 할 가장 중요한 보안 원칙도 설명한다.

위협 모델링의 기초

위협 모델링이 무엇인지, 왜 유용한지, 위협 모델링을 개발 수명 주기와 전반적인 보안 계획에 어떻게 적용하는지 전체적으로 살펴보자.

위협 모델링이란?

위협 모델링은 바람직하지 않은 설계에서 비롯된 취약점을 찾으려고 시스템을 분석하는 프로세스다. 이 활동의 목적은 시스템에 반영(구현 또는 배포의 결과로)되기 전에 취약점을 발견해 가능한 한 빨리 수정하기 위함이다. 위협 모델링 활동은 소유자, 사용자, 운영자가 수용할 수 있는 수준으로 시스템의 위험을 줄이려고 시스템 설계 특성의 수정 방법을 도와주는 개념적인 활동이다.

위협 모델링을 수행할 때 구성 요소의 집합으로서 시스템을 살펴보고 외부 시스템(타깃 시스템과 연관 있는 다른 시스템)과의 상호작용과 시스템을 수행하는 사람을 살펴봐야 한다. 그런 다음 시스템의 구성 요소와 상호작용이 어떻게 실패할 수 있을지 상상해 보자. 이 프로세스를 통해 시스템의 위협을 파악해 수정할 수 있으며 그 결과 여러분이 상상했던 위협이 사라지게 된다.

위협 모델링은 주기적인 활동이라는 것을 처음부터 정확히 짚고 넘어가자. 명확한 목표를 세우는 것을 시작으로 분석과 문제 해결을 반복한다. 하지만 이것만으로 모든 보안 문제를 해결할 수 없다. 위협 모델링은 웹 사이트를 가리키는 스캐너나 수행해야 할 작업 리스트를 생성시키는 코드 저장소와 같은 쉬운 툴이 아니다. 팀 전체가 아니더라도 팀의 대부분이 참여한다면 가장 효과적인 논리적, 지적 프로세스다. 서로 논의하면서 명확하게 설계하고 실행해야 하며 이 모든 작업은 어느 정도의 전문 지식이 수반돼야 한다.

위협 모델링의 첫 번째 규칙은 '잘못된 정보가 입력되면 잘못된 정보가 출력된다[GIGO, Garbage In, Garbage Out][1]'라는 오래된 격언이다. 만약 위협 모델링이 팀의 툴박스가 돼 모든 사람이 긍정적으로 참여하게 된다면 많은 이익을 얻을 수 있지만, 장점과 단점을 완벽하게 이해하지 못하거나 준수해야 할 '체크박스' 항목처럼 성급하게 시작하게 된다면 시간만 허비하게 될 것이다. 여러분과 팀에 적합한 방법론을 찾고 이를 수행하기 위한 노력을 기울인다면, 전반적인 보안 태세는 크게 향상될 것이다.

위협 모델링이 필요한 이유

장기적으로 볼 때 위협 모델링을 사용하면 더 쉽고 효율적으로 작업을 수행할 수 있다. 이를 통해 깔끔한 아키텍처와 잘 정의된 신뢰 경계(아직 무엇인지 왜 중요한지 알 수 없지만 곧 알게 될 것이다), 집중적인 보안 테스트, 개선된 문서화를 이루게 될 것이다. 무엇보다 여러분과 팀이 조직 내에서 보안을 대하는 마음 자세가 점차 커져 나갈 것이며 개발 활동 전반에 걸쳐 더 나은 보안 표준과 지침을 제공할 것이다.

이런 부수적인 이익도 중요하지만 가장 중요한 것은 아니다. 시스템에서 발생할 수 있는 문제와 어떻게 해결할 수 있는지 아는 것은 작업 신뢰도를 높이고 시스템의 다른 측면에 집중할 수 있게 해준다. 이것이 바로 위협 모델링이 필요한 이유다.

위협 모델링이 필요하지 않은 이유를 아는 것도 중요하다. 모든 보안 문제가 저절로 해결되지 않으며 여러분의 팀이 바로 보안 전문가가 되는 것도 아니다. 무엇보다 어떤 것도 준수하지 않아도 된다는 것이다. 준수해야 할 목록에 체크 표시만 하는 것을 목표로 하는 의미 없는 활동은 큰 실망을 줄 것이다.

---

1 이 문구는 월프 헤이(Wilf Hey)와 육군의 윌리엄 D 멜린(William D. Mellin)이 사용했다.

장애물

프로그래머들의 문제는 그들이 무엇을 하는지 알았을 때는 이미 늦었다는 것이다.

— 크레인(Cray) 계열의 슈퍼컴퓨터 생산자, 시모어 크레이(Seymour R. Cray)

(https://oreil.ly/vg51w)

이 격언은 오늘날까지 유효하다. 개발자가 명세서나 요구 사항이 잘 정리된 문서를 전달하고 그만두면 흥미로운 일들이 생긴다.

솔직히 개발 팀이 과중한 요구 사항과 무거운 책임감 속에서 스트레스를 받으며 기대 이상의 성과를 내는 것을 알고 있다. 끊임없이 변화하는 환경을 받아들이고 능숙해진 다음 전체적인 학문 분야를 무시할 수 있어야 한다. '정말 기본적이고 중요한 보안 지식을 모른다'라고 부담을 주는 것은 불공평하다. 전체 교육 콘텐츠 산업은 컴플라이언스compliance와 교육 목표 달성 그리고 기타 다양한 측정 기준과 같은 비즈니스 지향적인 목표를 달성하는 데 중점을 두고 있기 때문이다. 개발 팀의 지식으로 실용화할 수 있는 효과적이고 유용한 콘텐츠를 제공하고자 개선해야 할 부분이 많다.

보안 전문가의 업무 중 하나는 개발 커뮤니티의 보안 교육을 강화하는 것이다. 안전한 시스템을 구현하는 방법이 포함돼야 하고, 보안 코드와 시스템을 사후 평가하는 방법이 포함돼야 한다. 조직의 보안 전문 지식을 보완하고자(대부분 숨기려고) 값비싼 툴에 의존하는 것은 쉬워 보일 수 있다. 툴에 적용된 고급 기술은 대부분 숨겨져 있기 때문에 사용 방법이 잘 정리돼 있다면 큰 도움을 받을 수 있을 것이다. 여기 몇 가지 예제가 있다.

- 컴퓨터 기반 교육CBT, Computer-Based Training은 모든 신입사원의 골칫거리다. 표준 글꼴과 어디서 본 듯한 이미지로 이뤄진 재미 없는 슬라이드를 45분 동안 읽는 목소리도 지루하지만, 더 최악인 것은 '제외하면서 문제를 해결하는' 식의 의미 없는 객관식 문제다.

- 인공지능과 머신러닝, 오염 분석, 공격 트리, 그레이스컬의 파워Power of Grayskull 사용을 약속한 '완벽한 해결책silver bullet' 스캐너와 정적 코드 분석기에 과도하게 의존하게 된다. 하지만 이런 도구들은 동일한 결과를 일관되게 생산하는 데 실패하거나 실제 결과보다는 가긍정적false positive 판단을 제공한다. 분석 툴은 스캔을 실행하기 전에

전체 시스템이 존재하길 기대하거나 빌드 프로세스에 오랜 시간 적용함으로써 지속적 통합/지속적 개발CI/CD, Continuous Integration/Continuous Development값에 악영향을 준다.

- 컨설팅 서비스가 요청되면 보안 전문가가 투입돼 문제를 해결하고(또는 '직접적인 트레이닝'을 하고) 떠나면(날아와서 배설하고 날아가는 형태의 이것을 갈매기 컨설팅이라고 한다) 남아 있는 팀에서 결과를 처리하게 된다. 그럴 때마다 보안 컨설턴트에 의존하는 것은 다음과 같은 심각한 단점을 초래한다. 컨설턴트는 작업 결과에 기득권이 없으며, 외부인이고(기업이 아닌 경우), 개인적인 편견이 있으며, 일명 '마법'을 부리고 가버리면 해당 팀은 어떤 일이 일어났는지 정확하게 알지 못한다. 카고 컬트cargo cult[2]의 행위를 따라 하듯이 컨설턴트가 남기고 간 결과의 일부분을 지속적으로 반복하게 될 수밖에 없다.

보안 전문가들은 기업 내 개발자의 기대치에 다음과 같은 잘못된 인식을 심어 줬다.

- 조직은 강력한 보안 태세를 유지하기 위한 방법을 구매할 수 있다. 충분한 돈을 툴에 투자하면 모든 보안 문제가 해결될 것이다.

- 조직 감사를 통과하고자 분기별 의무 교육은 30분이면 충분하다. 30분이면 개발 팀이 습득해야 할 모든 것을 충분히 배울 수 있다. 개발 팀은 최고 수준의 콘텐츠를 배웠기 때문에 그들이 사용하는 값비싼 툴은 '어깨 너머로 살펴보고' 완벽하고 안전한 방식으로 작업했는지 평가하는 방법으로만 사용될 것이다.

최근(2019년 중반 이후) 보안 산업은 시프트 레프트shifting left(https://oreil.ly/DWAiY)라는 아이디어에 열광하고 있다. 왼쪽에서 오른쪽으로 향하는 워크플로workflow를 상상해 보면 그 시작은 왼쪽에 있다. '시프트 레프트'라는 의미는 보안 프로세스를 가급적 개발 워크플로의 시작 부분인 '왼쪽'으로 옮기길 원한다는 뜻이다. 이를 통해 보안 이벤트가 가능한 한 빨리 발생되고 처리될 수 있다. 설계와 밀접한 관련이 있는 위협 모델링과 같은 활동은 시스템 수명 주기에서 가능한 한 빨리 수행해야 한다. 아직 수행하지 않았다면, 지금 바로 진행하자.

---

2 '카고 컬트는 천년 신앙 시스템으로 신자들은 기술적으로 발전된 사회가 선물을 가져올 것이라고 믿으며 의식을 행한다.' 위키피디아, 2020년 10월 24일 접속.

설계에서 시작된다는(그 이전은 요구 사항) 시스템 보안의 기본적인 방법론에 따라 '왼쪽으로 이동'보다 왼쪽에서 시작이라는 말이 더 맞다.

'왼쪽에서 오른쪽으로'의 개발 주기 프로세스 변경만으로 시프트 레프트는 시스템의 모든 보안 요구 사항을 해결하지 못한다. 시스템 사용을 고려하기 전에 보안 커뮤니티는 개개인의 개발자와 설계자의 수준을 더 왼쪽으로 이동시켜야 한다. 안전한 방법을 선택하고 실력을 쌓고 기본적인 수준 이상으로 위협을 피할 수 있도록 개발 팀을 교육하는데 집중해야 한다.

그런 다음, 업계 전체의 교육 활동으로 보안을 왼쪽으로 이동하고, 보안 코드에 의해 논리 정연하게 표현해 구현한다. 하지만 교육이 기대치에 달성하지 못했을 경우 그릇된 가정을 바로잡을 수 있는 방법은 무엇일까?

문제를 다른 각도로도 살펴보고 일관된 대응으로 이 문제의 조각을 연결해 보자. 보안 전략을 논의할 때 '테이블의 위치'를 이야기한다. 보안 팀과 책임자는 보안을 '논의 중'일 때 '이해관계자'가 '자리'를 지켜 주길 원한다. 이것은 자원을 확보하기 위한 필요성을 정당화시켜 준다. '교육 심화 과정'과 '완벽한 해결책$^{silver\ bullet}$'의 혼란에 의해 미처 생각하지 못했던 중요한 자원이 있는데 이건 바로 개발자의 시간과 집중력이다.

웹 개발자를 생각해 보자. 무한한 수의 밈^{meme}은 오늘날 웹 개발자가 아침 식사 전에 LAMP 스택[3]의 모든 것을 배운다면 전체 산업이 MEAN 스택[4]으로 움직이기 때문에 점심 식사 전에 해당 지식은 쓸모가 없어진다는 것을 의미한다. 우리가 시작했을 때의 새롭고 개선된(완전히 이전과 호환되지 않는) 버전이 다시 돌아올 때까지 MEAN 스택은 다른 새로운 것에 의해 2잔의 그란데 라테와 함께 사라질 것이다. 이러한 각각의 신규 스택은 새로운 보안 과제와 보안 관련 용어를 탄생시키고, 개발 중인 시스템을 효과적으로 보호하고자 이해하고 통합해야 할 메커니즘을 야기한다. 물론 웹 개발자가 이 모든 스택을 빠르게 습득해야 한다는 걸 조건으로 한다.

---

3   LAMP 스택은 리눅스 운영체제, 아파치 웹서버, MySQL 데이터베이스, PHP 스크립팅 언어로 구성돼 있다.

4   MEAN 스택은 몽고DB, Express.js, Angular.js, Node.js로 구성돼 있다.

하지만 웹사이트는 계속 서비스돼야 하기 때문에 개발자가 새로운 장난감 툴을 익히는 동안에도 관리가 유지돼야 한다. 한 조각만 받으면서 어떻게 보안이 같은 파이^{pie}(개발자의 시간과 관심)를 공유하길 기대할 수 있겠는가?

이것이 바로 변화가 시작되는 곳이다. 리처드 파인만^{Richard Feynman}은 '공식이 아니라 원칙을 가르쳐라'고 말했다. 이 책은 위협 모델링을 이해하고 생각하는 데 도움이 되는 원칙에 중점을 두고, 여러분의 특별한 상황과 프로젝트, 팀에 가장 잘 적용될 수 있도록 도움을 줄 것이다.

시스템 개발 수명 주기의 위협 모델링

위협 모델링은 시스템 개발 수명 주기 동안 수행되는 활동이며 시스템 보안에 매우 중요하다. 위협 모델링이 수행되지 않으면 쉽게 악용될 수 있는 설계로 인해 보안 결함이 발생될 수 있으며, 이후에는 수정이 어렵고 비용[5]이 많이 든다. 보안 원칙인 '볼트 온이 아닌 빌드 인^{build in, not bolt on}'에 따라 위협 모델링을 컴플라이언스의 이정표로 간주해서는 안 된다. 가장 중요한 시기에 이 활동을 수행하지 않으면 실제 현실에서 실패를 맛보게 될 것이다.

불과 몇 년 전까지만 해도 대부분의 성공한 회사는 지금 방식으로 프로젝트를 진행하지 않았다. 예를 들어 서버리스 컴퓨팅[6]과 같은 개발 패러다임이나 CI/CD[7]의 일부 최신 트렌드 및 도구는 오늘날 개발 팀의 설계, 구현, 시스템 배포 방법에 깊은 영향을 줬다.

시장 수요와 경쟁으로 인해 시스템 개발 이전에 전체적으로 구체화된 설계를 볼 기회가 거의 없다. 제품 팀은 그들의 새로운 아이디어를 대중에게 소개하고 브랜드와 팔로잉^{following} 구축 시작을 위해 '최소 실행 가능한 제품' 버전에 의존한다. 그런 다음, 기능 추가와 이슈 수정 사항을 계속 추가 배포한다. 개발 사이클 후반에 발생되는 변경 사항은 설계에 큰 변화를 초래한다.

5　아빈더 사이니(Arvinder Saini), 「How Much Do Bugs Cost to Fix During Each Phase of the SDLC?」, Software Integrity Blog, Synopsis, 2017년 1월, https://oreil.ly/NVuSf Sanket, 「Exponential Cost of Fixing Bugs」, DeepSource, 2019년 1월, https://oreil.ly/ZrLvg.

6　'What Is Serverless Computing?', Cloudflare, 2020년 11월 접속, https://oreil.ly/7L4AJ.

7　아이작 사콜릭(Isaac Sacolick), 'What Is CI/CD? Continuous Integration and Continuous Delivery Explained', InfoWorld, 2020년 1월, https://oreil.ly/tDc-X.

현대 시스템은 이전에 볼 수 없던 복잡성이 있다. 새로운 소프트웨어를 구축하려고 다수의 타사 구성 요소, 라이브러리, 프레임워크(공개 또는 비공개 소스)를 사용하지만, 이러한 구성 요소는 대부분 문서화돼 있지 않고 이해도가 떨어지며 보안에 취약한 경우가 많다. '단순한' 시스템을 만들려고 복잡한 계층의 소프트웨어, 서비스, 기능에 의존하게 된다. 서버리스 배포를 예로 들면 '환경이나 라이브러리, 머신, 네트워크는 관심 없고 기능에만 관심 있다'라고 말하는 것은 근시안적인 견해다. 커튼 뒤에 얼마나 많은 기계가 있는가? 그 기능 '아래에서' 일어나는 상황을 얼마나 통제할 수 있는가? 이러한 것이 시스템의 전체 보안에 어떤 영향을 미치는가? 가장 적절한 권한과 접근 규칙을 사용하는지 어떻게 확인하는가?

이런 질문에 빠르고 정확한 답변을 위해 외부 보안 전문가를 초빙하고 싶을 것이다. 그러나 보안 지식은 다양하고 전문가를 고용하는 데는 많은 비용이 든다. 일부 전문가는 특정 기술과 분야에 특화돼 있지만 대부분은 광범위하고 얕은 지식을 갖고 있다. 모든 컨설팅을 의미하는 것은 아니지만, 우리는 위협 모델링 컨설팅에 훌륭한 경험이 있음을 최초로 증명할 것이다. 위협 모델링을 조직 내 지식으로 발전시키고 이를 개발 방법론에 최대한 적용하려면 큰 장려책이 필요하다.

보안 시스템 개발

시스템을 개발하려면 개발 방법론의 종류와 관계없이 특정 단계를 거쳐야 한다(그림 I-1).

- 아이디어 발상

- 설계

- 구현

- 테스트

- 배포

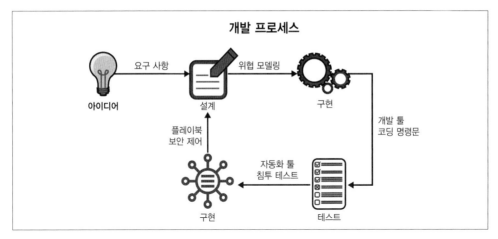

그림 I-1 개발 루프와 관련 보안 활동

예를 들어 폭포수 방법론에서 이런 단계는 자연스럽게 서로 뒤따른다. 문서화 작업은 지속적으로 진행해야 하며, 효율적으로 진행하고자 다른 단계와 병행해야 한다. 폭포수 방법론에서 위협 모델은 설계 시점에 가장 많은 이점을 준다.

위협 모델링과 설계는 면밀하게 연결된다. 왜 그럴까?

문제 해결 비용은 배포 직전이나 배포 후에 크게 증가한다는 개념이 많이 인용된다.[8] 소프트웨어를 만들고 마케팅하는 데 익숙한 사람은 개발 중인 시스템에 문제를 해결하는 것이 이미 수천, 수백만 곳에 배포된 후보다 훨씬 저렴하다는 것을 잘 알고 있다.[9] 패치를 적용하지 않은 일부 사용자의 문제 또는 시스템을 패치함으로써 발생할 수 있는 이전 버전과의 호환성 문제를 처리할 필요가 없다. 이런저런 이유로 패치를 진행할 수 없는 사용자를 고려하지 않아도 된다. 장기적이고 불안정한 업데이트 프로세스를 지원하는 비용을 부담하지 않아도 된다.

위협 모델링의 본질은 설계를 살펴보고 보안 결함을 식별하는 것이다. 예를 들어 특정 접근 모드에서 하드코딩된 비밀번호를 사용한다는 분석 결과가 나온다면 이것은 해결해야 할 결함이다. 이 문제가 발견되지 않았다면 시스템 수명 후반에 문제를 처리하게

---

8 배리 보엠(Barry Boehm), 『Software Engineering Economics』(Prentice Hall, 1981).

9 카일라 매튜스(Kayla Matthews), 「What Do IoT Hacks Cost the Economy?」, IoT For All, 2018년 10월, https://oreil.ly/EyT6e.

될 것이다. 이것을 취약점이라고 하며 악용될 가능성이 있고 악용될 경우 비용이 발생한다. 문제를 식별하지 못하거나 악용될 수 있는 문제에 올바른 결정을 내리지 못할 수도 있다. 완벽함과 완전함은 이 활동의 목표가 아니다.

 위협 모델링의 주요 목표는 결함을 식별해 악용될 수 있는 취약점이 아닌 해결될 수 있는 발견 사항으로 이끌어 내는 것이다. 이로 인해 악용될 가능성과 악용될 경우 발생하는 비용(손실이나 영향도)을 줄이는 것이다.

결함 식별 후에는 하드코딩된 비밀번호 대신 동적 사용자 정의 비밀번호를 사용하는 등 적절한 제어를 적용해 이를 완화하거나 수정할 수 있다. 암호의 강도를 확인하려고 여러 가지 테스트를 하거나 사용자가 암호 정책을 결정하도록 할 수도 있다. 비밀번호의 사용을 없애고 WebAuthn[10]를 지원함으로써 접근 방식을 완전히 변경하고 모든 결함을 제거할 수도 있다. 시스템 배포는 하드코딩된 비밀번호를 사용해도 된다(힌트: 그렇지 않다. 생각해 보자). 때로는 위험이 수용 가능한지 판단해야 한다. 이런 경우 발견 사항을 문서화하고 해결하지 않는 이유를 명시해 위협 모델의 일부가 되게 해야 한다.

위협 모델링은 진화 중인 프로세스라는 것을 명심하자. 시스템을 처음 분석할 때 시스템의 모든 결함을 발견하지 못할 수도 있다. 예를 들면 시스템을 검사하는 올바른 이해관계자나 적절한 리소스가 없을 수 있다. 하지만 초기 위협 모델이 있는 것은 아예 없는 것보다 훨씬 낫다. 위협 모델이 업그레이드될 때 다음 수행은 더 나아지고 새로운 결함을 식별하며 이후엔 결함이 없는 높은 수준을 보장할 것이다. 새롭고 복잡한 공격 벡터를 고려할 수 있는 경험과 자신감을 얻게 될 것이며 시스템은 지속적으로 개선될 것이다.

더 이상 폭포수는 없다

보다 현대적인 애자일과 CI/CD 접근 방식을 다뤄 보자.

소프트웨어를 개발하고 배포하는 속도가 빠르기 때문에 기존의 모든 것을 중단하고 적절한 설계 구축과 그 밖의 필요한 작업을 수행하기 어려울 것이다. 고객의 요구 사항이

---

10 「What is WebAuthn?」, Yubico, https://oreil.ly/xmmL9.

나 시스템의 지속적인 개발로부터 설계가 발전하는 경우도 있다. 이러한 상황에서는 전체 시스템의 전반적인 설계를 예측하기 어렵고(전체 시스템이 무엇인지 아는 것조차) 광범위한 설계를 사전에 수정하지 못할 수 있다.

마이크로소프트의 '보안 스프린트^{security sprint}'(https://oreil.ly/LWesA) 제안서부터 위협 모델링을 작은 시스템 단위에 적용시키는 것까지 대부분의 설계 제안은 이러한 환경에서 어떻게 위협 모델링을 수행하는지 반복적으로 설명한다. 그러나 안타깝게도 위협 모델링이 애자일 팀의 '속도를 떨어뜨린다'라는 주장이 제기됐다. 애자일 팀의 속도를 줄이는 게 나을까 아니면 데이터에 접근하려는 해커의 속도를 줄이는 게 나을까? 현재로서는 이 문제를 인식하는 것이 중요하다. 해결책은 나중에 설명하겠다.

설계 프로세스에서 보안을 다루게 되면 어떻게 보안이 다른 모든 개발 단계에 영향을 미치는지 알 수 있다. 다음과 같은 측정 요소를 통해 위협 모델링이 전반적인 시스템 보안 태세에 얼마나 큰 영향을 주는지 파악할 수 있다.

- 시스템 내 현재 보안 태세
- 공격자가 탐색하고 악용할 수 있는 공격 벡터, 침입 지점 또는 시스템 동작을 변경할 수 있는 기회(공격 표면이라고도 함)
- 시스템 내 존재하는 약점과 취약점(보안 부채라고 한다) 그리고 이러한 요인으로 인한 비즈니스와 시스템에 결합된 위험

구현과 테스트

개발 중 보안의 가장 중요한 측면으로 고려되는 것은 구현과 테스트다. 결국 보안 문제는 (대부분) 코드 라인을 배치할 때 발생하는 실수나 문제에서 발생된다. 가장 악명 높은 보안 문제는 무엇일까? 하트블리드^{Heartbleed}(https://heartbleed.com)? 대부분의 버퍼 오버플로^{buffer overflow}는 잘못된 설계에서 비롯된 것이 아니라 코드 라인을 잘못 작업했거나 예상하지 못한 방식으로 수행했기 때문이다.

취약점 클래스(예를 들어 버퍼 오버플로와 인젝션 이슈)를 살펴보면 어떻게 개발자가 부주의하게 작업했는지 쉽게 확인할 수 있다. 이전에 사용했던 스탠자^{stanza}를 복사 붙이기하

거나 잘못된 인풋을 고려할 때 '과연 누가 그럴까'라는 안일한 생각을 하기 쉽다. 혹은 개발자가 단순히 몰라서 또는 시간이 없어서 보안을 고려하지 않은 다른 요소들에 의해서 에러가 발생될 수도 있다.

대부분의 툴은 정적 분석을 통해 작성된 코드의 취약점을 식별할 수 있다. 일부는 소스 코드를 분석해 이 작업을 수행하기도 하고, 또 다른 툴은 입력 시뮬레이션을 통해 코드를 실행해 잘못된 아웃풋을 찾아냄으로써 이 작업을 수행한다(이 기술을 퍼징^{fuzzing}이라고 한다). 머신러닝은 최근 '잘못된 코드'를 식별하는 또 다른 대안으로 떠오르고 있다.

그러나 위협 모델링이 이러한 코드 관련 문제에 영향을 미칠까? 그건 상황에 따라 다르다. 시스템을 전체로 보면서 근본적인 결함을 해결해 모든 취약점의 클래스를 완전히 제거하기로 마음먹었다면 설계 시점에서 코드 관련 문제를 해결할 수 있다. 구글은 이 문제를 해결하는 라이브러리와 패턴을 모든 제품에 도입함으로써 크로스-사이트 스크립팅^{cross-site scripting}과 다른 취약점 클래스를 예방하고 있다.[11] 불행하게도 일부 유형의 문제를 해결하기 위한 방법은 다른 문제를 해결하는 데 방해가 될 수 있다. 예를 들어 고성능과 높은 신뢰성을 요구하는 시스템을 운영하고 있다고 가정해 보자. 더 나은 메모리 관리 기능을 제공하는 고^{Go} 또는 자바^{Java}와 같은 언어보다는 직접 메모리 제어 기능을 제공하고 오버헤드가 적게 발생하는 C와 같은 언어를 선택할 것이다. 이 경우 기술 스택을 변경해 수정해야 하는 잠재적인 보안 문제를 해결하기 어렵다. 이는 결과를 확인하는 데 별도의 개발 시간이 필요하고 테스트 툴을 사용해야 한다는 것을 의미한다.

문서화와 배포

시스템이 개발됨에 따라 시스템을 담당하는 팀은 자체 개발 프로세스를 거치게 된다. 조직 내 지식이나 제도적 지식은 조직에 들어와서 배우거나 이해한 것을 문서화하지 않고 개인이 유지하고 있을 때 존재한다. 시간이 지남에 따라 팀 구성원이 변경되고 새로운 구성원이 합류함에 따라 이러한 조직 내 지식은 소실될 수밖에 없다.

---

11 크리스토프 컨(Christoph Kern), 「Preventing Security Bugs through Software Design」, USENIX, 2015년 8월, https://oreil.ly/rcKL_

잘 문서화된 위협 모델은 새로운 팀 구성원에게 공식적이고 특별한 지식을 제공하는 홀륭한 수단이다. 다수의 모호한 데이터 포인트, 애매한 근거, 일반적이지 않은 사고 프로세스(예를 들어 '여기서 왜 이렇게 했어?')는 위협 모델에서 문서로 남기는 데 적합하다. 제약 조건을 극복하려고 내린 모든 결정과 그로 인한 보안 영향security impact도 문서화하기 좋은 내용이다. 배포도 동일하다. 타사 구성 요소의 인벤토리inventory를 어디에서 참고했고, 어떻게 최신 버전을 유지하고, 무엇을 개선했는지 그리고 어떤 설정을 통해 변경 가능한지 등을 참고할 수 있다. 네트워크 포트의 인벤토리와 프로토콜같이 간단한 것은 시스템의 데이터 흐름 방식뿐 아니라 호스트 권한이나 방화벽 설정 등과 같은 배포 규칙도 보여 준다. 이러한 종류의 모든 정보는 위협 모델에 적합하며 컴플라이언스 감사와 타사의 감사를 대응해야 하는 경우 관련된 내용을 찾고 제공하기 쉬워질 것이다.

필수 보안 원칙

 서문의 나머지 부분에서는 개발 팀과 보안 실무자 모두가 숙지해야 하는 기본 보안 개념과 용어를 설명한다. 이러한 원칙을 자세히 알고 싶다면 서문과 책 전체에서 제공하는 참고 자료를 확인해 보자.

원칙과 용어를 숙지하는 것은 개인 또는 팀에서 보안 분야를 배우는 데 중요한 밑거름이 될 것이다.

기본 개념과 용어

그림 I-2는 시스템 보안의 중요한 개념을 설명한다. 이들의 관계와 보안 명명법을 이해함으로써 왜 위협 모델링이 보안 시스템 설계에 중요한지 이해할 수 있다.

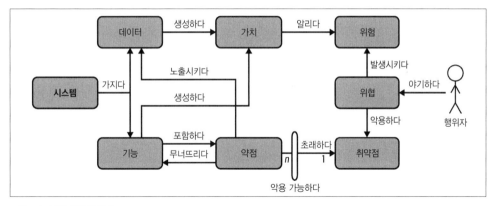

그림 I-2 보안 용어의 관계

시스템은 자산, 즉 사용자가 사용하는 기능^{functinality}과 시스템에 의해 수용, 저장, 조작, 전송되는 데이터^{data}를 포함한다. 시스템의 기능에 결함이 포함될 수 있으며 이를 약점^{weakness}이라고 한다. 이 약점을 악용할 수 있다면 이를 취약점^{vulnerability}이라고 하며, 취약점이 악용되면 시스템의 운영과 데이터가 노출될 위험이 있다. 행위자^{actor}(시스템 외부에 위치한 개인 또는 프로세스)는 악의적인 의도를 갖고 있을 수 있으며 가능한 경우 취약점을 공격^{exploit}하려고 할 것이다. 숙련된 공격자는 조건을 변경해 공격을 위한 기회를 만들기도 한다. 이 경우 행위자는 위협^{threat} 이벤트를 생성해 데이터 도용이나 기능 오작동 유발 등 특정 행위로 시스템을 위협할 수 있다.

기능과 데이터의 조합은 시스템의 가치를 창출하고 위협을 유발하는 공격자는 위험의 기반을 형성해 해당 가치를 무효화한다. 위험은 시스템을 설계하고 구축하는 팀의 운영과 조직의 행동뿐만 아니라 시스템의 기능적 특성을 관리함으로써 상쇄될 수 있다. 또한 피해를 입히려는 공격자의 공격 가능성과 이를 시도할 경우 성공할 가능성 등 확률에 의해서도 변경된다.

각 개념과 용어를 짚고 넘어가자.

약점

약점은 잘못된 동작을 초래하도록 기능을 변경하거나 데이터에 확인되지 않은 잘못된 접근을 허용하는 근본적인 결함이다. 시스템 설계에서의 약점은 모범 사례나 표준, 규약을 따르지 않아 발생되며 이것은 시스템에 부적절한 영향을 준다. 커뮤니티를 주도하는 공통 취약점 목록^{CWE, Common Weakness Enumeration}(http://cwe.mitre.org)에서 보안 취약점 분류 체계를 만들었고, 위협 모델러와 개발 팀은 우려되는 시스템을 설계할 때 무료로 참고할 수 있다.

악용 가능성

악용 가능성은 공격자가 약점을 이용해 얼마나 쉽게 해를 입힐 수 있는지를 나타내는 척도다. 다시 말해 악용 가능성은 약점이 외부 영향에 노출되는 정도다.[12]

취약점

약점이 악용될 수 있는 경우(로컬 권한 콘텍스트 외부의 악용 가능성은 항상 있다) 이를 취약점이라고 한다. 취약점은 악의적인 의도를 가진 공격자가 시스템에 손상을 줄 수 있는 수단을 제공한다. 시스템에 취약점이 존재하지만 아직 발견되지 않은 상태를 제로데이 취약점^{zero-day vulnerability}이라고 한다. 제로 데이는 유사한 성격의 다른 취약점보다 더 위험하거나 덜 위험하지는 않지만, 해결되지 않을 가능성이 있고 이로 인해 악용될 잠재력이 높아지므로 조금 더 특별하다. 약점과 동일하게 커뮤니티의 노력으로 CVE(https://cve.mitre.org) 데이터베이스에 취약점 분류 체계가 만들어졌다.

심각도

약점은 시스템과 자산(기능이나 데이터)에 영향을 준다. 이러한 문제로 인한 손상 가능성과 '폭발 반경'은 결함의 심각도^{severity}로 설명한다. 공학 분야에 종사하거나 했던 사람에게 심각도는 익숙한 용어다. 취약점(악용 가능한 약점)은 기본 결함만큼 심각하며 악용될 가능성이 있기 때문에 결함의 심각성은 높아진다. 심각도를 계산하는 방법은 38페이지 '심각도 또는 위험도 계산하기' 항목에서 확인할 수 있다.

---

12 여기서 의미하는 '외부'는 운영체제나 애플리케이션, 데이터베이스 등과 같이 권한 콘텍스트로 한정된다.

안타깝게도 약점의 심각성을 결정하는 프로세스가 항상 명확한 것은 아니다. 약점이 발견된 시점에 영향도를 파악할 수 없다면 문제가 얼마나 심각해질까? 결함이 나중에 발견되거나 심지어 시스템 설계나 구현 중 변경으로 인해 생긴 거라면? 어려운 질문이다. 이후 위험도 개념을 설명할 때 이를 다룬다.

영향도

약점이나 취약점이 악용되면 기능이 동작하지 않거나 데이터가 노출되는 등 시스템에 영향을 주게 된다. 공격이 성공할 경우 기능이나 데이터의 잠재적 손실 척도로 심각도의 영향 수준을 평가할 수 있다.

행위자

시스템을 설명할 때 행위자는 시스템과 관련된 사용자 또는 공격자를 의미한다. 조직 내부 또는 외부에서 악의적인 의도를 갖고 시스템을 생성하거나 이용하는 행위자를 공격자라고 한다.

위협

위협은 공격자가 취약점을 이용해 특정 방식으로 시스템에 부정적인 영향을 주는 결과다(일반적으로 '~에 위협'이나 '~의 위협'으로 표현된다).

위협 이벤트

공격자가 특별한 목표를 갖고 취약점을 악용하려는 시도를 위협 이벤트라고 한다.

손실

이 책의 목적이자 위협 모델링의 주제인 손실loss은 공격자가 위협 이벤트의 결과로 하나 또는 그 이상의 기능이나 데이터에 영향을 줌으로써 발생된다.

- 행위자는 민감하고 개인적인 정보를 얻으려고 시스템 데이터의 기밀을 누설할 수 있다.

- 행위자는 기능의 인터페이스를 수정하거나 동작을 변경하고, 데이터 내용 또는 출처를 변경할 수 있다.

- 행위자는 권한 있는 객체가 기능이나 데이터에 접근하는 것을 일시적 또는 영구적으로 막을 수 있다.

손실은 자산 또는 가치로 설명된다.

위험도

위험도[risk](https://www.first.org/cvss)는 잠재적으로 악용될 대상의 가치와 실제 영향받을 가능성을 합친 것이다. 가치는 공격자뿐 아니라 시스템 또는 정보 소유자와도 관련 있다. 위험도에 따라 문제의 우선순위와 해결 여부를 결정하는데, 악용되기 쉬운 심각한 취약점과 손실로 인한 심각한 손해는 우선적으로 해결해야 한다.

심각도 또는 위험도 계산하기

심각도(취약점의 성공적인 공격으로 인한 손해의 정도)와 위험도(위협 이벤트가 발생할 가능성과 공격에 의해 부정적인 영향이 발생할 가능성의 합)는 공식에 의해 측정할 수 있다. 공식은 완벽하지 않지만 이를 사용해 일관적인 결과를 얻을 수 있다. 심각도나 위험도를 측정하는 도구가 많이 있으며, 일부 위협 모델링 방법론은 대안적인 위험-평가 방법(이 책에서는 설명되지 않는다)을 사용한다. 일반적으로 사용하는 세 가지 방법(하나는 심각도 측정, 나머지 둘은 위험도)의 예제를 살펴보자.

CVSS(심각도)

공통 취약점 등급 시스템[CVSS, Common Vulnerability Scoring System](https://www.first.org/cvss)은 현재 버전 3.1이며, 침해사고대응협의회[FIRST, Forum of Incident Response and Security Teams]의 제품이다.

CVSS는 심각도의 구성 요소를 식별하고자 0.0부터 10.0까지의 값을 설정한다. 취약점이 성공적으로 악용될 가능성과 잠재적인 영향도(또는 손해) 측정을 기반으로 계산한다. 그림 I-3과 같이 심각도 등급을 도출하고자 8개의 메트릭[metric] 또는 값이 계산기에 설정된다.

악용 가능성 메트릭			영향도 메트릭		
공격 벡터	AV	**네트워크(N)** 인접한(A) 로컬(L) 물리적(P)	범위(scope) 변경	SC	**변경됨(C)** 변경되지 않음(U)
공격 복잡성	AC	**로컬(L)** 높음(H)	기밀성	C	해당 사항 없음(N) **로컬(L)** 높음(H)
필요한 권한	PR	해당 사항 없음(N) **로컬(L)** 높음(H)	무결성	I	해당 사항 없음(N) **로컬(L)** 높음(H)
사용자 인터랙션	UI	**해당 사항 없음(N)** 필요함(R)	가용성	A	해당 사항 없음(N) 로컬(L) **높음(H)**

그림 I-3 공통 취약점 등급 시스템 메트릭, 벡터, 점수

성공 가능성은 숫자 등급이 지정된 특정 메트릭에서 측정되며 결괏값은 악용 가능성 평가 점수exploitability subscore라고 한다. 영향도도 유사하게 측정되며 이를 영향도 평가 점수impact subscore라고 한다. 2개의 평가 점수를 더해 전체 기본 점수가 된다.

 CVSS는 위험도가 아니라 심각도를 측정한다는 것을 기억해야 한다. CVSS는 공격자가 영향을 받는 시스템의 취약점을 악용하는 데 성공할 가능성과 손상될 정도를 알려 준다. 하지만 공격자의 공격 시도 여부나 언제 시도하는지는 알 수 없으며 영향받는 자원의 가치나 취약점을 해결하기 위한 비용도 알 수 없다. 위험도 계산을 주도하는 것은 공격 시작 가능성과 시스템 또는 기능의 가치, 공격을 완화하는 데 드는 비용이다. 원시 심각도에 의존하는 것은 결함 관련 정보를 전달하는 좋은 방법이지만 위험을 관리하기에는 매우 부적절한 방법이다.

DREAD(위험도)

DREAD는 오래됐지만[13], 보안 문제의 위험을 이해하는 데 기본적으로 중요하다. DREAD는 STRIDE 위협 모델링 방법론의 파트너다. STRIDE는 3장에서 자세히 설명한다.

---

13 어떤 이들은 DREAD가 그것의 유용성보다 오래 지속됐다고 한다. 다음을 참고해 보자. 아이린 미클린(Irene Michlin), 「Threat Prioritisation: DREAD Is Dead, Baby?」, NCC Group, 2016년 3월, https://oreil.ly/SJnsR

DREAD는 손해^{Damage}, 재현성^{Reproducibility}, 악용 가능성^{Exploitability}, 영향받는 사용자^{Affected} ^{user}, 발견 가능성^{Discoverability}의 약어다.

손해

공격자가 공격할 때, 얼마나 많은 파괴를 일으킬 수 있는가?

재현성

잠재적인 공격이 쉽게 재현되는가(방법과 효과)?

악용 가능성

얼마나 쉽게 성공적으로 공격할 수 있는가?

영향받는 사용자

사용자의 몇 퍼센트가 영향을 받게 되는가?

발견 가능성

공격자가 아직 공격 가능성을 발견하지 못했다면 발견할 가능성은 얼마나 되는가?

DREAD는 시스템의 공격 가능 특성(공격자 벡터를 통해)을 문서화하고 다른 공격 시나리오나 위협 벡터값을 비교할 수 있도록 제시된 프로세스다. 주어진 공격 시나리오(보안 취약점과 공격자의 조합)의 위험 점수는 공격자의 악용 가능한 취약점 특성을 고려하고, DREAD의 각 항목에 각각 낮은-, 중간-, 높은- 영향도 이슈 점수를 매겨 계산한다. 각 항목의 점수 합계는 전체 위험 값이다. 예를 들어 특정 시스템의 보안 문제는 [D = 3, R = 1, E = 1, A = 3, D = 2] 점으로 총 위험값은 10이다. 이 위험값은 해당 시스템을 평가하는 다른 위험과 비교될 수는 있으나, 다른 시스템의 값과 비교하는 것은 의미가 없다.

위험 정량화를 위한 FAIR 방법(위험도)

정보 위험 요소 분석^{FAIR, Factor Analysis of Information Risk}(https://oreil.ly/hkpLy) 방법은 보다 효과적인 의사결정이 가능하도록 상세한 내용을 제공하기 때문에 경영진들 사이에서 인기가 있다. FAIR는 오픈 그룹(https://www.opengroup.org)에 의해 발행돼 ISO/IEC

27005:2018(https://oreil.ly/IZF9v)에 포함돼 있다.

DREAD는 정성적 위험 계산이다. FAIR는 정량적 위험 모델링이며, 가치 측정(경화 및 연화 비용)을 이용해 위협이 자산에 미치는 영향도와 공격자의 위협 실행 가능성(위협 이벤트)을 파악하기 위한 국제 표준이다. 이러한 정량적 값을 이용해 시스템에 존재하는 위협이 비즈니스에 미치는 경제적 영향과 위협 이벤트를 예방하는 비용을 비교해 경영진에게 설명할 수 있다. 적절한 위험 관리 관행(https://oreil.ly/eVWyp)은 방어 비용이 자산의 가치 또는 자산의 잠재적 손실보다 높지 않아야 한다. 이것은 마치 5달러 펜을 위해 50달러의 자물쇠를 이용하는 것과 같다.

 FAIR는 완벽하고 정확하지만, 복잡하기도 하며 계산과 시뮬레이션을 올바르게 수행하는 데 전문 지식이 요구된다. 이것은 위협 모델링 리뷰 세션에서 수행하고자 하는 것이 아니며, 보안 분야 전문가를 끌어들이고 싶은 것도 아니다. 보안 전문가는 재무 영향 평가를 모델링하는 게 아니라 약점과 위협을 찾는 것에 전문적이어야 한다. FAIR를 채택할 계획이라면 전산 기법과 재무 모델 관련 전문가를 고용하거나 복잡한 수학 계산 툴을 찾는 것이 효과적일 것이다.

핵심 속성

기밀성, 무결성, 가용성 이 세 가지 핵심 속성은 모든 보안 요소의 기반을 형성한다. 어떤 것이 안전한지 확인하고 싶을 때 이 속성과 이것이 침해됐는지의 여부로 판단한다. 이 속성의 핵심 목표는 신뢰성이다. 네 번째와 다섯 번째 속성(개인 정보 보호와 안정성)은 위의 세 가지 속성과 관련 있지만 약간 다른 성질을 갖고 있다.

기밀성

기밀성은 보호되는 정보 열람 필요성에 의해 적절한 권한을 가진 사용자만 데이터에 접근할 수 있는 경우를 의미한다. 무단 접근을 차단할 수 있는 장치가 없다면 시스템은 기밀성을 보장할 수 없다.[14]

---

14 NIST 800-53 개정 4, 「Security and Privacy Controls for Federal Information Systems and Organizations」: B-5.

무결성

무결성은 데이터나 운영의 신뢰성이 검증되고, 허가되지 않은 행위에 의해서 데이터나 기능이 변조되지 않은 상태를 의미한다.[15]

가용성

가용성은 권한 있는 사용자가 필요한 경우 언제든지 시스템 기능이나 데이터에 접근할 수 있음을 의미한다. 특정 상황에서 사용자와 시스템 운영자 간의 협의(정기 점검을 위한 웹사이트 다운 등)에 의해 시스템 데이터나 운영이 불가능할 수도 있다. 공격자의 악의적인 의도에 의해서 시스템을 사용할 수 없는 경우 가용성이 훼손됐다고 한다.[16]

개인 정보 보호

기밀성은 다른 사람과 공유된 비밀 정보의 통제된 접근을 의미하지만, 개인 정보 보호는 허가되지 않은 제3자에게 정보가 노출되지 않을 권리를 의미한다. 대부분의 경우 기밀성과 개인 정보 보호를 혼용해서 사용한다. 같은 의미로 해석되기도 하지만 동일한 개념은 아니다. 기밀성은 개인 정보 보호의 전제 조건이라고 할 수 있다. 예를 들어 시스템이 저장된 데이터의 기밀성을 보장할 수 없다면 해당 시스템은 사용자의 개인 정보를 보호할 수 없다.

안정성

안정성은 '재산이나 환경의 손상으로 인해 직간접적으로 물리적인 피해나 건강을 악화시키는 위험이 없다'라는 의미다.[17] 안전 요구 사항을 만족하려면 예측 가능한 방식으로 운영돼야 하며, 이것은 최소한 무결성과 가용성의 보안 속성을 유지해야 함을 의미한다.

---

15 NIST 800–53 개정 4, 「Security and Privacy Controls for Federal Information Systems and Organizations」: B-12.

16 NIST 800–160 vol 1, 「Systems Security Engineering: Considerations for a Multidisciplinary Approach in the Engineering of Trustworthy Secure Systems」: 166.

17 「Functional Safety and IEC 61508」, 국제전기기술위원회(International Electrotechnical Commission), https://oreil.ly/SUC-E

기본적인 제어

다음의 제어^{control} 또는 기능적 동작과 특성은 안전한 시스템으로 개발할 수 있게 도와준다.

식별성

시스템의 행위자에게 의미 있는 고유한 식별자^{identifier}가 할당돼야 한다. 개인이나 정체성을 파악하는 프로세스에도 식별자는 중요하다(인증 관련 시스템이나 인증은 이후의 장에서 설명한다).

행위자는 시스템과 그 기능에 영향을 주고 데이터에 접근하기 원하는 사용자나 시스템 계정, 프로세스 등이 될 수 있다. 많은 보안 목표를 달성하고자 시스템이 운영되기 전 행위자의 식별자가 부여돼야 한다. 이 식별자는 시스템이 행위자를 분명히 식별할 수 있는 정보, 다시 말해 시스템에 행위자의 신원을 증명할 수 있는 정보와 함께 제공돼야 한다. 일부 공공 시스템에서 사용되는 이름 없는 행위자나 알 수 없는 사용자의 식별자는 중요하지 않지만 여전히 많은 시스템에 존재한다.

게스트(guest)는 대부분의 시스템에서 공유 계정으로 사용되는 식별자이며, 게스트 이외의 다른 공용 계정이 존재할 수도 있다. 개별적으로 행위자의 행동을 추적하고 제어할 수 없기 때문에 공용 계정 사용은 신중하게 고려돼야 한다.

인증

식별자가 부여된 행위자는 그들의 신원을 시스템에 증명해야 한다. 일반적으로 비밀번호나 보안 토큰 등과 같은 자격 증명으로 입증된다.

시스템을 사용하려는 모든 행위자는 그들의 신원을 충분하게 증명함으로써 해당 시스템이 올바른 행위자와 통신하고 있음을 확인할 수 있어야 한다. 인증은 추가적인 보안 기능을 위한 필수 조건이다.

권한

행위자가 인증을 통과하면(즉 신원이 충분히 입증되면) 시스템에 작업을 수행하거나 기능 및 데이터에 접근할 수 있는 권한이 부여된다. 권한은 상황에 따라 다르게 적용되며 본질적으로 전환적이거나 양방향적, 상호적일 필요는 없다.

행위자가 제공한 식별자를 기반으로 해당 행위자가 이 시스템에 권한이 있는지 여부를 인증할 수 있다. 예를 들어 사용자가 데이터베이스 작업이 가능한 시스템 인증을 통과하면 행위자의 권한에 따라 해당 데이터베이스의 접근 권한을 부여한다. 접근 권한은 일반적으로 읽기, 쓰기, 실행하기 등과 같은 기본 작업으로 부여한다. 시스템 내에서 행위자의 행동을 제어하는 접근-제어 스키마는 다음과 같다.

필수 접근 제어MAC, Mandatory Access Control

시스템은 행위자의 권한을 제한한다.

임의 접근 제어DAC, Discretionary Access Control

행위자는 작업 권한이 부여된다.

역할 기반 접근 제어RBAC, Role-Based Access Control

행위자는 특정한 '역할'로 그룹화되며 그 역할에 따라 권한이 부여된다.

기능 기반 접근 제어 Capability-based access control

권한 관련 시스템은 행위자가 작업을 수행하고자 요청하고 승인받아야 하는 토큰을 통해 권한을 부여한다.

게스트 계정은 일반적으로 인증되지 않지만(증명할 식별자가 없음), 최소한의 기능으로 권한을 부여받을 수 있다.

로깅

행위자(사람 또는 프로세스)가 기능을 실행하거나 저장된 데이터에 접근하는 등의 시스템 운영을 수행할 때 해당 이벤트가 기록돼야 하며 이를 추적성traceability이라고 한다. 추적성은 시스템을 디버깅할 때 중요하다. 기록된 이벤트가 보안과 관련 있다고 판단되면 추적성은 침입 감지와 방지, 포렌식, 증거 수집(시스템에 침입한 악의적인 행위자인 경우) 등과 같은 중요한 작업을 수행할 수 있게 한다.

감사

로깅logging은 기록을 남긴다. 감사audit 기록은 시간 순서대로 잘 정리돼 있고(형식과 내용에서), 일반적으로 변조가 불가능하다. '시간을 되돌려서' 이벤트가 발생된 순서, 누가 언제 어떤 작업을 수행했는지 그리고 해당 작업이 올바르게 승인됐는지 여부를 확인하는 것은 보안 운영과 침해 사고 대응에 중요한 활동이다.

보안 시스템의 기본적인 설계 패턴

시스템을 설계할 때 특정 보안 원칙과 방법론을 염두에 둬야 한다. 모든 원칙이 여러분의 시스템에 해당되는 것은 아니지만, 어떤 원칙이 적용 가능할지 고려해 보는 것은 중요하다.

1975년 제롬 설처Jerome Saltzer와 마이클 슈로더Michael Schroeder가 쓴 「The Protection of Information in Computer Systems」[18]라는 획기적인 논문이 출간됐다. 출간 이후 많은 것이 바뀌었지만 기본 원칙은 여전히 적용된다. 이 책에서 논의한 기본 사항 중 일부는 설처와 슈로더가 제시한 원칙을 기반으로 한다. 이 원칙 중 일부가 어떻게 원래 의도한 것과 다른 방식으로 관련성을 갖게 됐는지도 소개한다.

---

18 J. 살처(J. Saltzer)와 M. 슈로더(M. Schroeder), 「The Protection of Information in Computer Systems」, University of Virginia Department of Computer Science, https://oreil.ly/MSJim

제로 트러스트

시스템 설계와 보안 컴플라이언스의 일반적인 접근 방식은 '신뢰하지만 확인' 또는 제로 트러스트^{zero trust} 방식이며, 이는 네트워크 연결 장치 또는 API^{Application Programming Interface} 호출 클라이언트 등과 같은 운영에 최적화된 방식을 사용하고 신뢰 관계를 이차적으로 검증한다. 제로 트러스트 환경에서는 이전에 형성된 신뢰 관계 여부를 무시하고 다시 검증한다.[19]

완벽한 매개라고도 하는 이 개념은 문서상 매우 간단해 보인다. 오브젝트에 접근할 때마다 해당 작업에 접근 권한이 있는지 여부를 확인만 하면 된다. 즉 행위자가 오브젝트에 접근 요청할 때마다 권한을 검증해야 한다는 것이다.

존 킨더박(John Kindervag)은 2010년 제로 트러스트의 개념을 만들었으며[20] 네트워크 경계 아키텍처 논의에 일반적으로 적용되고 있다. 그는 제로 트러스트를 보안 원칙의 개념으로 적용시켰으며, 애플리케이션 수준에서의 보안 정책에 수정 없이 적용해야 한다고 주장한다.

계약에 의한 설계

계약에 의한 설계는 제로 트러스트와 관련 있으며 클라이언트가 서버를 호출할 때마다 클라이언트에서 오는 입력값은 정해진 포맷이며 계약된 것과 다르지 않음을 의미한다.

자물쇠는 올바른 키 이외의 다른 것은 신뢰하지 않는다는 자물쇠와 키 패러다임^{lock-and-key paradigm}과 유사하다. '얽힌 웹 보안^{Securing Tangled Web} '21'에서 크리스토프 크른^{Christoph Kern}은 구글이 안전한 API 호출 라이브러리를 사용해 애플리케이션 크로스-사이트 스크립팅^{XSS, Cross-Site Scripting} 결함을 크게 줄인 방법을 설명했다. 계약에 의한 설계는 모든 상호작용이 고정된 프로토콜을 따르게 함으로써 제로 트러스트를 해결한다.

---

19 「Zero Trust Architecture」, National Cybersecurity Center of Excellence, https://oreil.ly/P4EJs

20 위협 모델링 실무 전문가이자 많은 책의 저자인 브룩 S. E. 쇼엔필드(Brook S. E. Schoenfield)는 '상호 불신 관찰'이라는 아이디어가 이미 2003~2004년 마이크로소프트에 의해 제안된 것이라고 했지만, 어디에서도 관련 자료는 찾을 수 없었다. 우리는 브룩을 믿는다!

21 크리스토프 컨(Christoph Kern), 「Securing the Tangled Web」, acmqueue, 2014년 8월, https://oreil.ly/ZHVrl

최소 권한

이 원칙은 가장 제한적인 수준의 권한만을 사용해 작업을 수행해야 한다는 의미다. 즉 운영자는 모든 계층과 메커니즘에서 개별 작업에 필요한 최소한의 접근 권한만을 갖도록 제한해야 한다.

최소 권한을 따르지 않으면 애플리케이션 취약점으로 인해 기본적인 운영체제 접근을 허용할 수 있으며, 권한 있는 사용자가 시스템과 자산을 무제한 접근할 수 있게 된다. 이 원칙은 인증 콘텍스트를 유지하는 운영체제나 애플리케이션 데이터베이스 등과 같은 모든 시스템에 해당한다.

심층 방어

심층 방어는 시스템과 자산을 보호하려고 다면적이고 계층화된 접근 방식을 사용한다.

시스템을 방어하고자 보호하려는 자산과 어떻게 공격자가 그곳에 접근할 수 있을지 예상해 보자. 공격자의 접근을 제한하거나 방지하려고(그러나 적절한 권한이 있는 사용자에게는 접근이 가능한) 어떤 장치를 구성할지 고려해 보자. 공격자의 속도를 늦추려고 병렬적이거나 여러 겹의 통제 시스템을 생각해 볼 수 있으며, 공격자를 혼란스럽게 하거나 멈추게 하는 기능을 구현할 수도 있다.

컴퓨터 시스템에 적용되는 심층 방어의 예는 다음과 같다.

- 잠금 장치, 가드, 카메라, 에어 갭air gap과 같은 특별한 장치로 방어

- 시스템과 공용 인터넷 사이에 방화벽과 같은 배스천 호스트bastion host를 설치하고 시스템 자체에 엔드포인트 에이전트endpoint agent 도입

- 인증 암호 시스템을 보완할 수 있는 다중 인증을 사용하고, 인증에 실패할 때마다 기하급수적인 시간 딜레이 적용

- 의도적으로 우선순위가 제한된 인증 기능을 사용해 허니팟honeypot과 가짜 데이터베이스 레이어 구축

공격자의 복잡성, 시간, 비용을 증가시키는 '방지턱'과 같은 요소는 심층 방어의 성공적인 역할을 한다. 심층 방어는 모든 비용을 들여 무조건 방어해야 한다는 의미가 아니기 때문에 그것을 평가하는 방법은 위험 관리와 관련이 있다. 자산을 보호하는 데 필요한 비용과 평가된 자산의 가치 균형은 위험 관리 범위에 포함된다.

단순함을 유지하자

단순함을 유지하는 것은 시스템을 과도하게 엔지니어링하지 않는 것이다. 복잡한 것은 유지보수와 시스템 운영이 어렵고 안정적이지 못할 가능성이 높으며 보안 통제가 비효율적일 수 있다.[22]

지나치게 단순화해 중요한 세부 사항을 생략하거나 간과하는 경우가 없도록 주의해야 한다. 업스트림 데이터 생성기가 항상 유효하고 안전한 데이터만 생성할 것이라고 가정하고 단순하게 입력 유효성 검사를 생략하면 이러한 현상이 발생된다. 자세한 사항은 브룩 S. E. 쇼엔필드Brook S. E. Schoenfield의 보안 계약을 참고하자.[23] 결국 시간이 지남에 따라 지나치게 과도한 것보다 단순한 것이 보안상 이점을 제공하므로 이를 고려해야 한다.

비밀은 없다

보안의 모든 것은 명확해야 한다. 시스템 구현의 모든 상세 내용이 노출돼 공격을 받더라도 시스템 운영이 가능하도록 설계해야 한다. 모든 내용을 노출하라는 의미가 아니라[24] 구현이 작동되는 데이터는 반드시 보호돼야 한다는 것을 명심해야 한다. 모든 것은 노출될 수 있다는 가정하에 자산을 보호하는 방법으로서 비밀 유지에 의존하지 않아야 한다. 공격자가 여러분의 비밀을 모르길 바라지 말고, 자산을 보호하고자 암호화 또는 해싱hashing과 같은 올바른 방법을 사용하자.

---

22 에릭 보나보(Eric Bonabeau), 「Understanding and Managing Complexity Risk」, MIT Sloan Management Review, 2007년 7월, https://oreil.ly/CfHAc.

23 브룩 S. E. 쇼엔필드(Brook S. E. Schoenfield), 『Secrets of a Cyber Security Architect』(Boca Raton, FL: CRC Press, 2019).

24 물론 카피레프트 라이선스와 오픈 소스 프로젝트를 사용하는 경우는 제외한다.

권한 분리

업무 분리라고도 하는 이 원칙은 공격자가 모든 권한을 보유하지 않도록 기능이나 데이터의 접근 권한을 분리하는 것을 의미한다. 한 사용자 또는 프로세스가 작업 생성과 파라미터 설정 업무를 요청하면 다른 사용자나 프로세스가 해당 업무를 수행할 수 있게 승인해 주는 요청자와 승인자$^{maker/check}$의 개념과 관련이 있다. 이것은 단일 객체가 막힘없이 악의적인 행위를 수행하지 못하도록 감시받게 함으로써 악행이 발생되는 기준을 높인다.

인적 요소 고려

사용자는 모든 시스템에서 가장 약한 고리로 언급돼 왔기 때문에[25] 심리적 허용성은 기본 설계에 제약이 있어야 한다. 강력한 보안 조치에 지친 사용자들은 어쩔 수 없이 다른 방법을 찾게 돼 있다.

사용자가 수용할 수 있는 수준으로 보안 시스템을 개발하는 것은 중요하다. 16단계 인증이 아닌 2단계 인증을 사용하는 데에는 다 이유가 있다. 사용자와 시스템 사이에 너무 많은 장애물은 다음과 같은 상황을 초래한다.

- 시스템 사용 포기
- 보안 조치를 우회하기 위한 다른 방법 모색
- 생산성 저하의 문제로 보안 정책 중단

효과적인 로깅

보안은 나쁜 일이 발생하는 것을 예방할 뿐 아니라 어떤 일이 어떻게 발생했는지 가능한 한 많이 알고 있어야 한다. 이벤트를 효과적으로 기록함으로써 무슨 일이 일어났는지 확인할 수 있다.

어떻게 효과적으로 로깅할 수 있을까? 보안 관점에서 보안 분석가는 다음 세 가지 질문에 답변할 수 있어야 한다.

---

25 「Humans Are the Weakest Link in the Information Security Chain」, Kratikal Tech Pvt Ltd, 2018년 2월, https://oreil.ly/lNf8d

- 이벤트가 기록되도록 누가 특정한 작업을 수행했는가?

- 언제 행위가 발생했는가? 또는 언제 이벤트가 기록됐는가?

- 프로세스 또는 사용자에 의해 접근된 기능이나 데이터가 무엇인가?

무결성^nonrepudiation과 밀접한 관련이 있는 부인 방지는 누가, 무엇을 했는지 나타내는 일련의 트랜잭션을 의미하며, 각각의 트랜잭션 기록은 무결성의 속성으로 관리된다. 이 개념으로 공격자는 본인이 수행한 특정 행동을 하지 않았다고 주장할 수 없다.

 무엇을 기록하고 어떻게 보호해야 하는지 아는 것도 중요하지만, 기록하지 않아야 할 내용을 아는 것 또한 중요하다. 특히,

- 개인 식별 정보(PII, Personally Identifiable Information)는 사용자 데이터의 개인 정보를 보호하고자 일반 텍스트로 기록하지 않는다.
- API 또는 함수 호출의 일부 민감한 내용은 절대 기록하지 않는다.
- 암호화된 콘텐츠의 일반 텍스트 버전도 동일하게 기록하지 않는다.
- 시스템 비밀번호나 데이터 해독을 위한 키와 같은 암호화 비밀번호도 기록하지 않는다.

일반적인 상식이지만, 이러한 로그가 코드에 통합되지 않게 하는 것은 개발 요구 사항(대부분의 경우 디버깅)과의 싸움이다. 디버깅의 목적으로 민감한 정보의 기록 여부를 통제하는 스위치 코드는 허용되지 않는다는 걸 개발 팀은 확실히 알아야 한다. 배포할, 제품화 직전 코드에서 민감한 정보의 로깅 기능은 제외해야 한다.

페일 시큐어

인증 관련 시스템이 고장 나는 등 시스템에 오류가 발생하면 잠재적인 공격자에게 로그나 사용자 에러 메시지와 같은 정보를 공개하지 않고 단순히 접근을 막는다는 의미다.

페일 시큐어^fail secure와 페일 세이프^fail safe에는 상당히 큰 차이가 있다. 실패할 경우 안전을 유지하는 것과 안전하게 실패되는 조건은 모순될 수 있으며 시스템 설계에서의 조정이 필요하다. 어떤 것이 상황에 따라 적절한지는 상황에 따른 세부 조건에 따라 다르다. 즉 페일 시큐어는 시스템의 구성 요소나 로직에 오류가 발생하는 경우에도 항상 보안을 유지한다는 것을 의미한다.

볼트 온이 아닌 빌드 인

보안과 개인 정보 보호, 안전은 시스템의 기본 속성이며 모든 보안 기능은 처음부터 시스템 안에 포함돼야 한다.[26]

개인 정보 보호나 안전과 같은 보안은 사후에 고려될 만한 것이 아니며, 외부 시스템의 구성 요소에 의존해서는 안 된다. 보안 통신의 구현은 이러한 패턴의 좋은 예제다. 시스템은 기본적으로 전송 계층 보안$^{TLS, Transport Layer Security}$이나 데이터 전송의 기밀성을 보존하는 방법을 사용해야 한다. 사용자가 특별한 하드웨어 시스템을 설치해 엔드 투 엔드$^{end to end}$ 통신을 하길 기대하는 것은 사용자가 그렇게 하지 않으면 통신이 보호되지 않고 잠재적으로 악의적인 사용자에게 접근될 수 있다는 것을 의미한다. 시스템 사용자가 여러분을 대신에서 시스템 보안을 지켜 줄 것이라고 가정하면 안 된다.

요약

서문을 통해 위협 모델링의 기본 사항과 시스템 개발 수명 주기에 적용하는 방법, 시스템 보안을 이해하는 데 기본이 되는 보안 개념과 용어, 원칙 등 이후의 장에서 이해하는 데 필요한 대부분의 기본 지식을 갖추게 됐다. 위협 모델링을 수행할 때 침입과 침투로부터 여러분의 시스템이 적절하게 보호될 수 있도록 이러한 보안 원칙을 살펴보게 될 것이다.

1장에서는 보안과 개인 정보 보호 문제를 식별하고자 시스템 설계의 추상적 표현을 구성하는 방법을 설명한다. 이후의 장에서는 위협 모델링 활동을 통해 완벽하게 보안 위협 평가를 수행하고자 서문에서 다룬 개념과 1장에서 다룬 모델링 기법을 활용해 구체적인 위협 모델링 방법을 설명한다.

보안 열차에 탑승한 걸 환영한다!

---

26 일부 보안 기능은 사용성에 부정적인 영향을 미칠 수 있으므로 시스템을 배포할 때 기본적으로 사용자가 일부 보안 기능을 비활성화할 수 있게 해야 한다.

모델링 시스템

모든 모델은 잘못됐지만 일부는 유용하다.

– G. E. P. Box, '과학 및 통계', 미국통계협회 저널,
71 (356), 791–799, doi:10.1080/01621459.1976.10480949.

위협 모델링 프로세스에서 중요한 첫 번째 단계는 시스템 모델링(시스템의 표현 또는 추상적 개념 생성)이다. 시스템 모델에서 수집한 정보는 위협 모델링 활동에서 분석을 위한 정보로 사용한다.

1장에서 다양한 유형의 시스템 모델과 모델 선택 방법, 가장 효과적인 시스템 모델을 만들기 위한 가이드를 제공한다. 시스템 모델 구성의 전문 지식은 보다 정확하고 효과적인 분석과 위협 식별이 가능한 위협 모델로 만들어 줄 것이다.

 추상적인 개념이나 시스템의 표현, 구성 요소, 상호작용의 의미로 모델 또는 모델링이라는 단어를 사용한다.

시스템 모델을 만드는 이유

한 무리의 베네딕도회^{Benedictine} 수도사가 세인트 갈 수도원 교회^{monastic church of St. Gall}와 원고를 비교해 보고 있다고 상상해 보자. 한 사람이 다른 사람에게 이야기한다. '음, 이건 계획과 달라. 이건 마치 이상적인 초기 중세 수도원에 대한 2차원의 명상[1] 같아'. 현재 가장 오래된 건물의 계획서이자 2D 시각화된 세인트 갈의 계획과 우리가 시스템 모델을 만드는 이유는 관련이 있다. 교회는 계획과 매우 다르게 생겼다.

인간은 어떤 리소스가 필요하고, 어떤 프레임워크를 배치할지, 어떤 언덕을 이동시키고, 어떤 계곡을 채울지 그리고 독립적인 조각들이 모였을 때 어떻게 상호작용할지 미리 계획하거나 결정하려고 모델을 만든다. 인간은 건설 현장에서 바로 작업하는 것보다 건물 도면에 변경 사항을 먼저 적용하는 것이 쉽기 때문에 모델을 만든다. 도면을 변경해 조각들이 상호작용하는 방식을 바꾸는 것이 나중에 벽이나 프레임, 나사, 엔진, 바닥, 날개, 방화벽, 서버, 기능, 코드 라인을 변경하는 것보다 더 쉽고 저렴하다.

모델과 최종 결과가 다를 수 있지만 모델이 있음으로써 제작과 건설 과정에서의 미묘한 차이점과 세부 사항을 인지하는 데 도움이 된다. 특히 보안적인 측면에서 소프트웨어와 하드웨어 시스템을 모델링한다. 그 이유는 이론적으로 시스템이 스트레스를 받을 수 있고, 시스템이 구현되기 전에 그 스트레스가 시스템에 얼마나 영향을 주는지 알 수 있으며, 전체적인 시스템을 확인함으로써 취약점 세부 사항에 집중할 수 있게 해주기 때문이다.

1장에서는 위협 모델이 취할 수 있는 다양한 시각적 형태를 보여 주고 시스템 분석을 위해 필요한 정보 수집 방법을 설명한다. 모델을 구성한 후 수행하는 구체적인 작업은 사용자가 선택한 방법론에 따라 달라진다. 방법론은 2~3장에서 설명한다.

---

1 "The Plan of St. Gall", 라이헤나우와 세인트 갈에서의 카롤링거 문화(Carolingian Culture at Reichenau and St. Gall), https://oreil.ly/-NoHD

시스템 모델링 유형

구성 요소 간에 발생하는 변화와 상호작용으로 인해 시스템이 복잡해질 수 있다. 인간은 광범위한 보안 지식을 갖고 태어나지 않았으며(어떤 사람은 그렇게 태어났지만), 대부분의 시스템 설계자와 개발자는 어떻게 기능이 오용되고 남용되는지 잘 모른다. 시스템 분석이 실용적이고 효과적이길 바란다면 복잡도와 분석을 위한 데이터 양을 줄이고 적절한 양의 정보를 유지해야 한다.

이것이 시스템 모델링이나 시스템 추상화가 보여 주는 중요한 부분과 속성이다. 분석하려는 시스템을 잘 추상화하면 보안과 설계를 결정하는 데 필요한 정보를 충분히 얻을 수 있다.

모델은 수세기 동안 아이디어를 표현하거나 지식을 전달하는 데 사용됐다. 고대 중국 무덤 제작자는 건물 모델을 만들었고[2] 고대 이집트 이후 건축가는 설계의 타당성과 의도를 보여 주고자 축소한 모델을 만들었다.[3]

위협 분석을 위한 시스템 표현이나 추상화 모델을 생성하면 하나 이상의 모델 유형을 사용할 수 있다.[4]

데이터 흐름 다이어그램

데이터 흐름 다이어그램DFD, Data Flow Diagram은 시스템 구성 요소의 데이터 흐름과, 각 구성 요소와 흐름의 속성을 설명한다. DFD는 위협 모델링에서 가장 많이 사용되는 시스템 모델 형식이며 대부분의 드로잉 패키지에서 기본적으로 지원한다. DFD의 심벌은 사람의 손으로도 그리기 쉽다.

시퀀스 다이어그램

시퀀스 다이어그램은 시스템 구성 요소의 상호작용을 순서대로 설명하는 통합 모델링 언어UML, Unified Modeling Language의 활동 다이어그램이다. 설계자가 시간에 따른 시스

---

2 A. E. 디엔(A. E. Dien), 『Six Dynasties Civilization』(New Haven: Yale University Press, 2007), 214.

3 A. 스미스(A. Smith), 『Architectural Model as Machine』(Burlington, MA: Architectural Press, 2004).

4 UML 모델 유형이나 시스템 모델 언어(SysML, System Modeling Language)와 같이 분석에 적합한 그래픽 모델이 있고, 제어 흐름 그래프와 상태 머신과 같이 효과적인 분석을 위한 모델 유형이 있다. 이런 모델 생성 방법론은 이 책에서 다루지 않는다.

템 상태를 이해하는 데 도움을 주기 때문에 시스템 위협을 식별하는 데 도움이 될 수 있다. 이를 통해 작동하는 과정에서 변화하는 시스템 속성을 알 수 있으며 그에 따른 예상이 가능하다.

프로세스 흐름 다이어그램

프로세스 흐름 다이어그램PFD, Process Flow Diagram은 시스템 구성 요소 간의 작업을 통한 작동 흐름을 강조한다.

공격 트리

공격 트리는 공격자가 악의적인 의도를 갖고 목표에 도달하려고 시도할 수 있는 경로의 단계를 의미한다.

피시본 다이어그램

결과와 이 결과가 발생한 근본 원인 간의 관계를 보여 주는 이 다이어그램은 인과관계cause-and-effect 또는 이시카와Ishikawa 다이어그램이라고 한다.

하나 또는 여러 개의 시스템 모델링 기술을 사용해 공격자의 보안 태세 변화를 효과적으로 볼 수 있다. 이것은 설계자가 시스템 가정assumption이나 설계를 변경해 잠재된 이슈를 인식하고 제거할 수 있게 해준다. 목적에 맞는 적합한 모델 유형을 사용한다. 예를 들어 객체와의 관계를 확인하려면 DFD를 사용하고, 작업 순서를 확인하려면 시퀀스 다이어그램을 사용한다. 각각의 이점을 이해할 수 있도록 자세히 살펴보자.

데이터 흐름 다이어그램

보안 분석을 위한 시스템을 모델링할 때 시스템을 시각적으로 설명하는 방법으로 DFD를 사용한다. DFD는 시스템의 복잡성을 표현하는 기호로 개발됐다.

시스템 구성 요소와 이들이 어떻게 서로 관련 있는지 알고자 사용한 모델은 1950년대 기능 흐름 블록 다이어그램functional flow block diagram과 함께 시작됐다. 이후 1970년대에 『SADT: Structured Analysis and Design Technique』(https://oreil.ly/Umez5)(McGraw-

Hill, 1987)에서 DFD 개념이 소개됐고[5] DFD는 위협 분석을 수행할 때 시스템을 기술하는 표준 방법이 됐다.

DFD의 레벨

데이터 흐름 다이어그램은 여러 도면을 생성하며, 각 도면은 계층이나 추상화 수준을 나타낸다. 최상위 계층은 콘텍스트 계층 또는 Layer 0, L0라고도 하며, 원격 시스템이나 사용자와 같은 외부 개체(entity)와의 상호작용과 높은 수준의 뷰를 가진 시스템을 포함한다. L1, L2 등으로 표현되는 후속 계층은 의도한 세부 수준에 도달하거나 시스템 요소를 분해해 더 이상 분해되지 않을 때까지 상세한 개별 시스템 구성 요소와 상호작용을 보여 준다.

시스템의 데이터 흐름을 모델링할 때 사용되는 공식적인 표준 심벌은 없지만, 대부분의 드로잉 패키지는 관례적으로 사용되는 심벌로 그 의미와 용도를 표현한다.

DFD를 구성할 때 데이터 흐름과 함께 특정 아키텍처의 요소를 강조하는 것은 유용하다. 이 추가 정보는 신규 입사자를 교육할 때 또는 보안 문제 해결을 위한 모델을 분석할 때 도움을 준다. 이해하고 쉬운 모델을 빠르게 만들고자 사용하는 세 가지 비표준 확장 심벌은 다음과 같다.

요소element(그림 1-1 참고)는 표준 심벌이며 고려 중인 시스템 내의 프로세스나 작업 장치unit를 표현한다. 나중에 쉽게 참조할 수 있도록 요소에 레이블을 지정해야 한다. 요소는 모델의 장치 사이를 오가는 데이터 흐름의 시작점source과 목표점target이다(이후에 설명한다). 행위자를 식별하려고 행위자 심벌(그림 1-4 참고)을 사용한다.

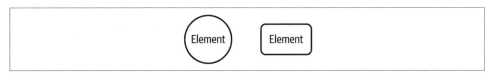

그림 1-1 드로잉 데이터 흐름 다이어그램의 요소 심벌

---

5 「Data Flow Diagrams(DFDs): An Agile Introduction」, 애자일 모델링 사이트(Agile Modeling Site), https://oreil.ly/h7Uls

기본 속성과 메타데이터^{metadata}의 설명으로 각 객체에 주석을 단다. 다이어그램 자체에 주석을 달거나 별도의 문서를 사용해 레이블과 객체의 주석을 연결할 수 있다.

모델의 객체에 달려 있는 주석 정보는 다음과 같다.

 모델의 주석으로서 요소와 관련해 얻을 수 있는 이 잠재적인 메타데이터 목록은 포괄적이지 않다. 시스템의 요소에 대해 알아야 할 정보는 결국 사용하려는 방법론(3~5장 참고)과 식별 하려는 위협에 따라 다르다. 이 목록은 다음과 같은 내용이 포함된다.

- 장치의 이름. 실행 파일인 경우 디스크에 빌드하거나 설치할 때 뭐라고 하는가?

- 조직 내에서 누가 소유하고 있는가(주로 개발 팀)?

- 프로세스라면 어떤 권한 수준에서 실행되고 있는가(루트 권한, setuid, 일부 권한 없는 사용자)?

- 바이너리 객체인 경우 디지털 서명이 가능한가? 만약 그렇다면 어떤 방식으로 어떤 인증서나 키가 사용되는가?

- 어떤 프로그래밍 언어가 요소에 사용되는가?

- 관리되는 코드나 인터프리트 코드^{interpreted code}의 경우 런타임이나 사용 중인 바이트 코드^{bytecode} 프로세스는 무엇인가?

 종종 프로그래밍 언어를 선택할 때 그 영향도를 생각하지 못한다. 예를 들어 C와 C++는 인터 프리터 언어보다 메모리 기반 에러에 취약하고, 스크립트는 난독화된 바이너리보다 리버스 엔 지니어링(reverse engineering)에 더 취약하다. 이것은 시스템 설계 시 이해해야 하는 중요한 특성이며, 특히 일반적이고 심각한 보안 문제를 피하려고 위협 모델링을 수행 중이라면 더욱 중요하다. 시스템 개발 프로세스에서 이 정보를 미리 파악하지 못해 위협 모델에 포함시킬 수 없었다면(지금쯤 알고 있겠지만 위협 모델링은 초기에 자주 수행돼야 하기 때문에) 시스템이 발전됨에 따라 위협 모델링도 최신 상태로 유지해야 함을 보여 주는 완벽한 예다.[6]

---

6 이 주제를 자세히 알고 싶다면 브룩 S. E. 쇼엔필드(Brook S. E. Schoenfield), 『Securing Systems: Applied Security Architecture and Threat Models』(Boca Raton, FL: CRC Press, 2015)를 참고하자.

상세한 평가가 가능한 콘텍스트를 제공하고 개발 팀과 시스템 이해관계자 간의 토론이 가능한 메타데이터는 다음과 같다.

- 단위 프로덕션이 준비됐는가, 개발 장치인가, 요소가 파트타임으로만 존재하는가? 이 장치가 프로덕션 시스템에만 존재하고 개발 모드에는 존재하지 않는가? 이는 요소에 의해 표현되는 프로세스가 특정 환경에서 실행되지 않거나 초기화되지 않을 수 있음을 의미한다. 특정 컴파일 플래그가 설정될 때만 컴파일되기 때문에 아예 존재하지 않을 수 있다. 테스트를 위한 스테이징 환경staging environment에서만 구동되는 테스트 모듈이나 구성 요소가 이것의 좋은 예이며, 위협 모델에서 이를 해결해야 한다. 테스트를 위해 스테이징 환경에서 특정 인터페이스나 API를 통해 모듈을 작동시켰지만 테스트 모듈이 제거됐음에도 여전히 프로덕션 환경에서 동작된다면 이것은 해결해야 할 약점이다.

- 예상되는 실행 흐름의 정보가 존재하며, 상태 머신이나 시퀀스 다이어그램으로 설명할 수 있는가? 시퀀스 다이어그램은 약점을 식별하는 데 도움이 되며, 이는 1장의 뒷부분에서 다룬다.

- 선택적으로 컴파일이나 연결, 설치[7]시 특정 플래그를 사용할 수 있는가? 또는 시스템 기본값과 다른 보안 강화 리눅스SELinux, Security-Enhanced Linux 정책을 적용할 수 있는가? 앞서 언급했듯이 첫 번째 위협 모델을 구성할 때는 잘 모를 수 있지만, 프로젝트가 진행되는 동안 위협 모델을 최신 상태로 유지해 보완할 수 있다.

실행 파일이나 프로세스(추상화 레벨에 따라 다름) 등과 같은 독립적인 처리 장치는 요소 심벌을 사용해 보여 준다. 요소를 대표적인 구성 요소로 세분화하는 것은 장치가 어떻게 작동되고 어떤 위협에 취약한지 이해하기 어렵다. 이것은 연습이 필요하며 포함된 상호작용을 잘 이해하려고 처리 장치의 하위 요소를 설명해야 할 수도 있다. 하위 요소를 설명하고자 컨테이너 심벌을 사용한다.

그림 1-2에 표시된 컨테이너container 또는 컨테이닝 요소containing element는 추가적인 요소나 흐름을 포함해 시스템에 고려 중인 장치를 나타내는 표준 심벌이다. 이 심벌은 일반

---

7 공통 플래그에는 ASLR이나 DEP 지원, 스택 카나리아가 포함된다.

적으로 시스템의 중요한 장치를 강조하는 콘텍스트 레이어 모델로 사용된다(57페이지 'DFD의 레벨' 참고). 컨테이너 요소를 생성할 때 포함하는 요소를 이해하는 데 필요한 신호를 보내고, 컨테이너는 요소를 포함한 모든 것의 가정^{assumptions}과 상호작용을 결합해 표현한다. 이것은 모델을 그릴 때 분주함을 줄이는 좋은 방법이다. 컨테이너는 주어진 추상화 수준에서 모델 엔티티 사이를 오가는 데이터 흐름의 시작점^{source}과 목표점^{target}이다.

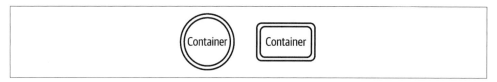

그림 1-2 드로잉 데이터 흐름 다이어그램의 컨테이너 심벌

앞에서 설명한 요소와 동일하게 컨테이너 객체에 레이블을 지정하고 객체의 메타데이터를 주석에 포함시켜야 한다. 메타데이터는 요소의 메타데이터 항목과 그 안에 포함된 내용(즉 내부에서 찾을 수 있는 주요 하위 시스템 또는 하위 프로세스)을 요약해 구성한다.

고려 중인 시스템의 장치를 표현하는 요소와 달리 그림 1-3에서 보여 주는 외부 엔티티는 시스템의 기능이나 작동이 포함되지만 분석 범위에는 포함되지 않는 프로세스나 시스템을 표현한다. 외부 엔티티는 표준 심벌이다. 외부 엔티티는 최소한 원격 프로세스나 메커니즘에서 시스템으로 들어오는 데이터 흐름의 시작점^{source}을 제공한다. 외부 엔티티는 웹 서버나 유사한 서비스에 접근하는 데 사용되는 웹 브라우저를 예로 들 수 있으며, 모든 유형의 구성 요소나 처리 장치가 포함될 수 있다.

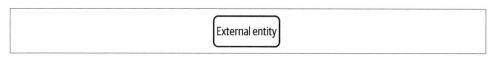

그림 1-3 드로잉 데이터 흐름 다이어그램의 외부 엔티티 심벌

시스템의 휴먼^{human} 사용자를 나타내는 행위자는 시스템이 제공하는 인터페이스와 연결(직접적이거나 웹 브라우저 같은 외부 엔티티를 통해)된 표준 심벌로 표현되며, 주로 드로잉의 콘텍스트 레이어에 사용된다.

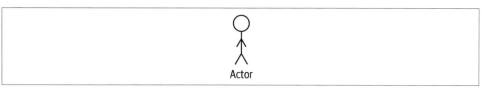

그림 1-4 드로잉 데이터 흐름 다이어그램의 행위자 심벌

그림 1-5에 표시된 데이터 저장 심벌은 데이터베이스와 같이 '대량'의 데이터가 보관된 장소(항상 데이터베이스 서버를 의미하는 것은 아님)를 나타내는 기능 단위의 표준 심벌로 표현한다. 데이터 저장 심벌은 소량의 보안 관련 데이터를 저장하는 버퍼나 파일로 표현할 수 있다. 아마존 S3[Simple Storage Service]같이 애플리케이션의 로그 파일 출력물을 보관하는 객체 데이터 저장소 또는 웹 서버 TLS 인증[8]의 개인 키가 포함된 파일 등이 그 예다. 데이터 저장 심벌은 메시지 버스나 공유된 메모리 영역도 표현할 수 있다.

그림 1-5 드로잉 데이터 흐름 다이어그램의 데이터 저장 심벌

데이터 저장소에 레이블이 지정돼야 하며 다음과 같은 메타데이터가 있어야 한다.

저장 유형

    파일이나 S3 버킷, 서비스 메시, 공유된 메모리 영역인가?

보유 데이터의 유형 및 분류

    모듈로부터 보내지거나 읽히는 데이터가 구조화돼 있는가 아니면 구조화돼 있지 않는가? XML이나 JSON과 같은 특정 형식으로 돼 있는가?

데이터의 민감도 또는 가치

    관리되는 데이터가 개인 정보나 보안 관련 정보, 민감한 정보인가?

---

8   아파치 톰캣(Apache Tomcat)이 이 방법론을 사용하는 것처럼.

데이터 저장소 자체의 보호

드라이브 수준의 암호화를 제공하는 루트 스토리지 방법론을 사용하는가?

복제

데이터가 다른 데이터 저장소에 복제되는가?

백업

접근 제어와 보안이 안전한 장소에 데이터가 백업되는가?

MySQL이나 몽고DB(MongoDB)와 같은 데이터베이스 서버가 포함된 시스템을 모델링한다면 두 가지의 모델 렌더링 방법이 있다. (A) DBMS 프로세스와 데이터 저장 위치 둘 다 표현하는 데이터 저장소를 사용하거나 (B) DBMS 요소와 실제 데이터 저장 장치에 연결된 데이터 저장소를 사용하는 것이다.

각 방법에는 장단점이 있다. 대부분은 (A)를 선택하지만, 공유 데이터 채널이나 임시 저장 노드를 사용하는 클라우드와 임베디드 시스템 모델에서는 (B)가 더 효과적인 위협 분석을 제공한다.

요소가 독립적이고 외부 엔티티와 연결되지 않는다면 안전하겠지만 아마 중요하지 않은 기능일 것이다(시스템 내에 유일한 장치가 아니길 바란다). 엔티티가 가치를 가지려면 최소한 데이터를 제공하거나 변형된 기능을 만들어야 한다. 대부분의 엔티티는 어떤 식으로든 외부 장치와 통신한다. 시스템 모델 내 어디서 어떻게 엔티티가 상호작용하는지 데이터 흐름 심벌을 사용해 보여 준다. 데이터 흐름은 시스템 구성 요소가 상호작용할 수 있는 여러 가지 방법을 보여 주는 심벌 집합이다.

그림 1-6은 시스템의 두 요소 사이를 연결하는 기본 라인을 보여 준다. 추가적인 정보를 전달하지 않고, 전달할 수도 없으므로, 모델링 실습 시 특정 정보를 사용할 수 없는 경우 이 심벌을 선택하는 것이 좋다.

그림 1-6 무방향 데이터 흐름의 라인 심벌

그림 1-7은 한쪽 끝에 화살표가 있는 라인으로, 단방향 흐름의 정보나 행위를 표현한다.

그림 1-7 기본 방향 데이터 흐름의 화살표 심벌

그림 1-8의 왼쪽 그림은 양쪽 끝에 화살표가 있는 라인으로, 양방향 통신의 흐름을 표현한다. 오른쪽 그림은 양방향 통신 흐름의 대체 심벌이다. 오른쪽 그림이 좀 더 일반적이고 쉽게 인식될 수 있는 다이어그램이지만(다이어그램이 복잡해질 수 있다) 둘 다 허용된다.

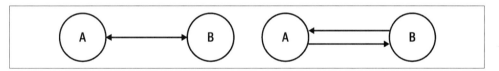

그림 1-8 양방향 데이터 흐름의 양방향 화살표

그림 1-6, 1-7, 1-8은 데이터 흐름 다이어그램 구성도의 기본 심벌이다.

규칙이 아니라 관례를 설명한다는 것을 기억하자. 다이어그램에서 사용된 심벌이나 표현 방식은 공식 표준 문서가 아닌 집단적인 관행에서 비롯된 것이다.[9] 위협 모델링을 수행할 때 관행적으로 사용되는 심벌과 메타데이터를 확장해(이 책 전반에 걸쳐 확장 심벌을 보게 될 것이다) 요구 사항을 효율적으로 표현할 수 있다. 활동의 예상 결과와 목표에 익숙해질수록 표준 심벌을 적절하게 수정할 수 있게 될 것이다. 정보 수집과 경험, 활동을 통해 만들어진 사용자 정의 심벌은 여러분과 팀 구성원에게 큰 가치가 있다.

---

9   아담 쇼스탁(Adam Shostack), 'DFD3', 깃허브(GitHub), https://oreil.ly/OMVKu

그림 1-9는 일반적인 DFD 심벌이 아닌 비표준 확장 심벌을 보여 준다. 이 심벌은 통신이 시작된 위치를 표현하는 단방향 화살표이며 표시를 강조하려고 동그라미를 쳤다. 이마크는 그래픽 패키지에서 제공하는 전송 흐름을 위한 엔지니어링 스텐실에서 사용할수 있다.

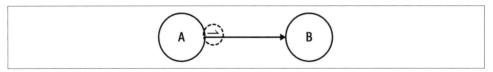

그림 1-9 선택적 시작 마크

데이터 흐름에는 참조용 레이블을 지정해야 하며 다음과 같은 중요한 메타데이터가 포함돼야 한다.

통신 채널의 종류 또는 성격

네트워크 기반 통신 흐름인가 아니면 로컬 프로세스 간의 통신[IPC, Inter Process Communication] 채널인가?

사용 중인 프로토콜

HTTP 또는 HTTPS 통신을 사용하는가? HTTPS를 사용한다면 엔드포인트 또는 상호 TLS[mutual TLS]를 인증하려고 클라이언트 측 인증서에 의존하는가? 어떤 방식으로든 데이터 자체가 채널과 독립적으로 보호되는가(암호화 또는 서명을 사용해서)?

통신 중인 데이터

어떤 유형의 데이터가 채널을 통해 전송되는가? 민감도 및 분류는 무엇인가?

작업 순서(목적에 맞거나 유용한 경우)

모델 내에서 흐름의 양이 제한적이거나 상호작용이 복잡하지 않은 경우 별도의 시퀀스 다이어그램을 만드는 대신 각 데이터 흐름의 주석으로 작업 순서나 흐름 순서를 표시할 수 있다.

데이터 흐름 자체의 인증이나 기타 보안 제어를 표현하는 데 주의해야 한다. 엔드포인트(서버나 클라이언트) 간의 잠재적인 데이터 흐름과 독립적인 접근 제어를 제공한다. 도면을 단순화하고 보다 효과적인 위협 분석을 위해 인터페이스 확장 모델링 요소를 '포트(port)'로 사용해 보자(1장의 뒷부분에서 다룬다).

모델에서 데이터 흐름을 사용할 때 다음의 사항을 고려해야 한다.

첫째, 다이어그램과 분석에서 데이터 흐름의 방향을 보여 주려고 화살표를 사용한다. A 요소에서 시작해 B 요소로 종료되는 화살표 라인(그림 1-7)을 사용했다면 통신의 흐름이 A에서 B로 이동한다는 것을 의미한다. 애플리케이션이나 공격자에게 중요한 데이터 교환이지만, 반드시 개별적인 패킷과 프레임, 승인ACK, ACKnowledgments일 필요는 없다. 마찬가지로 B에서 시작해 A로 끝나는 화살표 라인은 B에서 A로의 통신 흐름을 의미한다.

둘째, 모델에서 양방향 통신 흐름을 보여 주려고 두 가지 접근 방식 중 선택할 수 있다. 그림 1-8 왼쪽 그림과 같이 각 끝에 화살표가 있는 1개의 라인을 사용하거나 그림 1-8 오른쪽 그림과 같이 각 방향에 하나씩 표현하는 2개의 라인을 사용한다. 2개의 라인을 사용하는 방식이 일반적이지만 기능상 같다. 각 통신 흐름의 속성이 다른 경우 2개의 라인을 사용해 깔끔하게 주석을 달 수 있다. 두 방식 중 하나를 선택해 모델 전체에 일관적으로 적용한다.

마지막으로, 모델에서 데이터 흐름을 사용하는 목적은 통신의 기본 방향을 보여 줘 분석을 용이하게 하기 위해서다. TCP Transmission Control Protocol나 UDP User Datagram Protocol 기반의 표준 프로토콜로 통신하는 경우 패킷과 프레임은 출발점에서 도착점까지 채널을 통해 앞뒤로 전달된다. 그러나 이런 세부 사항은 일반적으로 위협을 식별하는 데 중요하지 않다.

대신, 애플리케이션 수준의 데이터나 제어 메시지가 맺어진 채널을 통해 전달되고 있음을 표현하는 것이 중요하며 이것이 데이터 흐름의 목적이다. 어떤 요소가 통신 흐름을 시작했는지 이해하는 것도 분석에 중요하다. 그림 1-9는 데이터 흐름의 시작을 표시하는 마크다.

다음 시나리오는 모델을 이해하고 시스템을 분석할 때 마크의 유용성을 보여 준다.

A 요소와 B 요소는 그림 1-10과 같이 단방향 데이터 흐름 기호로 연결돼 A에서 B로의
데이터 흐름을 보여 준다.

그림 1-10 A와 B의 예제 요소

A 요소는 A 서비스로 주석 처리되고, B 요소는 로거 클라이언트다. 데이터의 수신자로
서 B가 통신 흐름을 시작했거나 각 엔드포인트의 라벨을 분석해 A가 데이터 흐름을 시
작했다고 생각할 수 있다. 모델이 정확하지 않기 때문에 둘 다 맞을 수 있다.

A 요소의 끝에 시작 마크가 달려 있다면 어떨까? B 요소가 아닌 A 요소가 통신 흐름을
시작하고 데이터를 B로 보낸다는 것을 분명하게 알 수 있다. 로그 정보를 로거 클라이언
트로 보내는 마이크로 서비스를 모델링한다면 이런 상황이 발생할 수 있다. 그림 1-11
은 일반적인 아키텍처 패턴이다.

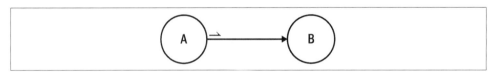

그림 1-11 A 요소에 시작 마크가 있는 A와 B의 예제 요소

만약 시작 마크가 A가 아닌 B에 달려 있다면 이 모델 세그먼트에 잠재적 위협이 있다는
걸 알게 될 것이다. 이 설계는 방화벽 뒤에 있는 로거 클라이언트가 마이크로 서비스로
아웃바운드 통신이 필요하다는 대체 패턴을 보여 준다(그림 1-12).

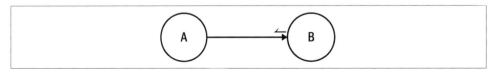

그림 1-12 B 요소에 시작 마크가 있는 A와 B의 예제 요소

그림 1-13에 표시된 심벌은 신뢰 경계를 보여 준다. 라인 뒤에 있는 모든 요소는 서로를 신뢰한다(라인의 곡률에 따라 라인 뒤에 있는 요소와 앞에 있는 요소가 결정된다). 일반적으로 동일한 수준에서 모든 엔티티가 신뢰하는 경계를 점선 라인으로 표현한다. 예를 들어 방화벽이나 VPN 뒤에서 실행되는 모든 프로세스는 신뢰할 수 있지만, 흐름이 자동으로 인증됨을 의미하진 않는다. 신뢰 경계는 경계 내에서 작동하는 객체와 엔티티가 동일한 신뢰 수준(Ring 0)에서 운영된다는 것을 의미한다.

이 심벌은 시스템 구성 요소 간의 대칭 신뢰를 가정^{assume}하는 시스템을 모델링할 때 사용한다. 비대칭 구성 요소 신뢰(A 구성 요소는 B 구성 요소를 신뢰하지만, B 구성 요소는 A 구성 요소를 신뢰하지 않는다)는 이 신뢰 경계 마크가 적절하지 않으며 데이터 흐름에 신뢰 관계를 설명하는 주석을 달아야 한다.

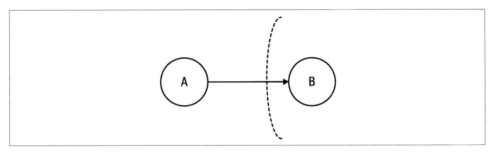

그림 1-13 드로잉 데이터 흐름 다이어그램의 신뢰 경계 심벌

HTTPS를 사용해 데이터 흐름의 기밀성과 무결성을 표시하는 등 특정 데이터 흐름의 보안 보호 스키마를 보여 주려고 그림 1-14 심벌을 사용한다. 많은 수의 구성 요소와 데이터 흐름이 있는 모델에서 심벌과 주석은 혼란을 줄 수 있으므로 그 대안으로 데이터 흐름 자체에 주석을 제공한다.

신뢰 경계에 필요한 메타데이터는 일반적으로(모든 엔티티가 동일한 신뢰 수준이라는 경계를 표시하고자) 엔티티의 대칭 신뢰 관계를 설명한다. 이 심벌이 채널이나 흐름의 제어를 보여 주는 경우 메타데이터에 사용되는 프로토콜(HTTP, HTTPS, 상호 TLS 사용 여부), 포트 번호(디폴트 값이 아닌 경우), 추가적인 보안 제어 정보를 포함해야 한다.

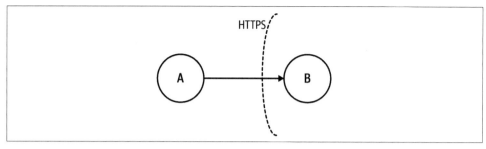

그림 1-14 신뢰 경계에 달린 주석 심벌

그림 1-15에서 원으로 표시된 인터페이스 요소는 요소나 컨테이너에 정의된 연결 포인트를 보여 주는 비표준 확장 심벌이다. 요소에 의해 노출되는 포트나 서비스 엔드포인트를 보여 주는 데 유용하다. 설계 시점에 엔드포인트의 용도가 정의되지 않았거나 불확실한 경우, 즉 엔드포인트의 클라이언트가 확정되지 않아 특정 데이터 흐름을 그리기 어려울 때 사용한다. 사소한 것처럼 보일 수 있지만 서비스의 오픈 수신 엔드포인트는 아키텍처의 주요 위험 요인이 될 수 있으므로 모델에서 이를 인식하는 것은 매우 중요하다.

그림 1-15 인터페이스 요소 심벌

각 인터페이스에는 핵심 특성을 설명하는 레이블과 메타데이터가 있어야 한다.

- 인터페이스가 알려진 포트를 사용한다면 포트 번호를 표시한다.

- 통신 채널이나 메커니즘을 식별하고(PHY나 Layer 1/2: Ethernet, VLAN, USB 휴먼 인터페이스 장치^{HID, Human Interface Device}, 소프트웨어 정의 네트워크), 인터페이스가 요소에 외부적으로 노출하는지 여부를 식별한다.

- 인터페이스에서 제공하는 통신 프로토콜(Layer 4 이상의 프로토콜이나 TCP, IP, HTTP).

- 방화벽과 같이 외부 장치에 의해 영향받는 인터페이스나 모든 유형의 인증(비밀번호 또는 SSH 키, 등)처럼 들어오는 연결(잠재적인 아웃바운드 데이터 흐름)의 접근을 제어한다.

인터페이스와 연결되는 모든 데이터 흐름에 이런 특성이 있다는 정보를 알면 분석이 쉬워진다. 결과적으로 간단하고 이해하기 쉬운 드로잉이 될 것이다. 이 선택적 요소를 사용하고 싶지 않다면 더미 엔티티와 오픈 서비스 엔드포인트의 데이터 플로^{data flow}를 만들면 된다(복잡해 보일 것이다).

 그림 1-16의 블록은 허용되는 DFD 심벌 컬렉션이 아니다. 매트(Matt)는 이것이 유용하고 모델의 가치나 명확성을 높이고자 기존 스텐실에만 국한될 필요가 없다는 걸 보여 주려고 이 책에 포함시켰다.

그림 1-16의 블록 요소는 블록이 부착된 데이터 흐름을 선택적으로 변경하는 아키텍처 요소를 나타낸다. 블록은 프로세스 경계나 데이터 흐름을 연결할 때 포트를 수정할 수 있다. 호스트 방화벽이나 물리적 장치, 아키텍처의 기능으로서 논리적 메커니즘이 존재할 때 이 심벌을 사용해 분석을 용이하게 한다. 블록 요소는 프로젝트 팀의 제어 밖에 있는 시스템(일반적인 의미에서 외부 엔티티가 아닌)에 영향을 미칠 수 있는 추가 장비를 표현할 수 있다.

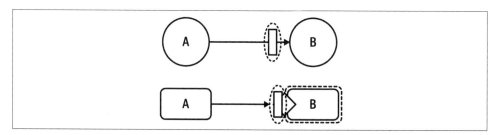

그림 1-16 블록 심벌

블록을 수집해야 하는 메타데이터는 레이블과 함께 다음의 내용을 포함한다.

블록의 종류

물리적인 장치나 논리적 장치 그리고 해당 장치가 시스템의 선택적 구성 요소인지 여부

행동

어떻게 흐름을 수정하고 포트나 프로세스에 접근하는지 블록이 하는 행동. 시퀀스 다이어그램이나 상태 머신을 사용해 블록이 나타내는 장치에서의 세부적인 동작 변경 정보를 제공한다.

 시스템 모델을 개발할 때 특정 심벌의 사용 여부와 그 의미를 변경할지 여부를 팀원들과 미리 협의한다(위협 모델링의 내부 규칙을 만드는 것은 허용할 수 있다). 효과적인 활동과 가치 창출을 위해 일관적인 심벌을 사용한다.

시퀀스 다이어그램

DFD는 시스템 구성 요소 간의 상호작용, 상호연결, 데이터 이동 방식을 보여 주는 반면, 시퀀스 다이어그램은 시간 기반의 작업 순서 또는 이벤트 기반의 작업 순서를 보여 준다. 시퀀스 다이어그램은 UML(https://oreil.ly/U_9q-)에서 가져왔으며, UML의 상호작용 다이어그램 유형을 전문화한 것이다. 위협 분석을 준비하는 모델링의 일부로서 DFD를 보완하고자 시퀀스 다이어그램을 사용한다면 시스템 작동 방식과 분석에 용이한 시간적 측면 모두를 제공하는 수단이 될 수 있다. 예를 들어 DFD는 클라이언트가 서버와 통신하고 특정 형태의 데이터를 서버에 전달하는 것을 보여 준다. 시퀀스 다이어그램은 이 통신 흐름의 작업 순서를 보여 준다. 누가 통신을 시작했는지, 프로세스의 어떤 부분이 보안이나 프라이버시 위험(프로토콜을 올바르게 구현하지 못했거나 기타 약점 등)을 초래했는지 보여 주는 중요한 정보다.

보안 커뮤니티에서 시퀀스 다이어그램이 DFD 개발보다 더 중요한 활동인가에 관한 논란이 있었다. 적절하게 구성된 시퀀스 다이어그램은 DFD보다 더 유용한 데이터를 제공할 수 있기 때문이다. 시퀀스 다이어그램은 어떤 데이터와 어떤 엔티티가 흐름에 연관

돼 있는지 보여 줄 뿐 아니라 시스템을 통해 데이터가 어떻게, 어떤 순서로 흐르는지도 보여 준다. 비즈니스 논리 및 프로토콜 처리 결함은 시퀀스 다이어그램에서 쉽게 찾을 수 있다.

시퀀스 다이어그램은 예외 처리가 부족한 영역이나 오류 포인트, 보안 제어가 일관되게 적용되지 않은 영역 등 심각한 설계 오류를 보여 준다. 단순히 데이터 흐름만 알고 흐름의 순서를 알지 못한다면, 검사 시점과 사용 시점^{TOCTOU, Time Of Check to Time Of Use}(https:// oreil.ly/G1E8o) 약점을 포함해 제어를 억제하거나, 부주의하게 통제하거나, 잠재적인 경합 조건^{race condition}에 노출될 수 있는 약점을 식별하기 어렵다. 위협 모델링의 동등한 파트너로 시퀀스 다이어그램이 대중화될지는 시간이 알려 줄 것이다.

UML에서 시퀀스 다이어그램의 공식 정의는 상당한 수의 모델링 요소가 포함돼 있지만 위협 분석에 적합한 모델을 만들고자 다음의 하위 집합에도 주의해야 한다.

그림 1-17은 미시컬^{mythical} 시스템의 잠재적인 통신과 호출 흐름을 시뮬레이션하는 시퀀스 다이어그램의 예다.

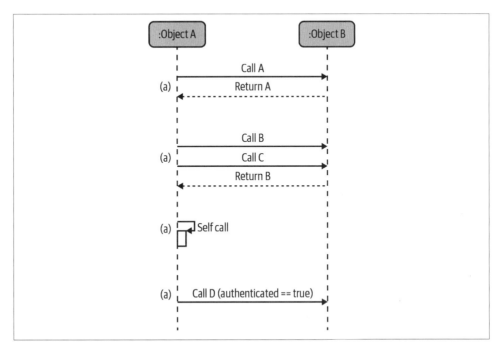

그림 1-17 시퀀스 다이어그램 예제

그림 1-17에 표시된 모델링 요소에는 다음과 같은 내용을 포함한다.

엔티티(A와 B 객체)

고려 중인 시스템 범위 내에서 다른 엔티티와 상호작용을 연결하는 '생명선'

행위자(휴먼)

여기에 표시되지 않았지만 시스템 구성 요소의 외부에 상주하며 시스템 내의 다양한 엔티티와 상호작용한다.

메시지

데이터('Call A', 'Return B')가 포함된 메시지는 하나의 엔티티에서 다른 엔티티로 전달된다. 메시지는 엔티티 간의 동기식 또는 비동기식이며, 동기식 메시지(채워진 화살표로 표시)는 응답이 준비될 때까지 차단되지만 비동기식 메시지(비어 있는 화살표로 표시, 위의 그림에는 표시되지 않음)는 차단되지 않는다. 화살표로 끝나는 점선은 반환 메시지를 나타낸다. 메시지는 다른 엔티티로 전달하지 않고 엔티티에서 시작하고 끝날 수 있으며, 엔티티의 수명선lifeline에서 시작해 다시 돌아가는 원을 그리는 화살표로 표시한다.

조건부 로직

비즈니스 로직 결함으로 발생되는 문제와 데이터 흐름에 미치는 영향을 식별하고자 제약 조건이나 전제 조건을 표시하기 위한 조건부 로직이 메시지 흐름에 배치된다. 조건부 로직(그림 1-17에는 표시되지 않음)은 [조건] 형식을 가지며 메시지 레이블과 함께 라인 안에 배치된다.

시간

시퀀스 다이어그램에서 시간은 위에서 아래로 흐른다. 다이어그램의 위쪽에 있는 메시지는 아래보다 시간상 더 빨리 발생한다.

시퀀스 다이어그램을 구성하는 것은 매우 쉽다. 어려운 부분은 그리는 도구를 선택하는 것이다. 직선(실선과 점선 모두)과 기본 심벌, 구부러지거나 구부릴 수 있는 화살표를 그릴 수 있는 좋은 드로잉 툴을 찾기 바란다. 마이크로소프트 비지오^{Microsoft Visio}(draw.io 또는 루시드차트^{Lucidchart}와 같은 리브르^{Libre}나 다른 무료 솔루션)나 플랜트UML^{PlantUML} 같은 UML 모델링 툴도 괜찮다.

시퀀스로 모델링할 작업도 결정해야 한다. 다수의 엔티티(적어도 하나 이상의 행위자와 프로세스 또는 여러 개의 프로세스)가 사전에 정의된 방식으로 중요한 데이터를 교환하는 인증이나 권한 부여 흐름을 선택하는 것이 좋다. 다수의 엔티티가 포함된 표준 운영 절차는 물론 데이터 저장소나 비동기 처리 모듈이 포함된 상호작용도 모델링할 수 있다.

모델링 작업이 결정됐으면 시스템 내의 요소 작동과 상호작용을 식별한다. 다이어그램 상단에 직사각형 모양으로 각 요소를 추가하고(그림 1-17과 같이), 직사각형 요소의 하단 가운데 부분부터 아래로 내려가는 긴 선을 그린다. 마지막으로, 다이어그램의 상단에서 시작해(긴 수직선을 따라) 한 방향이나 다른 방향의 화살표로 끝나는 선을 사용해 요소들이 상호작용하는 방식을 보여 준다.

기대하는 세부 수준의 상호작용에 도달할 때까지 모델 아래로 내려가면서 상호작용을 설명한다. 실제 화이트보드나 이와 유사한 매체를 사용해 모델을 그렸다면 더 넓고 깊은 모델링을 만들고자 여러 보드를 사용하거나 불완전하게 그린 모델을 사진 찍고 지우고를 반복하면서 이 조각을 끼워 맞춘 후에나 완전한 모델의 형태를 볼 수 있을 것이다.

프로세스 흐름 다이어그램

공정 설계와 화학 공학에서 일반적으로 사용되는 프로세스 흐름 다이어그램^{PFD, Process Flow Diagram}은 시스템을 통한 작업 흐름(https://oreil.ly/5AWOZ)의 순서와 방향성을 보여 준다. PFD는 시퀀스 다이어그램과 유사하지만 상위 레벨이며, 구성 요소의 상태 변화와 특정 메시지의 흐름보다는 시스템 내 일련의 사건^{chain of event}을 보여 준다.

완전성을 위한 프로세스 흐름을 언급했지만 위협 모델링에서 PFD를 사용하는 것은 일반적이지 않다. 그렇지만 스레트모델러^{ThreatModeler}(https://oreil.ly/ifk00) 툴은 PFD를 기본 모델 유형으로 사용하므로 일부 가치가 있을 수 있다.

PFD는 시퀀스 다이어그램과 상호 보완적이다. 특정 행동이나 이벤트와 관련된 메시지 흐름 세그먼트를 나타내는 레이블을 사용해 시퀀스 다이어그램으로 PFD의 연계 활동을 설명할 수 있다. 그림 1-18은 웹 애플리케이션 이벤트의 PFD다.

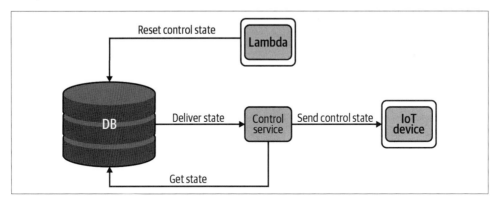

그림 1-18 프로세스 흐름 다이어그램의 예제

그림 1-19는 활동 프레임을 추가해 시퀀스 다이어그램으로 다시 그린 동일한 PFD다.

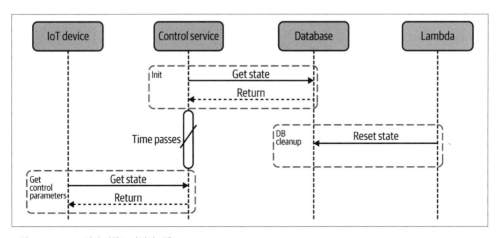

그림 1-19 PFD로서의 시퀀스 다이어그램

공격 트리

공격 트리는 20년 이상 컴퓨터 과학 분야에서 사용됐다(https://oreil.ly/3PDpY). 공격자가 시스템에 영향을 줄 수 있는 방법을 모델링해 시스템이 얼마나 취약한지 보여 준다. 공격 트리는 공격자 중심 접근 방식을 사용하는 위협 분석의 기본 모델 유형이다.

이 유형의 모델은 목표나 원하는 결과를 나타내는 루트 노드에서 시작하며, 시스템 소유자에게는 부정적인 결과이지만 공격자에게는 긍정적인 결과라는 것을 기억하자. 중간과 리프leaf 노드는 상위 노드(부모 노드)의 목표를 달성하기 위한 방법을 보여 준다. 각 노드에는 행위 레이블이 지정돼 있으며 다음과 같은 정보를 포함한다.

- 부모 노드의 목표를 달성하기 위한 작업 수행의 어려움

- 달성하는 데 소요되는 비용

- 공격이 성공할 수 있는 특별한 지식이나 조건

- 성공이나 실패를 결정짓는 전반적인 특성과 관련 정보

그림 1-20은 공격자가 목표에 도달하고자 사용하는 2개의 작업과 2개의 하위 작업이 있는 일반적인 공격 트리다.

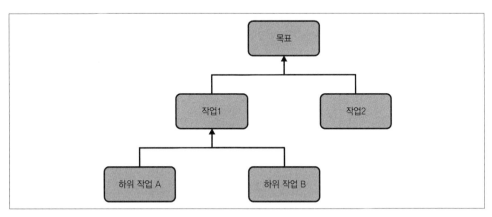

그림 1-20 일반적인 공격 트리 다이어그램

공격자로부터의 시스템 위험 수준과 실제 수준을 이해하고, 위협 분석에 유용한 공격 트리 구성 및 올바른 영향 분석을 제공하는 데 필요한 사항은 다음과 같다.

- 어떤 것이 어떻게 침해될 수 있는지 명확히 알고 있는 것 - '실용적인 것'보다 '가능한 것'을 중시해야 함

- 다양한 유형의 공격자 그룹이 가질 수 있는 공격 동기, 기술, 리소스의 이해

다음의 단계를 활용해 비교적 쉽게 공격 트리를 구성할 수 있다.

1. 공격 대상 또는 목표를 파악한다.

2. 목표를 달성하기 위한 방법을 확인한다.

3. 반복한다.

공격 대상 또는 목표 파악하기

공격자가 임베디드 장치에 원격 코드 실행^{RCE, Remote Code Execution}으로 시스템에 지속적인 접근을 설정한다고 가정해 보자. 그림 1-21는 공격 트리에서 RCE가 어떻게 생겼는지 보여 준다.

그림 1-21 공격 트리 예제, 1단계: 공격 대상 또는 목표 파악하기

목표를 달성하기 위한 방법 확인하기

이 시스템에서 RCE에 도달하는 방법은 무엇일까? 악용할 수 있는 스택 버퍼 오버플로를 찾아 실행할 수 있는 페이로드를 전달하는 방법이 있다. 또 다른 방법으로는 힙^{heap} 오버플로를 찾는 것이다. 이 시점에서 '잠깐, 이것이 가능한지 시스템에 대해 아무것도 모르잖아'라는 생각이 들 수 있다. 맞는 말이다.

실제 이 활동을 수행할 때 평가 중인 시스템에서 의미 있는 공격 대상과 방법만 파악하고 싶을 것이다. 이 임베디드 장치에 C로 작성된 코드가 실행되고 있다고 가정해 보자. 또한 이 장치가 실시간 운영체제RTOS, Real-Time Operating System 또는 기타 리소스가 제한된 리눅스 변종과 같이 임베디드 리눅스 운영체제에서 실행되고 있다고 가정해 보자.

그렇다면 RCE 기능을 얻는 데 필요한 또 다른 방법은 무엇일까? 시스템이 원격 셸shell을 허용하는가? 이 장치에 플래시 메모리나 부팅 가능한 미디어가 있고 무선 업데이트OTA, Over-The-Air가 가능하다고 가정한다면 RCE를 실행하고자 파일 조작과 OTA 펌웨어 스푸핑spoofing을 추가하거나 변경할 수 있다. 가능한 모든 방법은 그림 1-22와 같이 공격 트리의 요소로 추가된다.

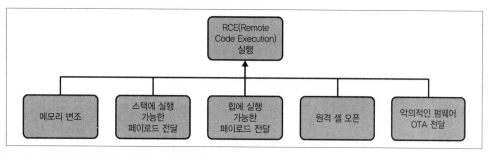

그림 1-22 공격 트리 예제, 2단계: 목표 달성을 위한 방법 확인하기

반복하기

이제부터 재미 있는 부분이다. 다음 순서의 결과를 달성할 수 있는 방법을 생각해 보자. 분석 결정은 나중에 하면 되니, 실현 가능성에 얽매이지 말고 해커의 입장에서 넓게 생각해 보자. 여러분의 아이디어가 터무니없더라도 누군가 비슷한 것을 시도할 수 있다. 이 단계에서는 실행할 수 있는 일부 목록을 작성하는 것보다 전체 가능성의 목록을 작성하는 것이 좋다.

추가적으로 진행할 하위 단계가 없다면 트리가 완성된 것이다. 나무가 한쪽으로 치우쳐 있더라도 걱정할 필요 없다. 모든 작업이 동일한 수준으로 만들어지는 것은 아니다. 댕글링 노드dangling node가 있어도 괜찮다. 공격자가 목표를 달성할 수 있는 모든 가능성을 식별하기 어려울 것이다(가능한 한 많은 시나리오가 있는 게 좋지만 모든 시나리오를 식별할 수는 없을 것이다). 그림 1-23은 공격자가 목표에 도달할 수 있는 방법을 보여 주는 진화된(아마도 완벽한) 공격 트리다.

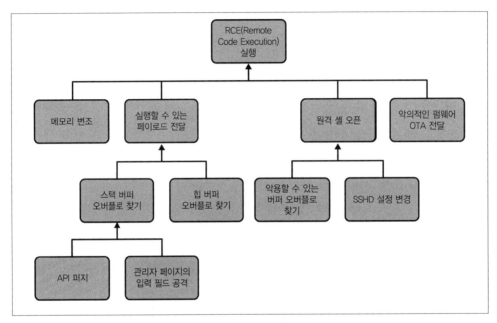

그림 1-23 공격 트리 예제, 3단계 이상: 하위 목표 달성을 위한 방법 확인하기

그룹 브레인스토밍brainstorming 활동을 통해 목표 달성을 위한 전제 조건을 쉽게 파악할 수 있다. 기술과 보안 지식을 갖춘 개개인의 전문 지식이 모여, 가능한 모든 공격 트리 노드와 리프를 만들 수 있다. 조직의 위험 선호도나 수용할 수 있는 위험 수준을 알고 있다면 이 활동에 얼마나 많은 시간을 할애할지, 발견된 문제를 해결하고자 조치를 취할 의향이 있는지 알 수 있을 것이다.

공격자의 공격 방법을 아는 것은 대부분의 기업과 보안 실무자에게 중요한 과제다. MITRE ATT&CK 프레임워크(https://attack.mitre.org)와 같은 커뮤니티 리소스를 사용해 공격자의 기술적 특성과 공격 이유를 쉽게 파악할 수 있다. 커뮤니티가 지원하는 수준에서만 도움이 되므로 만병통치약은 아니지만, 조나단 마실Jonathan Marcil의 강연을 요약한 아담 쇼스탁Adam Shostack의 블로그(https://oreil.ly/ xizOp)를 참조하면 실제 공격자의 행동을 이해하는 데 도움이 될 것이다.

피시본 다이어그램

피시본 다이어그램^{fishbone diagram}(https://oreil.ly/B8Xbe)[10]은 인과관계^{cause-and-effect} 다이어
그램 또는 이시카와^{shikawa} 다이어그램으로 알려져 있으며, 주로 문제의 근본 원인을 분
석하는 데 사용된다. 그림 1-24는 피시본 다이어그램의 예다.

피시본 다이어그램은 공격 트리와 유사하게 주어진 영역의 시스템 약점을 식별하는 데
도움이 된다. 이러한 다이어그램은 구성 요소 제공이나 제조, 설정 관리, 주요 자산 보호
등을 분석해야 하는 시스템 공급망에서 프로세스 약점을 파악하는 데 유용하다. 이 모
델링 프로세스를 통해 약점을 악용하는 일련의 이벤트^{chain of event}를 이해할 수 있다. 더
나은 DFD(어떤 질문을 하고 어떤 데이터를 찾아야 하는지 알고 있으므로)를 구성하고, 보안
테스트 사례와 새로운 유형의 위협을 식별할 수 있게 해준다.

피시본 다이어그램을 구하는 것은 공격 트리를 만드는 것과 유사하지만, 목표와 목표
달성을 위한 방법을 파악하지 않고 모델링의 결과^{effect}를 파악한다. 이 예제는 데이터 노
출 원인의 모델이다.

먼저, 모델링하려는 결과를 정의한다. 그림 1-24는 모델링 결과로서 데이터 노출을 보
여 준다.

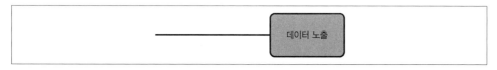

그림 1-24 피시본 다이어그램 예제, 1단계: 메인 결과

그런 다음, 해당 결과가 나오도록 만든 주요 원인을 확인한다. 그림 1-25에서 확인된 세
가지 원인(지나치게 상세한 로그와 비밀 채널, 사용자 오류)을 보여 준다.

---

10 '물고기 뼈 도표' 또는 '어골도'라고도 한다. – 옮긴이

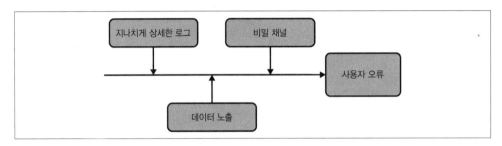

그림 1-25 피시본 다이어그램 예제, 2단계: 주요 원인

마지막으로, 주요 원인을 유발하는 2차 원인을 확인한다. 사용자 오류의 주요 원인은 불명확한 UI임을 확인했다. 이 예제에서는 세 가지 위협만 나열했지만, 얼마나 많은 시간을 할애하고 결과를 세분화해 확장할 것인가에 따라 더 크고 확장된 모델을 만들 수 있다. 그림 1-26은 기대 결과와 1차 및 2차 원인과 함께 완성된 피시본 다이어그램을 보여 준다.

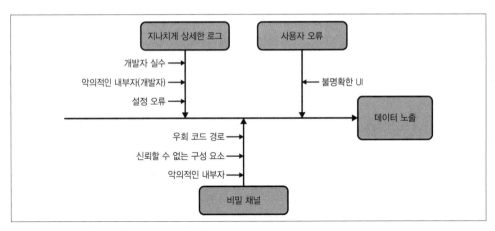

그림 1-26 피시본 다이어그램 예제, 3단계: 2차 원인

시스템 모델을 구축하는 방법

시스템 모델을 구축하는 기본 프로세스는 시스템의 주요 빌딩 블록(애플리케이션, 서버, 데이터베이스, 데이터 저장소 등)을 식별하는 것으로부터 시작된다. 그런 다음 각 주요 빌딩 블록을 연결한다.

- 애플리케이션이 API나 사용자 인터페이스를 지원하는가?

- 서버가 모든 포트에서 수신하는가? 그렇다면 어떤 프로토콜을 사용하는가?

- 데이터베이스와 통신하는 것은 무엇이며, 그것은 데이터 읽기 권한만 있는가 아니면 쓰기 권한도 있는가?

- 어떻게 데이터베이스 접근을 제어하는가?

인터페이스, 프로토콜, 데이터 스트림을 모두 연결할 때까지 모델의 콘텍스트 계층에 있는 모든 엔티티를 통해 통신 스레드에 따라 반복한다.

다음으로, 관심 영역을 식별하고 세분화하고자 밝혀야 할 추가 정보가 포함되도록 엔티티 중 하나(일반적으로 애플리케이션이나 서버 요소)를 선택한다. 애플리케이션이나 서버의 하위 파트에서는 그곳에 위치한 채널 연결점, 즉 애플리케이션에 오가는 시작점과 종료점에 집중한다.

통신 채널, 프로토콜, 채널을 통해 전달되는 데이터 유형을 포함해 개별 하위 파트가 서로 어떻게 통신하는지 고려한다. 모델에 추가되는 심벌 유형에 따라 관련 정보를 추가하고 싶을 것이다(1장의 뒷부분에서 메타데이터로 모델에 주석을 다는 법을 배운다).

모델을 구축할 때 위협 평가가 가능한 정보를 수집하는 기술과 보안 원칙의 지식 및 판단을 활용해야 한다. 모델을 구축한 후 바로 위협 평가를 수행하는 것이 좋다.

시작하기 전에 어떤 모델 유형이 필요한지 그리고 사용하려는 각 모델 유형의 심벌 집합을 결정한다. 예를 들어 기본 모델 유형으로 DFD를 결정하고, 사용 중인 드로잉 패키지에서 정의한 기본 심벌 세트를 사용할 수 있다. 시스템이 악용 가능한 약점을 숨길 수 있는 구성 요소 간의 비표준 상호작용을 사용하는 경우 시퀀스 다이어그램을 포함하는 것도 적절하다.

모델링 활동(1장의 목표이며, 이것을 수행하는 당신은 운이 좋다!)의 리더로서 올바른 이해관계자를 포함시켜야 한다. 수석 설계자, 일반 설계자, 개발 책임자를 포함해 QA[Quality Assurance] 담당자도 이 모델링 세션에 초대한다. 프로젝트 팀의 모든 구성원이 참여하길 권장하지만 현실적으로 어려우므로 최대한의 시간과 관심을 유지할 수 있는 참석자들로 구성하길 추천한다.

시스템 모델링을 처음 구축하는 경우라면 천천히 시작해 목표나 예상 결과를 팀과 공유한다. 이 활동이 얼마나 소요될지 예상되는 시간과 수행할 프로세스 그리고 각자의 역할과 이해관계자의 역할을 정한다. 팀원들이 서로를 잘 모르는 경우 세션을 시작하기 전에 소개하는 시간을 갖는다.

세션 중에 드로잉과 회의록을 작성할 사람을 정한다. 항상 대화의 중심에 있는 리더가 직접 드로잉해 참석자들이 작업에 집중할 수 있게 하는 것을 권장한다.

시스템을 살펴볼 때 알아야 할 몇 가지 포인트는 다음과 같다.

타이밍이 중요하다

너무 서둘러 시작하면 설계가 명확하게 형성되지 않은 상태에서 서로 다른 관점을 가진 설계자들의 아이디어가 소용돌이치고 회의가 삼천포로 빠지게 된다. 너무 늦게 시작하면 이미 설계가 확정된 상태에서 위협 분석 중에 발견된 이슈가 적시에 해결되지 못하고 위협 분석을 위한 회의가 아닌 문서화를 위한 회의가 된다.

이해관계자의 견해는 다를 수 있다

참석자의 수가 증가함에 따라 시스템 설계와 구현 방식이 이해관계자들의 견해가 다를 수 있으므로 올바른 설계를 이해할 수 있도록 대화를 이끌어 내야 한다. 회의 중 대화가 삼천포로 빠지거나, 같은 대화가 반복되거나, 일부 웅성거리는 등의 불필요하고 시간 소모적인 산만한 토론은 중재해야 한다. 시스템 모델링 프로세스에서 이해관계자 간의 적절한 대화는 종종 '유레카!'로 이어진다. 이 대화를 통해 설계로부터 예상되는 것과 구현의 벽에 부딪히고, 아무렇게나 시작한 설계의 한계점을 깨닫게 된다.

완벽하지 않아도 괜찮다

앞서 언급했듯이 완벽을 추구하겠지만 일부 정보가 누락될 수도 있다. 고의로 잘못된 정보를 사용하지만 않으면 된다. 모델의 데이터 흐름이나 요소에 부정확한 내용을 채우는 것보다 물음표로 채우는 것이 낫다. '잘못된 정보가 입력되면 잘못된 정보가 출력된다(garbage in, garbage out)'라는 격언과 같이 부정확성으로 인해 분석이 제대로 이뤄지지 않으면 잘못된 결과물이 도출되거나 시스템의 중요한 영역에서 약점을 찾을 수 없게 된다.

위에 설명한 방법에 따라 시스템 모델링을 시작하길 권장한다. 프로젝트 팀이 모델 구성 프로세스에 익숙하지 않다면 더욱 중요하다. 제품 개발 팀 외부의 누군가가 모델링 활동에 참여하는 것이 좋은 이유는 시스템 설계와 납품 요건의 잠재적 영향이 이해 상충되지 않기 때문이다.

모델을 구성하는 리더가 완전히 공정해야 한다는 말은 아니다. 리더는 필요한 참여자를 모집하고 협력해, 분석을 위한 충분한 세부 사항을 구축하고 시스템을 정의할 책임이 있다. 따라서 리더는 무관심한 제3자가 아니라 결과를 이끌어 내는 사람이어야 한다. 시스템의 비판적인 시각을 제공하고 위협 분석에 유용한 정보를 끌어낼 수 있도록 지레짐작하거나, 꼼수를 쓰거나, 위험을 회피하는 등의 내용은 설계에서 제외한다.

모델을 분석할 때 리더로서 가능한 한 정확하고 완전한 정보를 확보하는 것은 중요하다. 리더의 분석이 시스템 설계에 변화를 줄 수 있으며 정보가 정확할수록 좋은 분석과 권장 사항을 만들 수 있다. 세부 사항을 주시하고 적시에 올바른 정보를 찾고자 '장애물'을 제거할 수 있어야 한다. 연구 중인 기술과 설계 중인 시스템의 목적, 이 활동에 참여하는 사람을 잘 알고 있어야 한다.

좋은 시스템 모델을 구축하려고 보안 전문가가 될 필요는 없지만, 일반적으로 모델 구축은 위협 분석 단계의 전제 조건으로 수행된다. 보통 연속적으로 빠르게 일어나기 때문에 프로젝트 일부의 보안 리더가 될 수도 있다. 요즘 개발 프로젝트의 현실에서 모든 시스템 분야의 전문가가 되기는 어렵다. 지식 격차를 좁히고 전형적이고 정확한 모델을 효과적으로 발전시키려면 팀원과 협업하고 조력자 역할을 해야 한다. 자동차를 운전하려고 자동차 정비사가 될 필요는 없지만, 운전 방법과 도로 규칙은 알아야 한다는 것을 기억하자.

시스템 모델 분석 리더로서 새로운 모델 시스템을 시작할 때 완벽하지 않을 수 있음을 인정해야 한다. 지속적인 반복을 통해 모델을 개선할 수 있다.

아무리 모델 드로잉에 능숙하고 시스템 설계를 잘 분석하더라도 초기에는 필요한 정보가 누락되거나 제대로 사용할 수 없을 가능성이 있다. 그래도 괜찮다. 시스템 모델은 연구 중인 시스템을 표현하기 때문에 그 가치를 위해 100% 정확할 필요는 없다. 효과적인 분석을 위해 시스템과 각 요소를 알아야 하지만 그것이 완벽하지 않아도 된다. 완벽을 추구한다면 낙담하게 될 것이다(불행히도 우리는 이것을 경험을 통해 배웠다).

다음은 이 활동을 성공적으로 이끌 수 있도록 염두에 둬야 할 몇 가지 사항이다.

비난하지 않기

분석 중인 시스템에 강한 애착을 가진 개인은 의견과 감정을 갖게 된다. 참석자들의 전문성도 중요하지만 시스템 모델링 세션에서 이런 개인적인 감정을 추스르지 못한다면 논쟁과 열띤 토론으로 인해 업무 관계가 악화될 수 있다. 토론을 중재해 개인이 저지른 실수를 지목하기보다 이것을 학습의 기회로 인식할 수 있도록 대화의 방향을 변경하자.

미리 공지하기

달성하려는 목표를 알리고 프로세스를 문서화해 개발 팀에게 충분한 공지를 제공하자.

교육하기

팀이 성공할 수 있도록 필요한 정보를 제공하고 수행해야 할 작업을 알려 줌으로써 서로가 서로를 돕는다. 실습 교육이 효과적이지만 현재는 비디오 로그와 라이브 스트리밍이 대세다. 크리티컬 롤Critical Role(https://critrole.com/videos) 스타일로 라이브 모델링 세션을 녹화하고 비디오로 만들어 개발 팀이 리뷰할 수 있게 해보자. 이것은 교육 과정에서 가장 의미 있는 2~3시간이 될 것이다.

준비하기

시스템 모델링 활동에 앞서 타깃 시스템의 정보(시스템 요구 사항이나 기능 사양, 사용자 시나리오user story 등)를 요청한다. 이 정보를 통해 모델 세트를 구성할 때 설계자에게 방향 감각을 제공하고, 좋은 모델을 만들고자 필요한 질문을 구성하는 데 도움이 된다.

당 보충하기

도넛이나 피자(시간에 따라 다름) 그리고 커피나 기타 간식을 준비한다. 음식과 음료는 참석자들이 어려운 주제(우연히 발견한 보안 구멍)를 토론하고 신뢰를 구축하는 데 도움이 된다.

리더의 동의 얻기

참석자의 상사가 이 활동을 알고 있다면 보다 편하게 참여해 자신의 생각과 아이디어를 공유할 것이다.

 이 글을 쓰는 시점에서 발병된 COVID-19 전염병은 그룹 화상 통화를 통해 안전하게 미팅하고 랜선 연대감을 갖게 만들었다. 이를 통해 분산된 팀이 협력할 수 있는 방법을 배우게 됐다.

시스템 모델을 구축할 때 모델의 유형과 관련 없이 화이트보드나 가상의 화이트보드 애플리케이션에서 그림을 그리고 선호하는 드로잉 패키지로 변환할 수 있다. 항상 손으로 직접 그릴 필요는 없다. 수동으로 그리지 않고 모델을 생성할 수 있는 온라인과 오프라인 유틸리티[11]가 있다.

이런 드로잉 패키지를 이용하는 경우 앞서 설명한 대로 각 요소의 메타데이터 주석을 다는 고유한 방법을 찾아야 한다. 텍스트 상자나 설명선과 같이 다이어그램 자체에 주석을 달면 다이어그램이 복잡해진다. 일부 드로잉 애플리케이션은 객체와 연결의 자동 레이아웃을 지원하는데 이는 스파게티처럼 복잡해 보일 수 있다. 선호하는 텍스트 편집기에서 별도의 문서를 만들고 다이어그램에 표시된 각 요소에 필요한 메타데이터를 제

---

11 draw.io, 루시드차트(Lucidchart), 마이크로소프트 비지오(Microsoft Visio), OWASP 스레트 드래곤(Threat Dragon), 디아(Dia) 등.

공할 수 있다. 다이어그램과 텍스트 문서의 조합은 '모델'이 돼 위협과 약점을 식별할 수 있는 분석을 수행할 수 있게 한다.

좋은 시스템은 무엇인가?

최선의 노력에도 정보가 너무 많거나 잘못된 정보로 인해 모델이 복잡해질 수 있다. 때로는 모델 자체의 세부 사항과 모델 분석에 필요한 노력의 양을 통해 여러분이 겪고 있는 어려움이 해결되기도 한다. 또한 엄청난 수준의 세부 사항이 환경이나 시장의 요구 사항이 될 수도 있다. 예를 들어 운송이나 의료 기기와 같은 일부 산업에서는 높은 수준의 보증을 만족하는 데 더 높은 수준의 분석이 요구된다. 대부분 위협 모델링은 중요한 작업에 비해 잘 모르거나, 걱정스럽거나, 달갑지 않은 '방해 요소'로 간주된다. 하지만 지금쯤이면 좋은 위협 모델이 그만한 가치가 있다는 것을 알게 됐을 것이다.

좋은 모델을 만드는 것은 무엇일까? 그것은 사용하는 방법론과 목표 그리고 얼마나 많은 시간과 에너지를 모델 구축에 할애하는지 등 여러 요인에 따라 다르다. 좋은 모델을 정의하기는 어렵지만 좋은 시스템 모델을 형성하는 핵심 사항을 살펴보자.

정확성

결함 있는 위협 분석을 초래하는 부정확하거나 오해의 소지가 있는 정보를 제거한다. 이것은 혼자하기 어렵기 때문에 시스템 설계자, 개발자, 다른 프로젝트 담당자의 지원을 받는 것이 중요하다. 모든 것이 완료된 후에 프로젝트 팀원이 '이게 뭐지?'라고 묻는다면 그것은 시스템 모델 구성 중에 사고가 발생한 것이므로 다시 수정해야 한다.

의미 있는 정보

모델에는 데이터뿐만 아니라 정보도 포함된다. 시스템 내에 '잠재적으로 침해될 수 있는 조건'의 정보를 수집해야 한다. 이런 조건을 식별하는 것은 사용하는 위협 모델링의 방법론에 따라 다르다. 사용하는 방법론에 따라 악용 가능한 약점(일명 취약점)만 찾거나 아니면 악용 가능 여부와 상관없이(이론적으로 실제 악용될 가능성이 높기 때문에) 약점 가능성이 있는 시스템의 모든 부분을 찾기도 한다.

때로는 가능한 한 많은 메타데이터를 수집하려고 할 것이다. 하지만 모델링의 요점은 시스템을 재생성하지 않고 그것을 잘 표현해 시스템 특성의 추론과 직접적인 판단에 충분한 데이터를 제공하는 것이다.

표현성

모델은 설계자의 설계 의도나 개발 팀이 개발한 구현이 표현돼야 한다. 이 모델은 설계된 또는 구현된 시스템의 보안 태세가 무엇을 기대하는지 말해 주지만 일반적으로 두 가지 모두를 의미하지 않는다. 어느 쪽이든 회의 대화는 주로 '그가 말하길, 그녀가 말하길'과 같은 말만 되풀이할 것이다. 구축된 모델에서의 시스템을 명확하게 인식해야 한다.

생활화

시스템은 멈춰 있지 않다. 개발 팀은 변경, 업그레이드, 수정 작업을 반복한다. 시스템은 항상 변하기 때문에 모델 역시 문서 업데이트를 해야 한다. 정기적으로 모델을 확인해 정확한 상태인지 확인한다. 현재 예상되는 시스템 설계나 현재 구현된 시스템을 반영해야 한다. '해야 할 것' 대신에 '있는 것'을 모델링하라.

모델이 '좋은' 상태인지 파악하는 것은 어렵다. 시스템 모델의 품질과 '좋은' 정도를 파악하려면 가이드라인을 만들고 모든 참가자가 사용하게 해야 한다. 이 가이드라인은 어떤 목적으로 어떤 모델링 구성(심벌, 방법 등)을 사용하는지의 내용을 포함해야 한다. 어느 정도의 세분화를 지원하고, 어느 정도의 정보가 적당한 양인지 설명한다. 다이어그램 모델에서 주석 다는 방법과 색상 사용법 등 스타일 지침도 포함한다.

가이드라인은 규칙이 아니며 모델링 활동에서 일관성을 유지하고자 존재한다. 팀원들이 가이드라인을 지키지 않지만 품질 모델을 효과적으로 개발한다면 모두 제거하는 것이 좋다. 참여자(설계자와 기타 이해관계자)가 원하는 대로 잘 형상화된 모델이라고 동의한다면 팀이 만든 첫 번째 모델은 성공한 것이다. 남은 과제가 있을 수 있고 이해관계자가 이 시스템에 의구심이 들 수도 있지만, 첫 스타트를 잘 끊었으니 축하할 일이다.

요약

1장에서 위협 모델링에서 일반적으로 사용하는 모델 유형과 복잡한 시스템을 모델로 만드는 방법을 배웠다. 모델에 적절한 양의 정보를 적용하는 기술을 설명했고 이로 인해 정보의 건초더미에서 바늘(데이터)을 찾는 동시에 분석 마비를 피할 수 있게 됐다.

2장에서는 위협 모델링의 일반화된 접근 방식을 설명하고, 3장에서는 위협을 식별하고 우선순위를 정하고자 업계에서 인정하는 방법론을 다룬다.

위협 모델링의 일반화된 접근 방식

늘 해오던 일을 계속한다면 가졌던 것을 계속 갖게 될 것이다.

– 헨리 포드(Henry Ford)

위협 모델링은 위협에 대한 시스템 설계를 분석하는 작업으로 일관된 접근 방식을 따르며, 2장에서는 그 일반적인 흐름을 다룬다. 시스템 모델에서 찾아야 할 정보와 위협 모델링의 결과로 발견할 수 없는 정보를 설명한다.

기본 단계

이 절에서 위협 모델링의 일반적인 흐름을 보여 주는 기본 단계를 설명한다. 숙련된 모델러는 이 단계를 병렬로 수행하거나 자동으로 수행한다. 그들은 모델이 형성되는 동안 시스템의 상태를 지속적으로 평가하고, 모델이 예상한 성숙 수준에 도달하기 전에 우려되는 영역을 찾기도 한다.

익숙해지는 데 시간이 걸릴 수 있지만 연습을 통해 개선될 것이다.

1. 고려 중인 시스템 객체를 식별한다.

   모델링 중인 시스템과 연관된 요소, 데이터 저장소, 외부 엔티티, 행위자를 식별하고 메타데이터로서의 특성과 속성을 수집한다(2장의 뒷부분에서 메타데이터를 쉽게 수집할 수 있는 예제 질문을 제공한다). 각 객체가 제공하는 보안 기능과 통제 기능 그리고 모든 명백한 결함(HTTP의 웹 서버를 노출하는 요소나 접근에 인증이 필요하지 않은 데이터베이스 등)을 기록한다.

2. 객체 간의 흐름을 식별한다.

1단계에서 설명한 객체 간의 데이터 흐름 방식을 식별한다. 프로토콜, 데이터 분류, 민감도, 방향성 등과 같은 흐름의 메타데이터를 기록한다.

3. 관심 자산을 식별한다.

2단계에서 식별한 흐름에 의해 전달되거나 객체에 의해 보유되는 관련 자산 또는 관심 자산을 식별한다. 자산에는 애플리케이션 내부 데이터(제어 플래그, 구성 설정, 등)나 애플리케이션 기능과 연관된 데이터(사용자 데이터 등)가 포함될 수 있다.

4. 시스템 약점과 취약점을 식별한다.

시스템 객체와 흐름의 특성을 기반으로 3단계에서 식별된 자산의 기밀성, 무결성, 가용성, 개인 정보 보호, 안전이 어떻게 영향받을 수 있는지 살펴본다. 특히 서론에서 언급된 보안 원칙에 위반되는 내용을 찾는다. 예를 들어 자산에 보안 토큰이나 키가 포함돼 있고, 그 키가 특정 조건에서 잘못된 접근이 허용돼 기밀성이 손실된다면 약점을 발견한 것이다. 만약 이것이 악용 가능한 약점이라면 위협받을 수 있는 취약점이 존재한다고 할 수 있다.

5. 위협을 식별한다.

시스템 자산의 취약점과 위협 행위자를 연관시켜 얼마나 쉽게 취약점이 악용되고 시스템에 위험을 주는지 판단한다.

6. 악용 가능성을 판단한다.

마지막으로, 공격자가 하나 이상의 자산에 영향을 줄 수 있는 시스템 경로를 식별한다. 즉 공격자가 4단계에서 식별한 취약점을 악용할 수 있는 방법을 찾는다.

시스템 모델에서 찾아야 하는 것

완전하거나 정확한 상태와 상관없이 분석해야 할 모델이 있다면 취약점과 위협의 모델 검토를 시작할 수 있다. 시스템 모델링에서 위협 모델링으로 넘어가는 이 시점에서 '복잡한 상자, 선, 텍스트 사이에서 정확히 무엇을 찾아야 하는가'라고 자문할 수 있다.

짧게 대답하자면 공격자가 시스템 공격을 수행하는 데 필요한 수단과 기회를 찾아야 한다.[1] 이것은 무엇을 의미하는가?

수단

> 시스템이 공격을 위한 벡터를 제공하는가?

기회

> 시스템(보다 세분화된 수준의 개별 구성 요소)의 사용 또는 배포로 인해 공격자가 익스플로잇exploit하기 위한 경로나 접근을 제공하는가?

공격 동기

> 공격자가 시스템을 공격할 이유가 있는가? 충분한 동기가 부여된 공격자는 예상을 뛰어 넘는 악용 기회를 만들 수 있다.

수단과 기회는 위협의 기초를 형성한다. 적의 동기는 정확히 알 수 없기 때문에 위험은 하나의 개념으로 존재한다. 공격 동기는 일정 수준의 확신이 있어야 알 수 있으며, 실제 악용 시도는 확률에 의해서만 신뢰 있게 평가될 수 있다. 위험의 정의는 가능성(적의 동기, 기회, 수단이 있을 가능성)과 영향도를 측정하는 것이다. 동기 이외에도 위협 이벤트를 일으킬 수 있는 잠재적인 공격자의 능력도 평가해야 한다.

공격 가능성과 공격이 성공할 가능성에 미치는 요인은 너무 많기 때문에 특정 상황(잠재적으로 고유한)을 제외하고는 위험을 정확하게 정량화할 수 없다.

---

1 피터 도스탈(Peter J. Dostal), 「Circumstantial Evidence」, The Criminal Law Notebook, https://oreil.ly/3yyB4

상습범

다음은 구축한 모델에서 우려되는 영역을 인식하고자 알아 둬야 할 용어 체크리스트다.

모든 비보안 프로토콜

일부 프로토콜은 보안이 제공되는 것과 그렇지 않은 것으로 구분된다(보안이 제공되는 프로토콜은 주로 이름 뒤에 'S'가 붙는다). 예를 들면 다음과 같다.

```
http
ftp
telnet
ntp
snmpv1
wep
sslv3
```

이런 안전하지 않은 취약한 프로토콜(보안을 제공하지 않는, 안전하지 않는, 보안 기대치에 충족하지 않는) 중 하나를 통해 관심 자산과 통신하거나 접근하는 경우, 이를 잠재적인 취약점, 기밀성(1차적으로)과 무결성(2차적으로)의 손실로 플래그를 지정한다.

인증하지 않는 모든 프로세스 또는 데이터 저장소

데이터베이스 서버나 웹 서버와 같이 중요 서비스를 노출하는데도 인증이 요구되지 않는 프로세스는 즉각적인 위험 신호다. 특히 이러한 구성 요소 중 하나라도 중요한 자산(데이터)을 수용, 전송, 수신하는 경우는 더욱 그렇다. 인증을 제대로 하지 않는 것은 안전하지 않는 프로토콜을 사용하는 것만큼 데이터가 쉽게 노출될 수 있다.

위협의 영향을 완화하는 데 도움이 되는 보안 통제^{compensating control}를 적용하는 것이 중요하다. 이러한 통제는 일반적으로 공격자를 식별하려고 적용하지만, 이 경우에는 시스템에 의해 할당된 ID가 없을 것이다. 소스 IP 주소의 형태로 식별이 가능할 수도 있다(물론 똑똑한 공격자는 이를 스푸핑해 여러분의 보안 통제 센터^{Security Operations Center}를 따돌릴 것이다). 악의적인 접근을 탐지하는 기능을 강화해야 한다. 사용 가능한 통제 장치가 없을 경우 해결해야 할 최우선 과제는 인증을 제대로 구축하는 것이다(좋은 발견!).

중요한 자산이나 기능의 접근 권한 부여에 실패한 모든 프로세스

인증 절차가 없는 것과 유사하게 신원과 관계없이 모든 사용자에게 동일한 권한을 부여하거나 개별 사용자에게 과도한 권한을 부여해 중요 서비스를 노출하는 프로세스는 공격자가 여러분의 민감한 자산을 침해하기 딱 좋은 기회다. 크리덴셜 스터핑 credential stuffing, 무차별 대입brute-forcing, 소셜 엔지니어링은 악의적인 행위자에게 자격 증명credential을 제공할 수 있으며, 공격자는 이를 사용해 시스템의 '중요한 부분crown jewel'에 접근해 주요 기능을 악용할 수 있다. 인증 모델이 취약하다는 것은 모든 계정에서 공격할 기회가 있음을 의미한다.

시스템이 가상의 벽을 구축하고 최소 권한과 권한 분리를 기반으로 한 인증 모델을 사용한다면 공격자가 목표 자산으로 가는 경로가 어려워질 것이다. 효과적인 접근 통제 체계(사용자의 경우 RBAC, 프로세스인 경우 MAC)를 구축해 쉽게 관리하고, 오류가 적게 발생되며, 단편적인 접근 방식보다 보안 검증을 효과적으로 수행할 수 있게 한다.

로그를 남기지 않는 프로세스

보안 원칙을 적용하려는 모든 개발자나 시스템 설계자의 첫째 목표는 애초에 공격자가 시스템에 침입하지 않게 하는 것이고, 둘째 목표는 공격자가 시스템 내에서의 이동을 어렵게 만드는 것이다(많은 노력과 시간을 들여야만 다른 곳을 공격할 수 있도록). 추적성은 시스템이 갖춰야 할 핵심 기능이므로 공격자가 시스템 취약점을 악용하려는 모든 시도를 식별할 수 있으며 사후에 행동 감사audit를 진행할 수 있다. 중요 시스템 이벤트 특히 보안 관련 이벤트의 로그를 남기지 않는 프로세스는 우려된다. 시스템의 행동과 시스템 내에서의 행위자 행동(공격 시도)을 알 수 없다면 시스템 운영자는 심각한 불이익을 주는 '전쟁의 안개fog of war(https://oreil.ly/UIF6Y)'로부터 고통받을 것이다.

플레인 텍스트로 된 민감한 자산

민감한 데이터와 같은 중요한 자산을 종이에 적어서 컴퓨터 모니터에 붙일 것인가?[2] 그게 아니라면 왜 민감한 정보를 비휘발성 저장소나 디스크의 '일반' 상태로 저장하

2　컴퓨터 사용자가 비밀번호를 저장하는 일반적인 방법이다!

려고 하는가? 용도에 따라 암호화하거나 해시^{hash} 기법을 사용해 보호해야 한다.

무결성 통제가 없는 민감한 데이터 자산

암호화 방식을 사용해 자산을 접근(읽기)으로부터 보호하더라도 변조되지 않도록 보호해야 한다. 민감한 자산과 관련해 변조 증거$^{tamper\ evidence}$ 또는 변조 방지^{tamper} ^{resistance}가 시스템의 기능이 아니라면 이는 위험 신호다. 변조 증거는 자산이 변경될 때 충분한 로그를 남기는 것을 의미하지만 추가로 무결성을 검증하는 것이 좋다. 디지털 서명과 암호화 해시 알고리듬은 키를 사용해 데이터의 무결성을 입증하는 정보를 생산하며, 이 정보로 무결성과 신뢰성도 검증할 수 있다. 변조 방지는 지원하기 어려운 기능이다. 일반적으로 소프트웨어에서 모든 자산과 운영에 무결성을 검증할 수 있는 보호된 프로세스인 보안 참조 모니터$^{security\ reference\ monitor}$를 사용해 악의적인 변경을 방지한다. 변조 증거 및 변조 방지 기능을 위한 물리적인 보안 장치도 존재한다.[3]

 임베디드 장치와 같은 일부 시스템에서는 위치 접근이 엄격하게 제한된 메모리에 플레인 텍스트(plain text)로 자산을 저장할 수 있다. 예를 들어 OTP(One Time Programmable) 메모리에 저장된 키는 일반 텍스트이지만, 암호화 장비같이 분리된 보안 프로세서에 의해 접근이 가능하다. 공격자는 키에 접근하려고 장치를 완전히 파괴할 수밖에 없는데 이것은 '수용 가능한' 위험이다.

잘못된 암호화 사용

암호화는 민감한 자산을 보호하는 데 중요하지만 잘못 사용되기 쉽다. 암호화가 부적절하게 사용하는지 여부는 판단하기 어렵지만, 다음을 살펴보면 잠재적인 우려 사항이 있는지 알 수 있다.

- 원래 형태로 읽거나 사용돼야 하는 정보 해싱(원격 시스템에 인증하는 경우)
- 키가 데이터와 동일한 구성 요소에 있는 경우 대칭 암호 알고리듬(고급 암호 표준 AES, Advanced Encryption Standard)을 사용한 암호화

---

3   US NIST FIPS 140-2에 정의됨, https://oreil.ly/N_pfq

- 암호화된 보안 난수 생성기(https://oreil.ly/Ld4wm) 미사용
- 자체 개발한 암호화 알고리듬 사용[4]

신뢰 경계를 통과하는 통신 경로

데이터가 하나의 시스템 구성 요소에서 다른 시스템 구성 요소로 이동할 때 공격자는 데이터를 가로채어 훔치거나, 변조하거나, 목적지에 도달하지 못하게 할 수 있다. 통신 경로가 구성 요소 간의 신뢰 관계 구간을 벗어나는 경우 특히 그렇다. 이것은 신뢰 경계를 통과한다는 의미다. 기업 커뮤니케이션을 예로 들면, 회사 내 개인 간에 전달된 메시지는 각 개인에 의해 신뢰되며 신뢰 경계를 넘어가지 않는다. 그러나 기업 외부 사람에게 이 메일을 통해 메시지가 전달된다면, 이 메시지는 신뢰할 수 있는 행위자나 시스템으로부터 보호받지 못하며 메시지의 신뢰성, 무결성, 기밀성이 유지되는 보호 장치가 마련돼야 한다.

앞선 체크리스트는 보안 문제를 찾는 데 중점을 뒀지만, 개인 정보 보호나 안전 위험도 포함되도록 확장할 수 있다. 주의해야 할 보안 위험 신호 중 일부는 시스템 설계와 운영의 자산 및 목표에 따라 개인 정보 보호나 다른 기타 문제로 이어질 수 있다.

시퀀스 다이어그램과 같은 일부 모델 유형을 사용하면 불안정성을 쉽게 발견할 수 있다. 예를 들어 TOCTOU(https://oreil.ly/l3Jaq) 보안 문제를 식별하고자 2개 이상의 엔티티와 데이터(저장소나 버퍼) 간의 상호작용 시퀀스를 찾는다. 단일 프로세스가 데이터와 두 번 상호작용하는 위치가 아니라 두 상호작용 사이에서 별도의 엔티티가 데이터와 상호작용하는 위치를 알아야 한다. 메모리를 잠그거나, 버퍼 값을 변경하거나, 데이터 저장소 내용을 삭제하는 등 개입되는 접근에 의해 데이터의 상태가 변경되면 다른 엔티티에서 잘못된 동작이 발생할 수 있다.

그림 2-1은 TOCTOU 약점이 존재하는 시나리오를 보여 주는 예제 시퀀스 다이어그램이다.

---

4 암호학자나 수학 전문가가 아니라면 제발 사용하지 말 것!

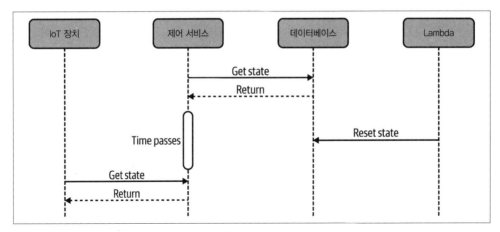

그림 2-1 TOCTOU를 보여 주는 예제 시퀀스 다이어그램

문제를 찾았는가?[5]

발견하기 어려운 것

시스템 모델은 시스템과 그 속성의 추상화 또는 근사치다. 위협 모델링은 '초기에 자주' 수행하는 것이 가장 좋으며, 대부분 시스템의 아키텍처와 설계 측면에 중점을 둔다. 그러므로 언어의 제약, 임베디드 구성 요소, 개발자 선택 등으로 인해 구현에 기반된 결함은 이 활동을 통해 발견하기 어렵다.

예를 들어 민감한 자산을 보호하려고 올바른 형식의 암호화를 사용한다는 것은 알 수 있지만, 설계 시점에 키 생성을 위한 난수 생성기가 올바르게 작동하는지는 알기 어렵다. 우려되는 원인을 예측해 볼 수 있으며 잘못된 생성기로 인해 발생 가능한 영향도를 시뮬레이션해 볼 수 있겠지만, 이 시점에서 발견한 내용은 이론적이므로 실행 불가능하다.[6] 마찬가지로 모델을 통해 특정 기능이 메모리가 안전하지 않은 언어(C 프로그래밍 언어)로 작성됐다는 것은 알 수 있지만, 200개의 API 중 3개가 원격으로 악용할 수 있는 스택 오버플로가 있다는 것은 알기 어렵다. 조직에서 '늑대다!(https://oreil.ly/fVc3L)'를

---

5   답변: 제어 서비스는 데이터베이스에서 제어 상태 변수를 너무 일찍 가져왔고, 로컬 복사본을 업데이트하지 않았다. 그 결과 장치가 상태 변수를 요청할 때 잘못된 값(업데이트된 최신 상태 변수가 아닌 이전의 상태 변수)이 반환됐다.

6   5장에서 다룰 지속적인 위협 모델링(CTM, Continuous Threat Modeling)은 이 난제의 잠재적인 솔루션을 제공한다.

외치는 양치기 소년이 되지 않도록 조심하고, 실행할 수 있고 방어할 수 있는 결과에 집중해야 한다.

위협 인텔리전스 수집

특정 행위자가 시스템을 공격할 수 있는지 예측하고, 식별한 취약점을 악용해 시스템의 자산에 접근하려는 아이디어는 무서운 것처럼 보이지만 그렇지 않다. 특정 해킹 그룹을 조사하고, 그들의 작업 방식^{modus operandi}을 배우고, 그들이 여러분의 자산을 파멸시키고자 오고 있다고 생각해 보자. MITRE ATT&CK 프레임워크(https://attack.mitre.org)는 이런 연구를 도와준다.

그전에 누가 무엇을 할 수 있는지, 어떤 유형의 공격자가 그런 일을 할 수 있는지 등의 위협을 생각해 보자. 어떤 의미에서는 단순히 취약점이 있는 것만으로 악용을 완벽하게 예측할 수 없다는 점에서 꿈의 구장^{Field of Dreams}(https://oreil.ly/hN2tW) 아이디어의 첨단 버전이라고 생각할지 모른다. 그러나 여러분은 어떻게 시스템이 악용될지 알고 있으며, 공격자가 시스템에 잠재적인 영향을 줄 수 있는 공격자의 능력, 동기, 관심 수준도 알 수 있다.

3장에서는 이를 수행할 수 있는 위협 모델링의 방법론을 자세히 살펴본다. 이러한 방법론은 전술, 기술, 절차^{TTP, Tactic, Technique, Procedure}로 공식화된다.

요약

2장에서 위협 모델링의 일반화된 흐름을 배웠다. 시스템 모델을 구축한 결과로서 수집된 정보에서 데이터를 찾는 법도 배웠다. 마지막으로, 위협 모델링과 위협 정보의 출처에서 알 수 있는 것과 알 수 없는 것을 배웠다.

3장에서는 일반적인 관행에서 특정 위협 모델링에 접근하는 방식과 각 방법론의 장단점 그리고 요구 사항에 맞는 방법론을 선택하는 방법을 알아본다.

위협 모델링 방법론

모든 모델은 잘못됐으므로 무엇을 걱정해야 하는지 아는 것이 중요하다. 즉 실제로 동작하는 프로세스를 만들 수 있는 모델은 어떤 것인가(정확한 가정도 가정일 뿐 사실이 아니다)?

— G.E.P. 박스(G. E. P. Box)와 A. 루체뇨(A. Luceño), 『Statistical Control: By Monitoring and Feedback Adjustment』(John Wiley and Sons)

3장에서는 다양한 위협 모델링 방법론을 소개하고, 이 분야의 많은 측면을 설명한다. 방법론 장단점의 개인적인 견해와 경험(신뢰할 수 있는 출처에서의 의견)이 포함돼 있으므로 여러분의 상황에 맞는 적합한 방법론을 찾아 적용할 수 있다.

들어가기 전에

처음부터 한 가지 분명히 하자면 최상의 방법론은 없다. 특정 방법론은 일부 조직과 팀의 기술이나 컴플라이언스 요구 사항에 적합하지만, 다른 곳에서는 그렇지 않을 수 있다. 그 이유는 팀의 조직 문화와 위협 모델링 활동에 참여하는 사람 그리고 프로젝트 상태(시간에 따라 달라짐)에 따른 팀의 제약 등 여러 가지 요인이 있기 때문이다.

예를 들어 보안 지향적인 목표가 없던 팀이 보안을 시작해 팀 전체의 보안 이익을 대표하는 시큐리티 챔피언security champion(https://oreil.ly/KQfS3)이 되고, 마침내 모든 개발자, 설계자, 테스터가 전반적인 제품 보안을 책임질 수 있는 충분한 보안 지식을 갖게 된다고 생각해 보자.[1] 이 팀은 각 단계에서 위협 모델링 방법론의 선택에 따라 서로 다른 영향을 미칠 수 있는 문제에 직면한다.

1단계, 보안 목표 없음(관련 지식 없음)

팀은 교육적 가치를 제공하고 쉽게 달성할 수 있는 방법론을 선택해야 한다. 이를 통해 보안 기본 사항을 일상과 초기 결정 사항에 반영하고, 보안 지식을 습득해 전체 개발 방법론의 본질이 되도록 한다.

2단계, 보안 전문가 되기

세분화되고 실행 지향적인 결과를 달성할 수 있도록 경험이 풍부한 보안 전문가가 팀을 가이드해 구조적인 위협 모델링을 사용한다.

3단계, 모든 사람이 제품 보안을 책임짐

식별된 위험은 바로 조치하고 '여기서 문제가 발생할 수 있기 때문에 이렇게 조치했다'라는 문서를 작업하는 문서화 지향적인 접근 방식으로 이동한다. 또는 조직에서 다양한 팀이 사용 가능한 맞춤형 방법론을 요구 사항에 맞게 제시할 수 있다.

현재 어떤 단계에 있든 보안 태세를 한 단계 높이기 위한 위협 모델링 방법론을 고려한다. 현재 사용 중인 모든 개발 방법론과 호환돼야 하며, 갖고 있거나 획득할 수 있는 모든 자원을 활용한다.

위협 모델링의 전문가인 아담 쇼스탁은 '좋은 위협 모델은 유효한 결과를 산출하는 모델이다'라는 유명한 말을 했다.[2] 좋은 위협 모델과 나쁜 위협 모델의 차이점은 좋은 위협 모델에는 유효한 결과가 있다는 것이다. 유효한 결과는 무엇인가? 시스템의 보안 상태에 따른 결론conclusion, 논평observation, 추론deduction이다. 이 결과는 시점과 관련 있으며, 발생 가능한 취약점을 완화하거나, 관련 지식을 문서화하고, 시스템의 민감한 측면을 평가해 위험을 감수할지 여부를 검증한다.

위협 모델을 선택하는 데 도움이 되는 아담 쇼스탁의 또 다른 기여는 네 가지 질문 프레

---

1 경험상 마지막 단계는 위협 모델링을 누구나 배우고 적용할 수 있는 접근 가능한 분야로 만드는 데 필요한 최종 목표다.

2 의역: 우리(아담 포함!)는 누가 이 말을 처음 했는지 기억나지 않지만 사실이기 때문에 반복한다.

임워크(https://oreil.ly/g0zx8)다. 이 질문에서 '우리'는 위협 모델을 수행하는 팀 또는 조직을 의미한다.

우리는 무엇을 하고 있는가?

현재 이 시스템이 무엇인지, 무엇이 필요하며, 무엇을 의미하고, 그 발전이 어디로 향하고 있는지 이해한다.

무엇이 잘못될 수 있는가?

시스템의 구성 요소와 목적을 이해하고자 기밀성, 무결성, 가용성, 개인 정보 보호, 시스템이 정의한 기타 보안 관련 속성을 변경해 목적에 방해되는 사항을 고려한다.

무엇을 할 예정인가?

이전 질문에서 식별한 문제를 완화하고자 취할 수 있는 조치는 무엇인가? 설계를 변경하고 새로운 보안 제어를 추가해 취약한 모든 부분을 제거할 수 있는가? 아니면 시스템을 어디서 어떻게 운영하는지에 따라 위험을 감수하고 비즈니스 비용으로 충당할 것인가?

잘하고 있는가?

이것을 이해하는 것은 위협 모델링 자체의 측면은 아니지만, 그럼에도 모델링을 구축하는 전반적인 성공을 위해서 중요하다. 위협 모델링 구축이 시스템의 보안 태세를 얼마나 잘 반영했는지 뒤돌아보고 이해하는 것이 중요하다. '잘못될 수 있는 것'을 식별하고 '이를 조치한 것'이 올바른가(위협을 효과적으로 완화시켰는가)? 기존 작업을 마무리하고 위협 모델링의 성능을 이해함으로써 적용한 방법론을 측정하고 접근 방식을 개선해야 하는지 여부와 앞으로 주의를 기울여야 하는 세부 사항을 알 수 있다.

이 네 가지 질문은 위협 모델링에 대한 노력의 성과를 거두는 데 도움이 될 것이다. 선택한 방법론과 사용된 방법이 질문에 만족할 만한 답변을 하지 못한다면 다른 방법론을 고려하는 것이 나을 것이다.

그렇다면 상황에 맞는 방법론은 어떻게 찾을까? 먼저 한 가지 방법론을 적용해 보자. 그것이 효과가 없다면 효과가 있는 것을 찾을 때까지 또는 필요에 의해 적응할 때까지 다른 것을 찾아본다. 일단 개인적인 경험이 쌓이면 기존 방법을 조정하거나 커스터마이징해 팀과 조직에 적합하게 만들 수 있을 것이다.

위협 모델링 프로세스에서 조직 문화와 개인의 문화 차이는 중요하다. 앞서 말했듯이 한 팀에서 잘 맞는 방법이 다른 팀에서는 안 맞을 수 있으며, 특히 글로벌 기업에서는 이를 신중히 고려해야 한다. 어떤 사람에게는 '잘못될 가능성'을 묻는 것이 더 쉬운 프로세스가 될 수 있으며, 자유로운 형식의 방법론을 사용하거나 위협 카탈로그와 긴 항목의 체크리스트를 기반으로 하는 방법을 선택할 수도 있다. 팀과 함께 작업하는 보안 전문가는 '잘못될 가능성' 패러다임에서 많은 가능성으로 인해 생성되는 불확실성을 크게 줄여 줄 수 있다.

 보안 전문가는 필요한 교육을 이수하고 경험이 풍부하며, 요청 시 해당 지식, 지침, 지원을 제공해 줄 수 있는 사람을 의미한다. 보안 전문가가 수행할 수 있는 범위는 상황에 따라 다르지만, 공격자의 역할을 수행하거나 팀이 스스로 학습할 수 있는 추가 연구 분야를 찾아 주고 특정 문제의 전문 지식을 얻고자 다른 전문가를 초빙할 수 있다. 전문가는 위협 모델링 시 분석 중인 시스템의 위협을 입증할 수 있는 경험과 지식이 있어야 한다.

두 명의 위협 모델링 전문가에게 선호하는 방법론을 물어보면 아마 세 가지 다른 답변을 얻을 것이다. 특정 위협 모델링을 경험하고 나면, 특히 오랜 시간 동일한 기술 영역을 다뤘다면 어디서 문제가 발생하는지, 어떻게 보이는지, 위협 모델링을 '후각 테스트' 접근으로 적용할 수 있게 된다. 프로세스의 중요성을 이해하고 있더라도 보안 전문가 및 보안 설계자와 같이 위협 모델링을 수행할 줄 아는 사람은 여전히 드물다. 모든 단일 위협 모델에 전문적인 지식을 가진 전문가를 고용하는 조직은 많지 않다.[3]

위협 모델링 방법론의 또 다른 문제는 일부에서 위협 모델링 용어를 실제 위협 모델링 이상으로 사용한다는 것이다. 예를 들어 위협 유도threat elicitation만 수행하는 방법론이 전

---

3   방법론을 결정할 때 확장성에 염두에 둬야 하는 또 다른 이유다.

체 위협 모델링 방법론과 융합되는 경우가 많다. 때로는 위험 분류 방법론risk classification methodology이 위협 식별 카테고리threat identification category에 포함되기도 한다. 위협 식별에만 초점을 둔 방법론은 발생 가능한 위협의 종류만 파악하게 된다. 완전한 위협 모델링 방법론은 이런 위협의 순위를 매기고, 시스템과 관련된 위협을 파악해 어떤 위협을 먼저 해결해야 하는지 로드맵을 제공한다. 즉 위협 식별 방법론과 위험 분류 방법론을 합치면 완전한 위협 모델링 방법론이 된다. 이것을 염두에 두고 공식적인 정의가 불일치하더라도 실무자가 일반적으로 채택하는 실제 작업 관점에서의 방법론을 제시하려 한다.

필터, 각도, 프리즘을 통해 살펴보기

시스템을 관심 있는 뷰에 따라 전체를 부분으로 나눠서 여러 가지 방법의 모델로 표현할 수 있다. 위협 모델링에서는 시스템에 존재하는 위협을 강조하는 세 가지 주요 접근 방법이 있다. '무엇이 잘못될 수 있는가?'라는 간단한 질문으로 수행한다.

시스템 중심 접근 방식

시스템 중심 접근 방식은 위협 모델링에서 가장 대표적으로 사용되며, 특히 수동으로 수행할 때 많이 사용된다. 이 접근 방식은 가장 쉽게 시연할 수 있기 때문에 이 책에서 많이 보게 될 것이다. 시스템의 기능적인 부분(소프트웨어와 하드웨어 구성 요소)으로 분해되는 것과 이 두 구성 요소의 상호작용 방식을 고려한다. 일반적으로 DFD로 표현되며, 운영 중인 시스템을 통해 데이터가 어떻게 흘러가는지 보여 준다(1장에서 다룬 모델링 규칙 사용). 설계 중심 접근 방식이라고도 한다.

공격자 중심 접근 방식

이 접근 방식에서 모델러는 공격자의 관점으로, 어떻게 시스템 취약점이 공격자의 목표(시스템에 저장된 기밀 보고서를 읽는다)에 도달하기 위한 동기(기밀 정보를 추출한다)가 되는지 식별한다. 공격자의 공격 동기와 사용 가능한 자원을 기반으로 공격 트리(1장에서 다뤘다)와 위협 카탈로그threat catalog, 목록list을 사용해 시스템의 엔트리 포인트entry point를 식별한다.

자산 중심 접근 방식

자산 중심 접근 방식은 이름에서 알 수 있듯이 방어해야 하는 중요한 자산에 중점을 둔다. 관련된 모든 자산을 나열하고 매핑mapping한 후, 각 자산이 위협과 관련 있는지와 시스템 전체에 어떤 영향을 주는지 이해하고자 공격자의 접근 가능성을 검토한다.

3장에서 설명하는 방법론은 위의 접근 방식 중 하나 이상을 포함한다.

방법론을 향해!

많은 방법론을 개괄적으로 설명하고자 각 방법론에 비과학적인 메트릭을 적용했다. 서로 비교하려는 것이 아니라 이해하기 쉽게 방법론을 단순 카테고리화한 것으로 우리는 이것이 쓸 만하다고 생각한다. 개인적인 경험과 각 방법론의 의견을 반영했을 뿐 데이터를 수집하거나 설문 조사를 진행한 것은 아니다. 다음의 속성에 따라 0부터 5까지의 점수(0은 '전혀 아니다', 5는 '매우 그렇다')를 매긴다.

접근성accessible

보안 지식이 없는 개발 팀이 이 방법론을 독립적으로 사용할 수 있는가? 올바르게 사용할 수 있는가? 막혔을 때 참고할 만한 리소스가 있는가? 예를 들어 위협 라이브러리를 기반으로 하는 방법론은 제약이 없고, 공격 벡터와 기술 모두 알아야 하는 방법론보다 더 사용하기 쉽다.

확장성scalable

동일한 방법론을 같은 조직의 여러 팀과 제품에 적용할 수 있는가? 이런 맥락에서 확장 가능성은 처리량과 관련 있다. 이 방법론을 사용할 수 있는 팀 구성원, 보안 담당자가 많을수록 분석할 수 있는 시스템 모델이 많아진다. 이 방법론이 보안 전문가만 사용 가능하다면 그에게만 의존하는 병목 현상이 발생되고 처리량이 저하될 것이다. 이는 기술 부채 증가로 이어진다. 조직에 프로세스가 많아 위협 모델링을 수행하지 못하고 프로젝트가 지연된다면 위협 모델링이 시스템 개발 수명 주기의 일부가 되는 '열차를 놓칠' 수 있다.

교육educational

인지된 위반(감사)의 시정보다 교육에 집중돼 있는가? 위협 모델링을 수행함으로써 전반적인 보안 지식과 팀 문화가 개선될 수 있는가?

유용성useful

분석 결과finding가 시스템과 보안 팀 모두에게 유용하고 적용할 수 있는가? 방법론은 모델링된 시스템에 실제 중요한 것을 반영하는가? 즉 방법론이 위협 모델링 프로세스의 의도와 일치하는가? 이런 측면에서 중요성과 그 의도는 주관적이며 상황에 따라 다르다.

- 결과물 또는 여러 이해관계자(보안, 개인 정보, 엔지니어링)와 관련된 위협 모델링 수행의 결과로 가치를 창출할 수 있는가? 위협 모델이 데브옵스DevOps 파이프라인을 통해 관리될 수 있는가?
- 이 방법론이 시스템을 쉽고 명확하게 설명하는가?
- 약점 및 위협을 식별하는 데 도움이 되는가?
- 좋은 보고서를 생성하고 문제를 관리하는 데 도움이 되는가?

애자일agile

방법론이 팀의 작업 속도에 부정적인 영향을 미치는가? 방법론이 위협 모델의 리소스를 소모하는가(위협 모델을 생산하는 이점과 비교 시)? 아니면 제품의 지속적인 보안 개발에 실제로 도움이 되는가?

대표성representative

시스템의 추상화는 시스템 구현과 얼마나 잘 비교되는가? 실제로 시스템에 구현된 것과 동일한 결과가 나오는가?

제약 없음unconstrained

'알려진 용의자'가 평가되면 그 방법론은 다른 가능성의 결함을 탐색하거나 식별하는가?

각 방법론의 카테고리에 따른 등급은 간단히 설명한다. 다시 말하지만 이것은 과학적으로 연구한 결과가 아니라(학문적 연구를 참고하고 인용했지만) 우리의 경험과 지식의 결과이며, 견해에 대한 토론은 언제나 환영한다(https://www.threatmodeling.dev).

 존재하는 모든 방법론의 카탈로그는 아니지만, 최대한 많은 문제 접근 방식을 포함시키려고 노력했다. 소프트웨어 개발, 정부 인수, 기업 위험 관리, 학계, 시스템 위험을 평가하고 최소화하는 모든 곳을 포함해 다양한 산업에 걸친 방법론을 제시하고 싶었다. 일부 방법론은 최신 버전이고 일부는 그렇지 않지만, 모든 방법론은 위협 모델링의 과학적 측면을 표현한다.[4] 일반적으로 많이 사용하고 효과적인 방법론을 선택해 설명하려고 노력을 기울였다. 혹시 우리가 이해를 잘못해 방법론 설명에 오해가 있다면 저자께 사과드린다.

이 책에서 각 방법론의 상세 내용을 다루지는 않았지만, 각 방법론의 요점을 파악할 수 있는 간략한 설명과 추가 조사를 위한 참고문헌을 덧붙였다. 방법론의 고유성을 언급하거나 개인적인 해석도 포함되는데, 그에 대한 우리의 견해에 의문을 제기하고 여러분의 의견을 낼 수 있어야 한다.

STRIDE

STRIDE[Spoofing, Tampering, Repudiation, Information disclosure, Denial of service, Elevation of privilege]는 위협 모델링 자체보다 위협 분석과 분류 방법론에 가깝지만, 위협 모델링 방법론과 툴의 신[pantheon]에서 다소 독특한 위치를 차지했다고 말할 수 있다(지난 몇 년 동안은 STRIDE를 완전한 방법론이 아닌 프레임워크로 접근하는 것이 일반적이었다[5]). 먼저 살펴보자.

STRIDE는 1999년 마이크로소프트에서 공식화됐고, 로렌 콘펠더[Loren Kohnfelder]와 프래릿 가그[Praerit Garg]의 논문인 「The Threats To Our Products」에서 처음으로 언급됐다.[6]

---

4 https://oreil.ly/j9orl에서 CMU 소프트웨어 공학 연구소의 나탈리아 셰브첸코(Natalya Shevchenco)가 작성한 12가지 방법론을 볼 수 있다.

5 아담 쇼스탁(Adam Shostack), 「The Threats to Our Products」, 마이크로소프트, https://oreil.ly/n_GBD

6 로렌 콘펠더(Loren Kohnfelder)와 프래릿 가그(Praerit Garg), 「The Threats to Our Products」, April 1999(.docx file), https://oreil.ly/ w6YKi

모든 [Microsoft] 제품은 STRIDE 보안 위협 모델을 사용해 제품에 취약한 다양한 유형의 위협을 설계 단계에서 식별한다.

STRIDE는 다음을 의미한다.

스푸핑^{Spoofing}

스푸핑 위협은 공격자가 다른 사용자나 시스템, 프로세스로 위장하고자 시스템 요소의 신원을 모방하는 것이다. 스푸핑은 시스템 요소의 권한을 획득한다.

변조^{Tampering}

변조 위협은 시스템 조작으로 기능이나 데이터가 변경돼(의도적이든 아니든) 무결성 속성에 직접적인 영향을 준다.

부인^{Repudiation}

시스템에 부여되는 신뢰의 또 다른 측면은 공격했다고 실토하는 행위자가 주장한 시간과 방법에 따라 공격이 수행됐음을 검증할 수 있는 능력이다. 변조와 달리 이 범주의 위협은 공격자가 어디서 어떻게 공격했는지 부정할 수 있는 능력을 제공한다.

정보 노출^{Information disclosure}

이 범주의 위협은 제한된 상태로 유지되고 통제돼야 하는 정보가 정해진 신뢰 경계 외부로 유출돼 시스템의 기밀 자산을 위협한다.

서비스 거부^{Denial of service}

시스템의 가용성 속성에 반하는 이 위협은 시스템을 사용할 수 없게 만들거나 사용이 어려울 정도로 성능을 저하시킨다.

권한 상승^{Elevation of privilege}

이 위협은 시스템 권한 부여 메커니즘에 포함되며, 공격자가 실제로 부여받은 권한(부여받은 권한 자체가 없을 수 있음)보다 더 높은 수준의 권한을 얻는 것을 목표로 한다.

나열된 카테고리를 대충 읽어 보면 시스템이 받을 수 있는 모든 범위의 위협을 설명한 것처럼 보이지만, 모든 위협을 특정 영역에 완벽하게 적용하기에는 충분하지 않다. 여기서 STRIDE의 부족함이 드러난다. 사실 한 발 물러서서 비판적으로 살펴보면 특정 위협이 식별되기만 한다면 그것을 완벽하게 카테고리화하는 것은 크게 중요하지 않지만, 모호함ambiguity은 해당 위협과 관련된 위험을 평가하는 데 심각한 영향을 줄 수 있다.

STRIDE의 또 다른 문제는 그것을 최적화해 사용하고자 제품 팀이나 실무자가 실제로 위협이 되는 것과 그 위협이 악용돼 취약점이 되는 방식을 이해해야 한다는 것이다. 예를 들어 권한 있는 프로세스에서 버퍼 오버플로를 이용해 임의의 코드를 실행시킬 수 있다는 사실을 개발자가 모르는 경우 '메모리 손상'을 다음과 같은 위협 중 하나로 분류하는 것은 어렵다.

1. 임의의 코드를 실행해 권한 상승

2. 공격자가 데이터를 보유하고 있는 임의의 메모리 주소를 변경할 수 있는 경우 변조

3. 메모리 손상이 '단순히' 코드를 실행하는 것 이상으로 충돌을 일으킨다면 서비스 거부

개발 팀의 구성원으로서 위협을 분류할 때 '해커처럼 생각'하라는 조언을 받지만, 보안 지식이 부족하거나 교육받은 내용으로는 넓게 생각하지 못할 수 있다. 이로 인해 위의 설명이 여러분의 시스템과 관련된 현실적인 문제로 대입해서 이해하기 어렵다. 불행히도 STRIDE는 가이드 프레임워크를 제공하지 않는다.

STRIDE는 시스템의 특성을 검토하는 데 도움이 될 수 있는 표현으로 시작한다. 시스템을 표현하는 가장 일반적인 방법은 DFD를 만드는 것이다. 여기에는 시스템 구성 요소와 구성 요소의 상호 통신(데이터 흐름)이 포함되며, 고유한 신뢰 값으로 시스템의 영역을 구분하는 신뢰 경계가 있다. 1장에서 이미 설명했으며 그림 3-1과 3-2를 참고한다.

그림 3-1에서 직사각형으로 표현되는 앨리스Alice, 보브Bob, 키 저장소key repository에 3개의 신뢰 경계를 볼 수 있다. 이것은 pytm 아티펙트로 표현됐으며, 신뢰 경계는 일반적으로 경계를 가로지르는 데이터 흐름에서 단일 선으로 표시한다. 신뢰 경계는 3개의 신뢰 도

메인으로 구분하는 데, 고유한 사용자로서 앨리스와 보브를, 접근을 위해 또 다른 수준의 신뢰가 필요한 키 저장소로 구분한다.

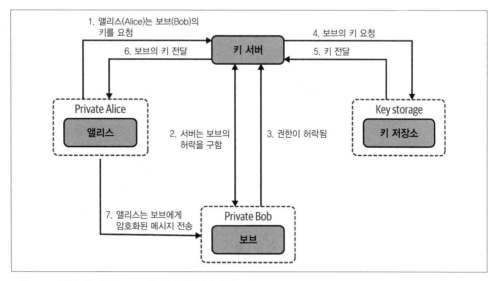

그림 3-1 간단한 시스템의 DFD 표현: 어리석은 메시지 암호화

위협 식별은 DFD의 완전성에 달려 있으므로 간단하면서도 완전한 DFD를 만드는 것이 중요하다. 1장에서 봤듯이 외부 요소를 의미하는 직사각형, 프로세스를 의미하는 원(복잡한 프로세스를 의미하는 이중 원), 데이터 저장소를 의미하는 이중선, 데이터 흐름을 의미하는 화살표 방향선 등 시스템을 이해하는 데 필요한 대부분을 표현하기에 충분하다. 다이어그램을 잘 표현하고자 다른 심벌을 사용해도 좋다. 실제로 pytm에서는 람다 lambda의 전용 심벌을 포함시키는 등 심벌을 확장 사용해 명확한 다이어그램을 표현했다. 데이터 흐름에 사용되는 프로토콜 종류와 프로세스의 기본 OS와 같은 주석은 시스템의 명확성을 높이는 데 도움이 될 수 있다. 확장 심벌과 주석은 다이어그램을 복잡하고 이해하기 어렵게 만들 수 있으므로 균형 있게 사용하는 것이 중요하다.

STRIDE를 완전한 모델링 방법론으로 확장하는 것은 위협 분류도를 구축하고(STRIDE 약어에 따라), 식별된 모든 위협의 위험 순위(심각도 및 위험 등급의 옵션은 서문 참고)를 정한 다음, 위험을 줄이거나 제거하기 위한 방법을 제안(그림 3-2 참고)하는 작업이다.

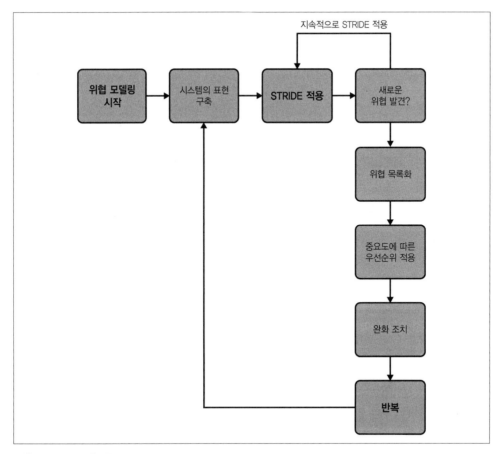

그림 3-2 STRIDE 워크플로

예를 들어 그림 3-1의 DFD를 포럼의 웹 댓글 시스템으로 표현하면 몇 가지 기본적인 위협을 발견할 수 있다(일부 가정한 내용 포함).

스푸핑

앨리스가 요청을 보낼 때 사용자의 인증 절차가 없었기 때문에 스푸핑될 수 있다. 이는 적절한 인증 체계를 만들어 완화시킬 수 있다.

변조

키 서버와 키 저장소 사이에 변조가 발생할 수 있다. 공격자는 통신을 가로채고 엔드포인트 중 하나로 위장해 전달되는 키 값을 변경할 수 있다(추가적으로 민감한 정보를 가로챌 수 있다). 상호적으로 인증된 통신인 TLS를 구축해 이를 완화시킬 수 있다.

부인

공격자는 키 저장소 데이터베이스에 직접 접근해 키를 추가하거나 변경할 수 있다. 또한 키 변경을 한 적이 없다고 증명할 수 없는 사용자에게 덮어 씌울 수도 있다. 데이터베이스와 동일한 신뢰 수준에서는 접근할 수 없는 별도의 시스템에 키가 생성된 시간을 해시화하고 로그를 남겨 이를 완화시킬 수 있다.

정보 노출

공격자는 앨리스와 키 서버 사이의 트래픽을 관찰해 앨리스와 보브가 통신하고 있다는 것을 알 수 있다. 메시지의 내용을 알지 못하더라도(이 시스템을 통과하지 않기 때문에) 두 사용자가 통신하는 시간을 알 수 있는 잠재적인 가치가 있다. 시스템이 앨리스와 보브의 신원을 검증함으로써 공격자의 관찰에 의한 정보는 일시적인 정보가 되며, TLS나 IPsec을 통한 통신 채널 암호화를 사용해 이를 완화시킬 수 있다.

서비스 거부

공격자는 자동화된 스크립트를 만들어 동시에 수천 개의 무작위 요청을 보냄으로써 키 서버에 과부하를 주고 정상 사용자가 서비스를 이용하지 못하도록 할 수 있다. 세션 레벨과 네트워크 레벨에서의 흐름 양^{flow-rate}을 제한해 이를 완화시킬 수 있다.

권한 상승

공격자는 데이터베이스의 exec()와 같은 기능을 사용해 데이터베이스의 권한 수준(일반 사용자보다 높을 수 있음)으로 서버에 명령어를 실행할 수 있다. 데이터베이스를 강화하고 실행 중에는 권한을 낮춤으로써 이를 완화시킬 수 있으며, SQL 인젝션 문제를 방지하고자 모든 입력값의 유효성을 검증하고, 준비된 명령문과 객체 관계 매핑^{ORM, Object-Relational Mapping} 접근 모드를 사용할 수 있다.

브룩 S. E. 쇼엔필드는 STRIDE의 장점은 '하나의 기술이 시스템의 여러 요소에 적용될 수 있는 것이다'라고 말했다. STRIDE를 수행할 때 식별된 하나의 문제(예를 들어 스푸핑 인스턴스)는 같은 공격 벡터 또는 다른 종류의 공격 벡터로 인해 시스템의 다른 부분에도 동일한 문제가 있을 수 있다. 다르게 생각한다면 그것은 실수다.

표 3-1을 참고해 우리가 만든 (비과학적인) 등급 평가 점수에서 STRIDE를 확인해 보자.

표 3-1 STRIDE 등급 평가 점수

항목	점수	설명
접근성	2	일단 프레임워크가 제시되면 많은 팀은 그들의 보안 원칙 지식에 따라 다양한 성공률로 실행될 수 있다.
확장성	3	이 프레임워크는 동일한 조직의 제품과 팀에서 사용할 수 있지만, 사용 효율성은 팀마다 크게 다르다.
교육	3	이 프레임워크는 보안 지식을 향상시킬 수 있는 기회를 제공하지만, 보안 실무자의 도움이 있는 경우에만 가능하다. 시작할 때보다 더 많은 보안 지식을 갖고 프로세스를 종료하게 된다.
유용성	4	STRIDE는 소프트웨어 시스템에 가장 잘 적용된다. 그런 의미에서 시스템에 적용되는 유용한 결과를 얻을 수 있으며 위협으로 간주하는 것에 집중하게 해준다.
애자일	2	STRIDE는 많은 팀 구성원이 동일한 가정(assumption)을 사용하면서 참여할 때 가장 잘 수행된다. 보안 실무자가 참석해 직접적인 도움을 줌으로써 시스템 전체에 집중할 수 있다. 이러한 의미에서 STRIDE는 애자일 프로세스에 적합하지 않으며 일부 조직에서는 큰 리소스 소모로 간주한다.
대표성	2	이 프레임워크는 시스템의 완벽한 표현이 가능할 때 '실행'되지만, 애자일에서 논의한 것처럼 개발 프로세스 진행에 문제가 있다. 초기 위협 모델에 들어가는 노력과 크게 다르지 않으며, 개발 중에 시스템이 겪은 변화와 정확하게 일치하는 위협 모델이 되도록 해야 한다.
제약 없음	5	이 프레임워크는 영향도 작업을 통해 위협의 출처나 탐색을 위한 시스템 관점에 제약을 두지 않는다. 자신의 경험과 연구를 바탕으로 자유롭게 시스템을 탐색하며 위협을 찾는다. 이러한 의미에서 STRIDE는 제약이 없다.

STRIDE 개별 요소

STRIDE의 장점 중 하나는 제약이 없다는 것이지만, 경험이 부족한 팀이나 실무자가 사용할 때 큰 단점이 된다. '모든 것을 고려했는가'와 '잘못될 수 있는 것'의 가능성에 갇히기 쉽고, '완료'인 상태로 수용하지 못한다.

STRIDE 개별 요소는 마이클 하워드[Michael Howard]와 숀 하닌[Shawn Hernan]이 개발한 STRIDE 의 변형으로 일부 요소가 다른 요소보다 특정 위협에 더 취약하다는 점을 관찰해 제약 조건의 부족함을 해결하는 구조를 추가한다. 예를 들어 시스템에 다른 종류의 서비스를 제공하는 사용자나 관리자, 외부 시스템과 같은 외부 엔티티를 고려한다. 이 외부 엔티티는 데이터 흐름보다 스푸핑(자신의 신원을 도용하는 공격자와 같이)에 더 취약하다. 사실 외부 엔티티는 완전히 다른 종류의 보안 조치 대상이 될 수 있으며, 보안 태세를 강화하게 만드는 대상이 되기도 한다. 반면에 데이터 흐름은 외부 엔티티보다 내용 변조 공격에 더 취약하다.

그림 3-3에서 볼 수 있듯이 STRIDE 개별 요소는 특정 클래스의 요소를 타깃으로 하는 공격을 제한하고 발생할 수 있는 위협 분석에 집중한다. 이런 방식으로 원래의 STRIDE 보다 덜 개방적이다.

서로 다른 위협이 개별 요소에 미치는 영향						
요소	S	T	R	I	D	E
외부 엔티티	✗		✗			✗
프로세스	✗	✗	✗	✗	✗	✗
데이터 저장소		✗	✗	✗	✗	
데이터 흐름		✗		✗	✗	

그림 3-3 STRIDE 개별 요소 차트(출처: https://oreil.ly/3uZH2)

브룩 S. E. 쇼엔필드와 논의 중 그의 경험을 바탕으로 STRIDE 개별 요소의 단점을 지적 했는데, 그것은 위협 모델은 추가될 수 없다는 것이다. 2개 이상의 위협 모델을 부수고 하나의 전체 시스템 위협 모델로 간주할 수 없다. 그런 의미에서 STRIDE 개별 요소는 많은 이점을 제공하지만, 시스템이 완전하게 표현되더라도 시스템의 전체론적 접근 방 식은 분석 중에 무시될 수 있다.

STRIDE 개별 요소를 사용하면 전체 시스템보다 개별 요소에 집중할 수 있다. 작은 규모 의 팀은 그들이 개발할 때 해당 구성 요소에만 집중하고, '미니 위협 모델링' 세션을 열어 관련 위협에 집중할 수 있다. 따라서 확장성, 애자일, 대표성 점수도 각각 4점, 3점, 4점으 로 올라간다(표 3-2 참고).

표 3-2 STRIDE 개별 요소

항목	점수	설명
접근성	2	일단 프레임워크가 제시되면 많은 팀은 그들의 보안 원칙 지식에 따라 다양한 성공률로 실행될 수 있다.
확장성	4	이 프레임워크는 동일한 조직의 제품과 팀에서 사용할 수 있지만, STRIDE 개별 요소의 사용 효율성은 팀마다 크게 다르다.
교육	3	이 프레임워크는 보안 지식을 향상시킬 수 있는 기회를 제공하지만, 위협 분류를 위해 보안 실무자의 도움이 있는 경우에만 가능하다. 시작할 때보다 더 많은 보안 지식을 갖고 프로세스를 종료하게 된다.
유용성	4	STRIDE 개별 요소는 소프트웨어 시스템에 가장 잘 적용된다. 그런 의미에서 시스템에 적용되는 유용한 결과를 얻을 수 있으며 위협으로 간주하는 것에 집중하게 해준다.
애자일	3	STRIDE 개별 요소는 요소의 특성에 초점을 맞추기 때문에 STRIDE보다 1점 높으며, 보다 효율적으로 더 많은 영역을 커버할 수 있다.
대표성	3	애자일과 같은 이유로 STRIDE 개별 요소는 STRIDE보다 1점 높다. 특정 요소에 집중함으로써 현재 형태의 시스템을 더 정확하게 표현할 수 있다.
제약 없음	3	STRIDE 개별 요소는 STRIDE 제약 없음 점수를 3점으로 낮췄는데, 이는 각 요소가 적용되는 대상을 어느 정도 묶어 주므로 제약될 가능성이 생겼기 때문이다.

STRIDE 개별 상호작용

마이크로소프트가 마이크로소프트 위협 모델링 툴^{Microsoft Threat Modeling Tool}(https://oreil.ly/sbhWK)을 공개했을 때 STRIDE 개별 상호작용이라는 변형된 STRIDE를 기반으로 했다. 마이크로소프트의 래리 오스터맨^{Larry Osterman}과 더글라스 맥아이버^{Douglas MacIver}가 개발한 이 STRIDE 접근 방식은 모델의 두 요소 간의 상호작용 기능으로서 위협을 식별한다.

프레임워크에 '서버로 데이터를 전송'하는 상호작용이 외부 프로세스(서버를 호출하는 클라이언트)에 있다고 예를 들어 보자. 이 경우 '클라이언트가 서버로 데이터를 전송'하는 상호작용은 스푸핑, 부인, 정보 노출 위협의 대상이 되지만 권한 상승의 위협은 없다. 반면에 서버는 프로세스로부터 입력을 받을 수 있으며, 이 경우 '서버로부터 데이터를 수신받는 클라이언트'의 상호작용은 스푸핑 위협에만 영향받는다. 서버는 실제 서버라고 사칭할 수 있으며, 이를 중간자 공격^{man-in-the-middle attack}이라고 한다.

발생할 수 있는 모든 위협의 개별 상호작용을 차트로 만드는 것은 광범위하며 우리의 요구 범위를 벗어난다. 전체를 참고하려면 아담 쇼스탁의 『보안 위협 모델링: 위협 식별과 대응을 위한 <u>소프트웨어 설계</u>』(에이콘, 2016)를 참고하자.

STRIDE 개별 상호작용의 비교 결과는 STRIDE 개별 요소 결과와 동일하다.

공격 시뮬레이션과 위협 분석 프로세스?

PASTA[Process for Attack Simulation and Threat Analysis]는 2012년 버스프라이트 시큐리티[VerSprite Security]의 토니 우세다벨레즈[Tony UcedaVélez]와 시티그룹[CitiGroup]의 마르코 모라나 박사[Dr. Marco Morana]가 공동 저술한 '애플리케이션 또는 시스템 환경에 존재하는 위협 패턴을 식별하기 위한 위험 중심의 위협 모델링 방법론'이다. 이 방법론의 상세 접근은 이 책의 범주에 벗어나지만, 관심 있는 독자는 우세다벨레즈와 모라나가 집필한 『Risk Centric Threat Modeling: Process for Attack Simulation and Threat Analysis』(Wiley, 2015)를 참고하자.[7]

PASTA는 위험 중심의 방법론이다. 비즈니스에 영향을 주는 애플리케이션과 그 구성 요소, 기본 인프라, 데이터 등 상황에 따른 위험 사례를 포함해 비즈니스나 시스템에 영향을 미칠 수 있는 위험을 정량화한다(다음의 1, 2, 7단계 참고). 3~6단계는 설계와 사용 사례, 권한, 암묵적 신뢰 모델, 호출 흐름의 내재적 결함을 이해하고자 하는 아키텍처, 개발 팀, 애플리케이션 보안 전문가에게 해당된다.

표 3-3 PASTA 용어

용어	PASTA 의미
자산	비즈니스에 본질적인 가치가 있는 리소스로서 다음이 포함될 수 있다. – 비즈니스에서 사용, 거래, 필요로 하는 정보 – 애플리케이션을 위해 비즈니스가 의존하는 하드웨어, 소프트웨어, 프레임워크, 라이브러리 – 기업의 명성
위협	자산에 불리한 영향을 미칠 수 있는 모든 것
약점/취약점	공격자가 시스템에 침투하는 데 사용되는 위협은 가시적으로 노출된 문제(엉망으로 설정된 방화벽이나 클라우드 구성 요소, 타사 프레임워크, RBAC 모델)거나 형편없는 비즈니스 로직과 프로세스다.
사용 사례	시스템의 예상된 설계 동작

---

7 토니 우세다벨레즈, 「Risk-Centric Application Threat Models」, VerSprite, 2020년 10월 접속, https://oreil.ly/w9-Lh

용어	PASTA 의미
어뷰징 사례	사용자의 공격 동기를 도출하기 위한 사용 사례 조작(예: 우회, 인젝션, 정보 유출 등)
행위자	사용 사례나 어뷰징 사례를 수행할 수 있는 모든 것
공격	취약점/약점을 악용해 타깃 자산에 위협을 가하는 모든 행위
공격 벡터	공격이 성공되게 하는 인터페이스
대응책	공격 성공 확률을 줄여 약점을 완화시키는 것
공격 표면	논리적, 물리적 모두 성공 가능한 공격 벡터의 집합
공격 트리	위협과 타깃 자산, 관련된 취약점, 공격 패턴의 상관 관계, 대응책 간의 관계를 표현한 것. 사용 사례는 자산과 관련된 메타데이터 역할을 할 수 있으며, 어뷰징 사례는 공격 패턴의 메타데이터 역할을 할 수 있다.
영향도	공격으로 인한 피해의 직간접적인 금전적 가치

PASTA는 애플리케이션과 기업에 미치는 영향을 정량화하는 7단계 프로세스를 사용한다.

1. 비즈니스 목표를 정의한다.

2. 기술 범위를 정의한다.

3. 애플리케이션을 분해한다.

4. 위협 분석을 수행한다.

5. 취약점을 탐지한다.

6. 공격을 열거한다.

7. 위험도와 영향도 분석을 수행한다.

각 단계를 간략히 살펴보고 프로세스 구축 방법을 배워 보자. 다음의 설명은 프로세스, 아티팩트, 사용법이 아주 상세하지는 않지만, PASTA의 기본은 이해할 수 있을 것이다.

비즈니스 목표 정의

비즈니스 목표를 정의하는 단계는 위협 모델링 활동의 위험 콘텍스트를 설정하는 것이다. 애플리케이션이나 시스템에서 지원하는 비즈니스 목표를 이해하면 다양한 위험 영향도를 잘 이해할 수 있기 때문이다. 비즈니스 목표를 정의할 때 범위 내 위험 분석과 관리를 위한 요구 사항을 파악한다. 요구 사항, 보안 정책, 컴플라이언스 표준, 지침과 같은 공식 문서는 다음과 같은 활동으로 세분화하는 데 도움이 된다.

1. 비즈니스 요구 사항을 정의한다.

2. 보안과 컴플라이언스 요구 사항을 정의한다.

3. 사전에 비즈니스 영향 분석BIA, Business Impact Analysis을 수행한다.

4. 위험 프로필을 정의한다.

이 활동의 결과로 비즈니스 영향 분석 보고서BIAR, Business Impact Analysis Report가 산출되며, 이 보고서에는 비즈니스 요구 사항과 관련된 애플리케이션 기능 및 비즈니스 목표가 포함된다.

예를 들어 이 활동 중에 사용자 커뮤니티를 생성하는 비즈니스 목표가 식별된 경우 고객의 개인 데이터를 등록하는 것은 기능 요구 사항이 되며, 개인 식별 정보PII, Personally Identifiable Information 저장의 보안 요구 사항은 BIAR에 포함될 것이다.

비즈니스 프로세스, 애플리케이션 요구 사항, 비즈니스 위험 태세에 지식을 갖춘 참가자의 의견이 이 보고서에 기재되므로 제품 소유자, 프로젝트 관리자, 비즈니스 소유자, C 레벨 임원까지 이 활동에 참여해야 한다.

이 단계에서는 보안 정책, 보안 표준, 보안 지침 등을 포함한 나머지 활동도 거버넌스, 위험, 컴플라이언스GRC, Governance, Risk, and Compliance 기반 구축에 중점을 두고 있다.

기술 범위 정의

기술 범위를 정의하는 단계의 공식적인 정의는 '위협 열거가 따르는 기술 자산/구성 요소의 범위를 정의하는 것'이다.[8] 높은 수준의 설계 문서, 네트워크, 배포 다이어그램, 기술 요구 사항(라이브러리, 플랫폼 등)은 다음과 같은 활동으로 세분화하는 데 사용된다.

1. 소프트웨어 구성 요소를 열거한다.

2. 어디서 데이터가 생성됐는지, 오게 됐는지, 싱크하는지, 저장하는지 등 행위자와 데이터 출처를 식별한다.

3. 시스템 레벨의 서비스를 열거한다.

4. 타사 인프라를 열거한다.

5. 안전한 기술 설계를 주장한다.

이 분석은 시스템과 관련된 모든 자산, 배포 모드, 자산 간의 의존성 목록을 생성하고, 높은 수준으로 전체 시스템을 파악할 수 있다.

클라우드 데이터베이스에 저장하는 간단한 웹 애플리케이션을 예를 들면, 이 단계에서 얻는 분석은 다음과 같이 간단할 수 있다.

- 브라우저: 상관없음

- 웹 서버: 아파치 2.2

- 데이터베이스: Maria DB 10.4

- 행위자: 사용자(브라우저를 통해), 관리자(브라우저 또는 콘솔을 통해)

- 데이터 출처: 사용자(브라우저를 통해), 가져오기(콘솔을 통해)

- 데이터 싱크: 데이터베이스, 로그 싱크(클라우드 공급자를 통해)

- 사용 프로토콜: TLS를 통한 HTTP, HTTPS, SQL

---

8 토니 우세다벨레즈, 「Real World Threat Modeling Using the PASTA Methodology」, https://oreil.ly/_VY6n, 24

- 시스템 레벨의 서비스: CIS Benchmarks(https://oreil.ly/4ae7Y)를 사용해 보안이 강화된 클라우드 이미지로 실행되는 Fedora 30

- 현재 시스템은 충분히 안전한 상태임

애플리케이션 분해

애플리케이션을 분해하는 동안 물리적 보안과 이를 관리하는 프로세스에 이르기까지 사용 중인 모든 플랫폼, 기술, 여기에 필요한 서비스를 식별하고 열거해야 한다. 다음은 세분화된 활동이다.

1. 모든 애플리케이션의 사용 사례를 열거한다.
2. 식별된 구성 요소의 데이터 흐름 다이어그램을 구성한다.[9]
3. 보안 기능 분석을 수행하고 시스템의 신뢰 경계를 사용한다.

이 단계에서 PASTA는 어뷰징 사례가 다양한 공격으로 전환되는 것을 고려한다. 이전에 논의한 DFD도 이 단계에서 핵심적인 역할을 하며, 서로 다른 구성 요소 간의 데이터 흐름과 신뢰 경계를 넘는 방법을 통해 구성 요소 관계를 매핑한다.

이 DFD는 이전 단계에서 설명한 '기술 범위 정의' 항목을 합쳐, 시스템을 결합해 표현한다. 행위자와 기술 구성 요소, 시스템의 모든 요소는 어뷰징 사례를 테스트할 수 있는 보안 태세를 표현하기 시작한다. 프로세스에 처음으로 신뢰 경계를 설정함으로써 어뷰징에 취약한 데이터 흐름 또는 시스템에 데이터 흐름이 적용되지 않는 특정 어뷰징 사례를 표현한다.

데이터 흐름 이외에도 시스템의 가장 세부 사항에 도달할 때까지 분해할 수 있으며 이는 '기술 범위 정의'와 혼돈되기도 한다. 예를 들어 인텔 기반 서버의 특정 브랜드에서 시스템이 실행되리라 예상하는 것은 기술 범위를 정의하는 단계에서 하위 시스템이 충분히 평가되지 않았을 수 있다는 의미다. 베이스보드 관리 컨트롤러[BMC, Baseboard Management Controller]는 기술 범위 정의 단계에서 무시될 수 있지만, 애플리케이션 분해 단계에서는

---

9 1장에 DFD 요소의 설명이 있으며, DFD 요소에는 시스템 구성 요소가 포함될 수 있다.

고려되고(마더보드의 모든 하위 시스템을 나열할 때) 평가돼야 한다.

위협 분석 수행

PASTA를 만든 사람에 따르면 'PASTA는 환경 기술 풋프린트와 애플리케이션 환경에 의해 관리되는 데이터 그리고 산업 부분에 내재된 가장 실행 가능한 위협에 초점을 맞추기 때문에 다른 애플리케이션 위협 모델과 다르다.'[10] PASTA의 위협 분석 단계는 실행 가능한 위협을 식별하는 데 필요한 배경을 제공한다. 이는 모델링 중인 시스템과 관련된 위협 라이브러리와 공격 트리를 구축하고자 모든 지식을 사용해 수행한다.

1. 전반적인 위협 시나리오를 분석한다.

2. 내부 소스에서 위협 인텔리전스를 수집한다.

3. 외부 소스에서 위협 인텔리전스를 수집한다.

4. 위협 라이브러리를 업데이트한다.

5. 위협 에이전트를 자산에 매핑한다.

6. 식별된 위협에 확률을 할당한다.

이 단계의 가치는 실제로 해당 시스템에 적용할 수 있는 위협을 식별하는 것에서 비롯되며, 식별된 위협의 양보다 품질을 선호한다.

취약점 탐지

취약점 탐지 단계에서는 위험에 노출되거나 공격에 취약한 애플리케이션 영역을 식별하는 데 중점을 둔다. 이전 단계에서 수집한 정보를 구축한 라이브러리나 공격 트리에 매칭해 실제적인 위협을 찾을 수 있어야 한다. 여기에서 주요 목표 중 하나는 시스템에서 잘못 식별한 위협을 제거하는 것이다.

1. 기존의 취약한 데이터를 검토하고 연관시킨다.

---

10 『Risk Centric Threat Modeling: Process for Attack Simulation and Threat Analysis』(Wiley, 2015), 7장

2. 아키텍처에서 약한 설계 패턴을 식별한다.

3. 위협을 취약점에 매핑한다.

4. 위협과 취약점을 기반으로 콘텍스트 위험 분석을 수행한다.

5. 표적 취약점 테스트를 수행한다.

마지막으로, 시스템 보안 아키텍처를 검토해 특정 정보의 로그가 누락되거나, 저장 또는 전송 중인 데이터가 보호되지 않거나, 인증 및 권한 부여가 실패되는 등의 문제를 찾아야 한다. 접근 제어가 적절하게 구축되고 정보 기밀 등급이 위반되지 않았는지 검증하고자 신뢰 경계를 검토한다.

공격 열거

공격 열거 단계에서는 이전 단계에서 식별한 취약점이 공격으로 전환될 확률을 분석한다. 위협(PASTA에서 위협은 자산에 불리한 영향을 미칠 수 있는 모든 것을 의미함)과 약점(위협을 실현하는 사실이나 사건)이 공존할 확률과 영향이 미칠 확률을 계산하고 대응책을 마련해 이를 해결한다.

공격 열거 분석을 수행하는 단계는 다음과 같다.

1. US CERT The United States Computer Emergency Readiness Team (https://www.us-cert.gov)나 CVE(https://cve.mitre.org/)와 같은 위협 인텔리전스를 참고해서 최근 식별된 벡터에 맞는 공격 라이브러리, 벡터, 제어 프레임워크를 업데이트한다.

2. 시스템의 공격 표면을 식별하고 이전 분석에서 일치하는 공격 벡터를 열거한다.

3. 이전 단계에서 식별한 공격 시나리오를 위협 라이브러리와 연결해 분석하고, 공격 시나리오와 일치하는 공격 트리의 경로를 재확인해 실행 가능한 공격 시나리오를 검증한다.

4. 실행 가능한 공격 시나리오의 확률과 영향도를 평가한다.

5. 기존 대응책을 테스트하고자 일련의 사례를 도출한다.

이전에 구축한 공격 트리와 라이브러리를 사용해 자산과 통제를 극복하고 발생할 수 있는 영향도를 파악하는 것이 핵심이다. 식별된 각 취약점의 공격 가능성을 측정하고 이해하는 것으로 이 단계를 마무리한다.

위험도와 영향도 분석 수행

위험도와 영향도 분석 단계에서는 가장 공격당할 가능성이 높은 위협을 완화시킨다. 시스템에 효과적이고 적절한 대응책을 적용해 이를 수행한다. 하지만 여기서 효과적이고 적절하다는 것은 무엇을 의미하는가? 다음의 계산으로 파악해 보자.

1. 각 위협이 실현되는 위험을 판단한다.

2. 대응책을 식별한다.

3. 잔여 위험을 계산한다. 대응책이 위협의 위험을 줄이는 데 충분한가?

4. 잔여 위험을 관리하는 전략을 세운다.

위험을 스스로 판단해서는 안 된다. 예를 들어 위협에 의해 발생할 수 있는 영향도에 따라 위험 평가 및 거버넌스 전문가를 참여시키고 싶을 것이다. 이전 단계에서 생성된 아티팩트(공격 트리, 라이브러리, 공격 발생 가능성 등)를 검토해 각 위협의 적절한 위험 프로필을 제시하고, 대응책의 속도와 대응이 완료된 후 잔여 위험을 계산한다. 이런 위험을 알고 난 후에는 애플리케이션의 전반적인 위험 프로필을 계산할 수 있으며, 해당 위험을 관리하기 위한 전략적인 방향을 세울 수 있다.

PASTA의 RACI[Responsible/Accountable/Consulted/Informed] 다이어그램을 참고하면[11] 관련된 사람/역할과 그들 사이의 정보 흐름에서 프로세스 고유의 복잡성을 확인할 수 있다.

예를 들어 3단계인 '애플리케이션 분해'의 세 가지 활동을 살펴보자.

- 모든 애플리케이션 사용 사례(로그인, 계정 업데이트, 사용자 삭제 등)를 열거한다.
  - 실무 담당자[responsible]: 위협 모델러(PASTA에서 정의한 특정 역할)

---

11 『Risk Centric Threat Modeling』(Wiley, 2015), 6-8번 그림

- 의사결정자^{accountable}: 개발 부서, 위협 모델러

- 조언자^{consulted}(양방향): 설계자, 시스템 관리자

- 관련자^{informed}(단방향): 관리 부서, 프로젝트 관리자, 비즈니스 분석 담당자, 품질 보증 담당자, 보안 운영자, 취약점 평가 담당자, 침투 테스트 담당자, 위험 평가 담당자, 컴플라이언스 책임자

• 식별된 구성 요소의 데이터 흐름 다이어그램을 구성한다.

- 실무 담당자^{responsible}: 위협 모델러

- 의사결정자^{accountable}: 설계 부서, 위협 모델러

- 조언자^{consulted}(양방향): 개발 부서, 시스템 관리자

- 관련자^{informed}(단방향): 관리 부서, 프로젝트 관리자, 비즈니스 분석 담당자, 품질 보증 담당자, 보안 운영자, 취약점 평가 담당자, 침투 테스트 담당자, 위험 평가 담당자, 컴플라이언스 책임자

• 보안 기능을 분석하고 신뢰 경계를 사용한다.

- 실무 담당자^{responsible}: 없음

- 의사결정자^{accountable}: 개발 부서, 시스템 관리자, 위협 모델러

- 조언자^{consulted}(양방향): 설계 부서

- 관련자^{informed}(단방향): 관리 부서, 프로젝트 관리자, 비즈니스 분석 담당자, 품질 보증 담당자, 보안 운영자, 취약점 평가 담당자, 침투 테스트 담당자, 위험 평가 담당자, 컴플라이언스 책임자

물론 이러한 정보의 흐름은 다른 방법론에서도 발생한다. 프로젝트 개발과 관련 있는 전체 역할에 대한 설명이다. 이런 엄격한 프로세스를 따름에도 이 상호작용은 시간이 지남에 따라 얽히게 된다.

PASTA의 얇은 지식에도 항목별로 방법론을 분류함으로써 몇 가지 결론을 얻었다(표 3-4 참고).

표 3-4 방법론으로서의 PASTA

항목	점수	설명
접근성	1	PASTA는 지속적으로 많은 역할이 참여해야 하고 제대로 완료하는 데 상당한 시간 투자가 필요하다. 팀은 예산 책정에 어려움을 겪을 수 있다.
확장성	3	동일한 조직 내에서 프레임워크의 대부분은 PASTA 인스턴스를 통해 재사용해야 한다.
교육	1	PASTA는 대부분의 활동을 책임지고 수행하는 '위협 모델러' 역할에 의존한다. 이러한 의미에서 팀이 받는 모든 교육적 이점은 최종 위협 모델, 그 결과물, 권장 사항의 상호작용을 통해 얻어지며, 그 가치는 제한적이다.
유용성	4	잘 수행되고 문서화된 PASTA 위협 모델은 실행 가능하고, 공격 가능성과 공격 벡터 가능성은 물론 유용한 완화책과 위험 수용을 포함한 다양한 관점을 제공한다.
애자일	1	PASTA는 가벼운 프로세스가 아니며, 시스템의 모든 설계와 구현 세부 사항을 미리 알고 있을 때 잘 수행된다. 구성 요소가 리팩터링되거나 새로운 기술이 도입되면 얼마나 많은 작업을 다시 수행해야 할지 상상해 보자.
대표성	2	이것은 약간 문제가 있다. 전체 설계, 아키텍처, 구현을 미리 알고 있고, 변경이 제한되고, 프로세스 안에 잘 통합된다면, PASTA는 위협 모델을 가장 잘 표현할 수 있을 것이다. 개발 프로세스가 완벽하고 효율적인 폭포수가 아니라면, 시스템 모델은 변경 사항으로 인해 최종 상태를 반영하지 못할 수 있다. 오늘날 이런 상황은 드물기 때문에 애자일 항목과 비슷하게 점수를 줬다.
제약 없음	2	PASTA의 공동 저자는 공격 트리와 위협 라이브러리의 출처로 CAPEC를 자세히 살펴보고, 취약점과 약점을 식별하고자 CVE와 CWE 라이브러리를 참고할 것을 제안한다. 시스템별 위험은 거의 고려되지 않지만, 위험 계산은 이전에 식별된 취약점에 의존한다. 이런 의미에서 프로세스는 제한적이다.

위협 평가와 개선 분석

위협 평가와 개선 분석^{TARA, Threat Assessment and Remediation Analysis}(https://oreil.ly/EWtgz)은 2011년 MITRE에서 잭슨 윈^{Jackson Wynn}이 개발했다. 그는 이를 '결합된 거래 연구로 설명할 수 있는 평가 접근 방식으로, 첫 번째 거래는 평가된 위험의 공격 벡터를 찾아 우선순위를 매기고, 두 번째 거래는 평가된 유틸리티와 비용에 따른 대응책을 찾고 결정하는 것'이라고 설명한다.[12] 이 평가는 이후 미 육군, 해군, 공군에서 많이 사용됐다.

TARA의 장점 중의 하나는 공격을 당하고 있는 시스템의 '임무 보증^{mission assurance}'이라고 부르는 것을 유지하고자 정부가 지원하는 중상급의 적으로부터 보호하는 것을 목표로 한다. 이 접근 방식은 공격자가 방화벽이나 침입 탐지 장치와 같은 제어 시스템을 우

---

12 잭슨 윈(J. Wynn), 「Threat Assessment and Remediation Analysis (TARA)」, https://oreil.ly/1rrwN

회할 수 있는 충분한 지식과 리소스를 갖고 있으므로 공격자의 침투 이후 대응할 방법에 중점을 둔다. 공격자가 이미 내부에 있을 때 시스템은 어떻게 정상 동작할 수 있을까?

TARA는 기존 시스템 개발 수명 주기의 획득 단계$^{acquisition\ phase}$에 중점을 둔다. 정부가 후원하는 활동으로서 개발은 다른 곳에서 진행하더라도 평가는 실제 사용하는 기관에서 수행한다.

획득 프로그램을 진행하는 동안 아키텍처를 분석해 시스템을 표현하는 모델을 구축한다. 이 모델은 시스템의 공격 벡터(완화시키는 방법 포함)를 제공하고, 위험 수준에 따라 우선순위를 매기고 취약점 매트릭스를 생성한다. 이 프로세스를 사이버 위협 취약성 평가$^{CTSA,\ Cyber\ Threat\ Susceptibility\ Assessment}$라고 한다. CTSA 단계가 끝나면 식별된 구성 요소의 잠재적 영향도와 TTP$^{Tactic,\ Technique,\ and\ Procedure}$를 매칭하는 테이블을 만들 수 있어야 한다. 테이블의 각 행에는 다음이 포함된다.

- 타깃 TTP 이름

- TTP의 참고 소스(예: 일반적인 공격 패턴 열거 및 분류 항목으로 고려 중인 공격 패턴 또는 CAPEC)[13]

- 시스템의 각 구성 요소

  — 타당성: 질문의 구성 요소를 고려할 때 TTP가 이치에 맞는가?(예, 아니오, 알 수 없음)

  — 근거: 타당성 질문에 대한 답변의 근거는 무엇인가?

LAN$^{Local\ Area\ Network}$ 네트워크 스위치와 같은 시스템 구성 요소를 예를 들어 보자. CAPEC-69(https://oreil.ly/Wsi17)에서 가져온 TTP '권한 상승된 타깃 프로그램'은 타당성이 있고(테이블에 '예'로 표시됨), 근거는 '스위치는 유닉스 운영체제에서 돌아가며, 자신의 권한을 높일 수 있는 프로그램과 스크립트를 사용한다'다. LAN 스위치는 누가 봐도 위험해 보인다.

---

13 Common Attack Patterns Enumeration and Classification, https://capec.mitre.org

식별된 각 취약점을 완화시키고자 분석함으로써 대응책을 마련하고, 해당 조치의 효율성과 구현에 드는 비용을 고려해 순위를 매긴다. 이 순위의 결과는 완화 매핑 테이블이며, '솔루션 효율성 테이블'을 사용해 획득 프로그램에 피드백된다. 시스템 보호 항목에 각각의 완화 방법을 테이블에 추가하고, 가장 가치 있고 효율적인 방법의 우선순위를 매긴다. 이 분석을 프로세스의 사이버 위험 개선 분석^{CRRA, Cyber Risk Remediation Analysis} 단계라고 한다.

논문 저자의 말을 다시 인용하면 TARA는 다른 위협 모델링 방법론과 유사하지만, 완화 매칭 데이터의 카탈로그와 대응책을 선택하는 기준이 존재하고, 전체 위험을 허용 가능한 수준으로 줄이는 특이점이 있다.[14]

 위협 카탈로그는 위협 라이브러리(https://oreil.ly/uz2Ci)라고도 한다. 경험상 위협 라이브러리에 기반한 위협 모델링 방법론은 분석팀에게 '후면 분석을 통한 위협 모델링'이라는 사고를 심어 준다. 특히 분석 중인 시스템에서 이전에 발생된 문제의 통계적 분석이라면 더 그렇다. 기술이 끊임없이 변화하고 새로운 공격 벡터가 정기적으로 도입된다는 점을 고려할 때, 식별된 위협의 과거 이력만을 활용해서 미래의 지침으로 만드는 것은 어리석은 짓이다. 물론 이 컬렉션이 개발 팀에게 이전에 발생한 이슈를 설명하고, '용납될 수 없는' 보안 기준을 제시하고, 개발 팀에 필요한 보안 교육을 가이드 함으로써 엄청난 교육적 가치가 있다는 것은 의심할 여지가 없다. 위협이 한때 발생한 것이 아니라 언제든 다시 발생할 수 있을 것이라 생각하면서 분석하는 것은 중요하다. 반면에 위협 라이브러리를 공격 트리의 다른 접근 방식으로 해석할 수 있으며, 이 경우 시스템이 영향받을 수 있는 추가적인 공격 벡터와 방법론을 도출하기 위한 시작점으로 사용된다. 위협 모델링 영역에서의 진정한 가치는 카탈로그 존재 여부가 아니라 카탈로그를 사용하는 방식에 있다.

TARA의 주요 기능은 다음과 같다.[15]

1. TARA 평가는 배포된 시스템이나 아직 획득 수명 주기에 있는 시스템에서 수행할 수 있다.

---

14 윈(Wynn), 「Threat Assessment and Remediation Analysis(TARA)」.

15 윈(Wynn), 「Threat Assessment and Remediation Analysis(TARA)」.

2. TTP와 대응책^{CM, Countermeasure} 카탈로그를 사용하는 것은 하나의 TARA 평가에서 다음 평가까지 일관성을 촉진한다.

3. TTP와 CM 카탈로그 데이터는 오픈 소스^{open source}와 분류 소스^{classified source}에서 발생되며, TARA 평가 범위에 따라 선택적으로 분할/필터링될 수 있다.

4. TARA는 획일적인 접근 방식이 아니며, 평가에 적용되는 엄격함 정도는 필요에 따라 조정될 수 있다.

5. TARA 툴 세트는 TTP 위험과 CM 비용 효율성을 정량적으로 평가하기 위한 점수 툴을 제공한다. 이런 툴은 평가 범위나 프로그램 요구 사항에 따라 조정되거나 생략될 수 있다.

위협 라이브러리 기반 접근 방식의 예로 TARA가 사용되고 있으므로 어떻게 TTP와 CM 카탈로그가 구성되고 최신 상태를 유지하는지, 순위 모델^{ranking model}을 만들고자 어떻게 TTP가 점수를 매기는지 살펴보는 것은 도움이 된다.

TTP와 CM의 임무 보증 공학^{MAE, Mission Assurance Engineering} 카탈로그는 위협 인텔리전스를 기반으로 하며 MITRE ATT&CK(https://attack.mitre.org/), CAPEC(https://capec.mitre.org), CWE(https://cwe.mitre.org/), CVE(https://cve.mitre.org/), 미국 국가 취약점 데이터베이스^{NVD, National Vulnerability Database}(https://oreil.ly/oCpaU) 등[16]과 같은 오픈 소스에서 사용할 수 있다. 전자전^{electronic warfare}(전자기 스펙트럼 공격을 사용해 시스템 작동 중단)과 국가 수준의 사이버 벡터, 민간인에게 덜 익숙한 서플라이 체인 공격과 같은 전문 기밀 자료에서도 사용할 수 있다(표 3-5 참고).

---

16 NIST 800-30 부록 E에 많은 목록이 포함돼 있다(https://oreil.ly/vBGue).

표 3-5 기본 TTP 위험 점수 모델(risk scoring model)(출처: https://oreil.ly/TRNFr)

요인 범위	1	2	3	4	5
근접성: 공격자가 TTP를 적용하기 위해 필요한 근접성은 무엇인가?	물리적 접근이나 네트워크 접근이 필요하지 않음	DMZ와 방화벽을 통한 프로토콜 접근	타깃 시스템에 대한 사용자 계정 접근 (관리자 권한 아님)	타깃 시스템에 대한 관리자 권한 접근	타깃 시스템에 대한 물리적 접근
지역성: TTP로 인해 영향받는 범위는 어디까지인가?	격리된 단일 장치	단일 장치 및 지원 네트워크	잠재적으로 영향받는 외부 네트워크	해당 지역의 모든 장치	전체 지역의 모든 장치 및 권련된 구조에 포함된 모든 장치
복구 시간: 공격이 탐지된 후 TTP를 복구하는 데 얼마나 걸리는가?	10시간 미만	20시간	30시간	40시간	50시간 이상
복구 비용: 영향받는 사이버 자산을 복구하거나 교체하는 데 드는 예상 비용은 얼마인가?	1만 달러 미만	2만 5,000달러	5만 달러	7만 5,000달러	10만 달러 이상
영향성: 성공적인 TTP 적용으로 인해 발생된 데이터 기밀성 손실은 얼마나 심각한가?	TTP로부터 영향 없음	최소한의 영향	약간의 수정이 필요한 제한된 영향	기능 연속성 계획 (COOP, Continuity of Operations Planning) (https://oreil.ly/jxltf)에 포함된 개선 활동	정기적으로 실시되는 COOP 개선 활동
영향도: 성공적인 TTP 적용으로 인해 발생된 데이터 무결성 손실은 얼마나 심각한가?	TTP로부터 영향 없음	최소한의 영향	약간의 수정이 필요한 제한된 영향	COOP에 포함된 개선 활동	정기적으로 실시되는 COOP 개선 활동

126

요인 범위	1	2	3	4	5
영향도: 성공적인 TTP 적용으로 인해 발생된 데이터의 가용성 손실은 얼마나 심각한가?	TTP로부터 영향 없음	최소한의 영향	약간의 수정이 필요한 제한된 영향	COOP에 포함된 개선 활동	정기적으로 실시되는 COOP 개선 활동
이전 사용: MITRE 위협 DB와 TTP와 관련된 증가가 넘어 있는가?	MITRE DB에 남아 있는 TTP 사용 증가 없음	TTP 사용을 추측하는 증가 있음	MITRE DB에서 TTP 사용 증가가 확인됨	MITRE DB에서 TTP 사용이 자주 보고됨	MITRE DB에서 TTP 사용이 광범위한 정보가 보고됨
필수 기술: TTP를 적용하기 위해 공격자가 갖춰야 할 지식이나 기술의 수준은 어느 정도인가?	특별한 기술이 요구되지 않음	일반적인 기술	타깃 시스템의 일부 지식	타깃 시스템의 상세 지식	타깃 시스템과 임무(mission) 지식
필수 자원: TTP를 적용하고자 어느 정도의 리소스가 필요하거나 소비되는가?	필요한 리소스 없음	최소한의 리소스가 요구됨	일부 리소스 필요	상당한 리소스 필요	리소스가 요구되고 소비됨
은폐: TTP가 적용될 때 탐지할 수 있는가?	탐지할 수 없음	전문 모니터링으로 탐지될 가능성 있음	전문 모니터링으로 탐지 가능	일상적인 모니터링으로 탐지 가능	모니터링 없이 탐지 가능
원인 규명: TTP에 의해 남겨진 증거로 인해 원인 규명이 가능한가?	남겨진 증거 없음	일부 증거가 남았지만 원인 규명 불가능	TTP 특성에 의해 원인 규명 가능	이전에 원인 규명됐던 유사하거나 비슷한 TTP로 원인 규명 가능	공격자에 의해 사용된 시그니처 공격 TTP도 원인 규명 가능

TARA에서 사용되는 이 점수 모델은 12개의 개별 측정값을 기반으로 한다. 공격자가 외부 방어를 뚫고 시스템 내부로 침투할 수 있다는 가정하에 일반적인 것보다(영향도, 공격 실현의 어려움, 공격 가능성 등) 복원 비용 및 은폐와 같이 특별한 부분도 신경 써야 한다.

CIA^{Confidentiality, Integrity, Availability} 3요소로 어떻게 영향받는지 아는 것도 좋지만, CVSS(영향 없음, 낮음, 중간, 높음, 치명적임)와 달리 TARA는 영향도를 극복하고자 요구되는 개선점에 집중한다(표 3-6 참고).

표 3-6 TARA 점수 모델

항목	점수	설명
접근성	5	TARA는 전체 프로세스에 걸쳐 시스템을 사용하는 개인 또는 팀의 위협 모델링에 의존한다. 따라서 이런 자원의 존재를 전제로 하고 있으며 이론적으로 완전히 접근할 수 있어야 한다.
확장성	5	정의에 따르면 조직을 평가하는 모든 모델링 작업에서 프로세스를 재사용할 수 있다. 평가를 실행하기 위한 리소스가 있는 경우 프로세스에서 그 리소스를 전부 사용할 수 있어야 한다.
교육	2	TARA는 대부분의 활동을 담당하거나 책임지는 개인이나 팀의 모델링에 의존한다. PASTA와 마찬가지로 개발 팀은 권장하는 대응책 형태로 업무 목록을 받기 때문에 이것을 지식 확장 장치로 활용하기에는 한계가 있다. 그러나 카탈로그 자체는 공격 가능한 것을 교육하고 팀을 훈련시키는 데 사용할 수 있다.
유용성	2	잘 실행되고 문서화된 TARA 위협 모델은 실용적이고 가능성 있는 공격 및 공격 벡터는 물론 유용한 완화 방법과 '솔루션 효율성 테이블'에 있는 위험 수용을 포함해 다양한 관점을 볼 수 있게 해준다. 반면에 획득 모델의 일부인 TARA는 완전히 형성된 시스템에서 동작하며 개발하는 동안 설계 선택에 큰 영향을 미치지 않는다.
애자일	1	TARA는 가벼운 프로세스가 아니며, 시스템의 모든 설계와 구현 세부 사항을 미리 알고 있을 때 잘 수행된다. 구성 요소가 리팩터링되거나 새로운 기술이 도입되면 얼마나 많은 작업을 다시 수행해야 할지 상상해 보자.
대표성	5	PASTA와 같은 이유로 TARA는 공격 표면을 분석할 때 완전히 형성된 시스템으로 본다.
제약 없음	2	TARA는 TTPs와 CMs 카탈로그를 분석하기 위한 기반으로 구축한다. 시스템이 받을 수 있는 위협을 미리 정의된 관점으로 판단해 분석의 유연성이 없다. 카탈로그는 지속적으로 업데이트되는 살아 있는 엔티티라면 그 출처는 느리게 이동하고 과거에 관찰된 이벤트로부터 추가된다.

Trike

폴 세이터^{Paul Saitta}, 브렌더 라이컴^{Brenda Larcom}, 마이컬 에딩턴^{Michael Eddington}이 2005년에 개발한 Trike v1은 브레인스토밍을 하지 않고도 반자동적으로 위협을 생성함으로써 다른 위협 모델링 방법론과 차별된다. Trike는 툴에 의존하기 때문에 경험이 부족하고 '해커처럼 생각'하지 않아도 되는 개발자를 대상으로 한다.[17]

Trike는 '위험 관리 관점에서 보안 감사를 위한 프레임워크'다(https://oreil.ly/YagrU). 문서화 작업 중이었던 버전 2는 2012년도에 방법론과 관련 툴 개발이 중단된 것으로 보인다. Trike 버전 2가 흥미롭고 유용한 개념을 제시하지만 실제 환경에서 실험되고 입증되지 않았다는 것은 중요한 사실이다. 그러므로 여기서는 버전 1을 다룬다.

이 방법론은 토끼 구멍을 벗어나기 위해 무엇을 분석하고 언제 분석을 멈춰야 하는지 잘 정의돼 있다. 이 방법론은 개발자에게 많은 분석 권한을 주려고 하지만, 보안을 별도의 기술 영역으로 접근하고 해당 분야의 전문가가 '다음 단계의' 분석을 수행해야 한다.

Trike는 시스템 설계를 공식화함으로써 두 가지의 툴(데스크톱 버전과 엑셀 기반 버전)을 사용해 (반)자동적으로 위협을 식별하고, 분석된 모든 위협이 실제로 평가됐음을 보장한다. Trike의 또 다른 특징은 공격자가 아닌 방어자의 관점에서 다룬다는 것이다.

요구 사항 모델

다른 방법론과 마찬가지로 첫 번째 활동은 시스템 자산과 환경, 행위자의 상호작용을 조사해 위협 모델링이 되는 시스템의 목적과 목표를 달성하는 방법을 이해하는 것이다. 이것은 요구 사항 모델 단계로 자산, 행위자, 작업을 포함한 테이블을 구성한다.

Trike에서 작업은 원자적 처리[atomic access]의 CRUD[Create, Read, Update, Delete] 모델을 따르며, 이 작업만 수행할 수 있다. 각 시스템의 작업은 〈행위자, 자산, 규칙〉 튜플[tuple]에 의해 표현되며, 규칙은 작업에 영향을 미칠 수 있는 행위자 또는 역할을 제한한다. 행위가 시스템의 정상적인 작동 상태의 일부인 경우 목록에 추가된다. 즉 시스템에서 완전히 예상되는 행위가 아닌 경우(문서화되지 않은 경우) 분석의 목적에 포함되지 않는다. 다른 말로하면 시스템의 유효한 사용 사례만 이 목록에 포함되고 오용 또는 어뷰징 사례는 추가되지 않는다. 행위의 결과는 평가 중인 시스템을 형식적으로 완벽히 설명한다.

이는 자산과 행위자의 페어를 순서대로 분석하고 각 CRUD 작업을 평가하는 것으로 해

---

17 Trike라는 이름에는 특별한 의미가 없다. 저자는 FAQ에서 '누군가 이것을 묻는다면 이야기를 만들어 주세요'라고 했다.

석된다. 그런 다음 '행위자는 반드시 관리자 권한이 있어야 하고 자산은 일시 중단 상태에 있어야 한다'라는 부울 논리$^{Boolean logic}$ 선언 문장을 사용해 규칙을 선언한다.

우분투^{Ubuntu}에서 실행되는 스퀵^{Squeak} 가상머신에서 Trike1.1.2a 툴(https://oreil.ly/kM3od)을 조사했으나 여러분과 다른 결과가 나올 수 있다. 안타깝게도 실무자들은 스프레드시트 기반의 툴을 선호하기 때문에 스퀵 기반 툴은 최신 상태의 방법론이 아니었다. 이 툴은 블로그 시스템의 예제 위협 모델과 함께 사용 예시가 제공된다.

 이 방법론의 세부 정보는 소스포지(SourceForge)의 Trike 프로젝트에서 확인할 수 있다.

구현 모델

행위자와 규칙을 수집하고 요구 사항의 공식 정의를 만든 후에는 구현을 평가해야 한다. 작업 프레임워크에 속하지 않는 작업을 제외하고, 작업이 필요한 항목과 시스템이 어떻게 상호작용하는지 살펴본다.

Trike는 지원하는 작업$^{supporting action}$과 의도된 작업$^{intended action}$으로 구분한다. 지원하는 작업은 부기^{bookkeeping}와 인프라 관점에서 시스템의 작동을 지원하는 시스템으로 이동하는 것이다. 로그인 작업을 예를 들면 사용자가 하나의 상태(로그인이 안 된 상태)에서 다른 상태(로그인이 된 상태)로 이동한다. 프로세스가 복잡하고 논의하기 어렵기 때문에 이 책에서는 지원하는 작업을 상세히 설명하지 않았지만, 자세한 내용은 Trike 문서에서 확인할 수 있다. 의도된 작업과 상태 머신$^{state machine}$은 Trike 저자에 의한 실험적인 특성으로 간주되며, 방법론의 버전에 따라 다르다.

다음으로 DFD를 사용해 위협 모델링 방법론에 시스템을 표현한다. STRIDE와 동일하게 같은 심벌과 접근 방식을 따르며, 분할된 시스템으로 DFD를 세분화함으로써 특정 영역에서 보다 상세한 정보를 제공한다. 여기서 중요한 점은 Trike의 경우 DFD 표현의 '완료'는 '더 이상 신뢰 경계를 넘는 프로세스가 없을 때까지'라는 것이다.

다이어그램에 다시 주석을 달아 시스템의 완전한 표현을 구축하고, 요소(OS, 데이터 저장소 유형 등)에 의해 사용되는 기술 스택을 캡처한다. 필요에 따라 네트워크 배포 다이어그램으로 DFD를 완료할 수 있다.

이 모든 데이터를 수집하고 시스템의 모든 사용 흐름 목록을 컴파일한다. 이러한 작업을 구현에 매핑해 행위자에 의한 애플리케이션 상태 변경이 시스템 자산에 어떤 영향을 주는지 보여 준다.

데이터 수집과 사용 흐름 컴파일은 의도된 작업과 지원하는 작업 모두의 경로를 DFD로 추적한다. 외부 행위자가 경로에 있을 때마다 사용 흐름이 분할된다. 시스템 상태 변경은 상태 머신의 상태에 해당하므로(2장의 시퀀스 다이어그램에서 더 명확하게 표현될 수 있음) 흐름의 일부이기도 한 사전 및 사후 조건이 있을 수 있다. 예를 들어 미시컬 블로깅 mythical blogging 플랫폼에 블로그 항목을 제출하는 것은 두 단계로 이뤄진다. 첫 번째 단계는 게시물을 작성하고 시스템의 항목을 승인해, '게시물이 제출됨' 상태를 시스템 흐름에 추가하는 것이다. 이것은 '게시가 허용됨' 상태의 전제 조건이다.

다시 말하지만 사용 흐름은(소스포지의 Trike 프로젝트 페이지에서 사용 가능한 정보를 기반으로) Trike 방법론에서 실험적인 것으로 간주된다. Trike 저자는 사용 흐름이 모델에 오류를 도입할 가능성이 있고 성가신 면이 있다고 실토했다.

위협 모델

요구 사항 모델과 구현 모델 다음은 위협 모델이다. Trike에서 위협은 이벤트(기술이나 구현 사항이 아님)이며 행위자-자산-작업 매트릭스와 관련된 규칙에서 파생된 결정론적 집합을 표현한다. 모든 위협은 서비스 거부 또는 권한 상승 중에 하나이며, 이것은 Trike 의 또 다른 고유 특성이다. 서비스 거부는 행위자가 작업을 실행할 수 없을 때 발생하고, 권한 상승은 행위자가 특정 자산에서 의도하지 않은 작업을 수행하거나, 규칙이 허용되지 않음에도 행위자가 작업을 수행할 때 또는 행위자가 작업을 수행하고자 시스템을 선택할 때 발생한다.

위협 목록은 어떻게 생성하는가? 의도된 각 작업에 하나의 서비스 거부 위협을 만든 후, 의도된 작업 순서를 바꾸고, 허용되지 않는 작업을 제거해 권한 상승 위협을 만든다. 이런 작업을 통해 시스템의 전체 위협을 이해할 수 있다.

구현 모델과 파생된 위협을 사용해 어떤 위협이 성공적인 공격으로 변환될 수 있는지 판단한다. 공격 트리를 사용해 각 트리의 루트에서 위협을 식별할 수 있다.

자동화가 Trike의 신조어임에도 공격 트리와 그래프가 자동적으로 생성되는 것은 아니며 이 단계에서 인간 전문가가 필요하다.

위험 모델

범위 내 위험과 범위 밖 위험은 Trike의 핵심이다. 위험을 평가할 때 위험이 시스템에 존재하는지 여부를 결정하기 전에 시스템의 정확한 부분과 해당 위험을 알아야 한다. 자산은 기업의 비즈니스 가치를 기반으로 한 금전적인 가치가 있으며, 이 가치는 위협 모델링 리더가 아닌 비즈니스가 결정한다. 그다음은 예방 작업이 적절한지 1부터 5까지의 값으로 의도된 작업의 순위를 정한다(서비스 거부 위협의 가치). 5는 이 예방 작업이 가장 부적절함을 의미한다. 그 후 모든 행위자의 신뢰 수준을 1부터 5까지 값으로 순위를 정한다. 1은 매우 신뢰할 수 있는 행위자이고, 5는 익명의 행위자다.

Trike는 자산 가치에 작업별 위험을 곱한 값으로 노출을 정의하며, 이 지수는 조직에 미치는 영향의 심각도 순서로 위협 순위를 매긴다.

약점이 악용될 확률도 Trike 계산의 일부다. 재현성(얼마나 쉽게 공격을 재현할 수 있는지), 악용 가능성(얼마나 쉽게 공격할 수 있는지), 행위자 신뢰 값에 대한 함수다. 이 값은 단순히 정보 제공용이다.

각 위협의 노출값에 가장 적용 가능한 위험 확률을 곱하면 위협 위험값이 되며, 이것은 위협 기술 실행과 관련된 비즈니스에 영향을 준다.

Trike의 저자는 이것이 위험 모델링의 부적절한 접근 방식이라는 것을 알고 있지만, 표현 가능한 특성을 생성하기에 충분하다고 주장한다. 위협 생성 및 관련된 값을 통해 해당 위협에 적용해야 하는 완화 방법과 순서, 위협이 제거되거나 최소화될 수 있는 방법을 도출할 수 있다(표 3-7 참고). Trike의 저자 중 브렌더 라이컴[Brenda Larcom]이 모질라[Mozilla]에서 Trike의 개요를 발표했다(https://oreil.ly/S44fV).

표 3-7 점수 모델

항목	점수	설명
접근성	1	Trike는 위협 모델링의 올바른 접근 방식을 제안하며, 일부 기본 아이디어는 타당하다. 안타깝게도 방법론의 실행은 제대로 문서화되지 않았고 이와 관련된 논의는 중단된 것으로 보인다. 사용할 수 있는 툴은 복잡한 워크플로를 제공하거나 구현의 일부만 제공한다.
확장성	5	정의에 따르면 조직을 평가하는 모든 모델링 작업에서 프로세스를 재사용할 수 있다. 평가를 실행하기 위한 리소스가 있는 경우 프로세스에서 그 리소스를 전부 사용할 수 있어야 한다.
교육	3	모든 위협을 두 가지 범주(서비스 거부와 권한 상승)로 분류함으로써 Trike는 규칙이 생성되고 행위자와 자산이 검토될 때 토론을 장려한다. 보안 책임자는 이 대화의 심층 분석을 팀에 교육해야 한다.
유용성	2	너무 많은 댕글링 포인트가 남아 있는 방법론은 지적(intellectual) 활동을 제공하지만 그 가치는 실용적이지 않다.
애자일	2	Trike는 모델링 당시의 시스템에 알려진 모든 것에 중점을 둔다. 따라서 개발(또는 최소한의 설계)이 완료되지 않은 시스템과 모델링 시점에 기능 및 특성을 충분히 검토할 수 있는 시스템에는 적합하지 않다. Trike 저자는 이 방법론이 '분할 확장에 쉽게 적용할 수 있고 나선형 개발이나 XP/애자일 모델에도 쉽게 적용할 수 있다'라고 주장하지만 우리는 동의하지 않는다. 정보 흐름이 모델의 수정을 허용하더라도 이전 모델과 새 모델 간의 차이점을 적용하는 운영 비용이 많이 든다.
대표성	5	TARA와 같은 이유로 Trike는 공격 표면을 분석할 때 완전히 형성된 시스템으로 본다.
제약 없음	2	Trike는 공격을 위한 공격 트리와 그래프를 기반으로 하며, 공격 트리는 'Trike 방법론의 시간을 단축시켜 주는 유용한 기능'이다. 동시에 평가되는 위협의 제약으로 작용하기도 한다. 동적인 위협은 방법론 자체와 연관된 것이 아니라 운영상의 문제로 간주된다.

전문화된 방법론

제시된 방법론 외에도 몇몇 방법론은 개발과 보호보다 제품 보안의 측면에 중점을 두고 있다. 위협 모델링의 영역에서 일부는 일반적인 보안 문제보다 개인 정보 관련 문제를 찾는 데 집중한다. 민감한 자산, 기밀 데이터, 기타 '중요한 부분crown jewel'의 위협을 식별하고자 3장의 동일한 기본 아이디어를 다른 방식으로 적용해 완전성과 차이점을 확인해 보자.

LINDDUN

개인 정보 보호의 변형으로 LINDDUN(연결 가능성Linkability, 식별 가능성Identifiability, 부인 방지Nonrepudiation, 탐지 가능성Detectability, 정보 노출Disclosure of information, 인식 불능Unawareness, 미준수 Noncompliance)은 프라이버시 위협 모델링의 체계적인 접근 방식이다. LINDDUN 사이트 (https://linddun.org/)는 광범위한 자료와 지침 자료를 제공하는 귀중한 자원이다. 이 방법론은 벨기에 루뱅 가톨릭 대학교KU Leuven의 디스트리넷 연구 그룹DistriNet Research Group에서 킴 뷔츠Kim Wuyts 박사와 리카르도 스칸다리아토Riccardo Scandariato 교수, 와우터 요센Wouter Joosen 교수, 미나 덩Mina Deng 박사, 바트 프레닐Bart Preneel 교수에 의해 개발됐다.

CIA 3요소로 이뤄진 기존의 보안 위협 모델과 달리 LINDDUN은 개인 정보 보호와 관련된 모든 데이터의 연결 불가능성unlinkability, 익명성anonymity, 가명성pseudonymity, 그럴듯한 부인 가능성plausible deniability, 탐지 불가능성undetectability, 관찰 불가능성unobservability, 콘텐츠 인식content awareness, 정책 및 동의 준수policy and consent compliance의 위협을 평가한다. 따라서 (외부)공격자의 관점뿐만 아니라 특정 시스템의 행위가 개인 정보 데이터를 침해할 수 있다는 조직적인 관점도 갖고 있다. LINDDUN의 속성은 다음과 같다(각 속성의 전체 내용은 LINDDUN 논문[18]에서 확인할 수 있다).

연결 불가능성

둘 이상의 작업이나 요소, ID, 다른 정보를 함께 연결할 수 없으며 이들의 관계를 유용한 정보로 산출할 수 없다.

익명성

행위자의 신원을 파악할 수 없다.

가명성

행위자는 진짜 행위자의 신원을 파악할 수 없는 다른 ID를 사용한다(즉 가명을 사용해 실제 행위자와 직접적으로 연결시킬 수 없다).

---

18 미나 뎅(Mina Deng) 외, 「A Privacy Threat Analysis Framework: Supporting the Elicitation and Fulfillment of Privacy Requirements」, 2010년 6월, https://www.esat.kuleuven.be/cosic/publications/article-1412.pdf

그럴듯한 부인 가능성

행위자는 자신이 수행한 행위를 부인할 수 있으며, 다른 행위자는 그 진술을 확인하거나 거부할 수 없다.

탐지 및 관찰 불가능성

공격자는 관심 항목(행위, 데이터 등)의 존재 여부를 확실히 구별할 수 없다. 관찰 불가능성은 관심 항목IoI, Item of Interest을 탐지할 수 없고 IoI와 관련된 내용이 익명임을 뜻한다.

콘텐츠 인식

사용자는 웹 상호작용의 동적인 요소를 사용함으로써 또는 설치 시 사용할 수 없는 콘텐츠를 시스템에 유인함으로써(설치 후 실행 파일을 다운로드하는 광고 네트워크) 서비스 공급자에게 제공하는 정보(양식, 쿠키 등)를 알고 있어야 한다. 콘텐츠 인식의 속성은 '관련 기능의 수행을 허용하고자 필요한 최소한의 정보만 찾고 사용해야 한다'라고 한다.

정책 및 동의 준수

시스템은 제공된 개인 정보 보호 정책과 저장 및 처리 데이터를 인식하고, 데이터에 접근하기 전 해당 데이터의 소유자에게 법률 및 정책 준수와 관련된 정보를 알린다.

그림 3-4의 단계는 STRIDE의 단계와 동일하게 작동되므로 익숙해 보일 것이다. LINDDUN이 보안 중심 방법론과 다른 점에 집중해 보자.

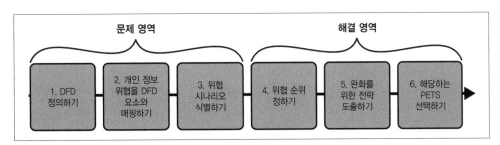

그림 3-4 LINDDUN의 단계(그림 6.12 킴 뷔츠(Kim Wuyts) 「소프트웨어 아키텍처의 개인 정보 위협(Privacy Threats in Software Architectures)」 박사 학위 논문, 루뱅 가톨릭 대학교(KU Leuven) 2015년, 135)

LINDDUN 저자는 그림 3-5와 같이 개인 정보 지향 위협을 DFD 요소와 매핑했다.

	L	I	N	D	D	U	N
Entity	×	×				×	
Data store	×	×	×	×	×		×
Data flow	×	×	×	×	×		×
Process	×	×	×	×	×		×

그림 3-5 LINDDUN 위협에 매핑된 DFD 요소

'LINDDUN: 개인 정보 위협 분석 프레임워크(https://www.linddun.org)'에서 위협 카테고리의 전체 정의를 확인할 수 있다.

- L: 연결 불가능성에 대한 연결 가능성 위협

- I: 익명성 및 가명성에 대한 식별 가능성 위협

- N: 그럴듯한 부인 가능성에 대한 부인 방지 위협

- D: 탐지 불가능과 관찰 불가능에 대한 탐지 가능성 위협

- D: 기밀성에 대한 정보 노출 위협

- U: 콘텐츠 인식에 대한 인식 불능 위협

- N: 정책 및 동의 준수에 대한 미준수 위협

시스템을 보여 주는 사용 사례를 조사할 때 이 매핑을 고려한다. 예를 들어 블로그 엔트리를 작성하는 사용자는 엔트리 양식의 사용자를 '외부 엔티티'로, 블로그 시스템을 '두 데이터 흐름을 통해 데이터 저장소에 엔트리를 저장하는 프로세스'로 만든다(사용자에서 블로그 시스템으로, 블로그 시스템에서 데이터 저장소로). STRIDE 개별 요소와 유사한 프로세스로, 각 DFD 요소와 개인 정보 위협의 교차점에 표시된 'X'는 그 요소가 해당 위협에 취약하다는 것을 뜻한다.

각 위협이 각 요소에 미치는 영향도는 이 책의 범주에서 벗어나므로 LINDDUN 논문에서 확인할 수 있다.

위협을 식별한 후에는 공격자가 특정 목표에 도달하고자 취할 수 있는 접근 방식을 확인하는 데 공격 트리를 다시 사용한다. 그림 3-6에서 볼 수 있듯이 공격자의 목표가 동의 정책을 준수하지 않는다면 몇 가지 방법으로 공격을 지시할 수 있다.

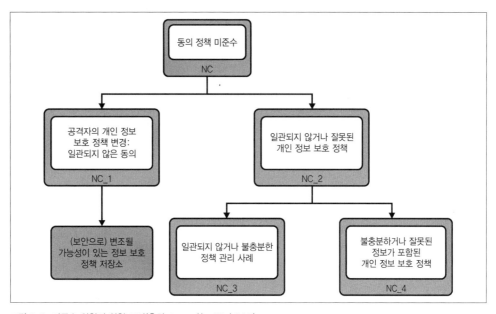

그림 3-6 미준수 위협의 위협 트리(출처: https://oreil.ly/afYUJ)

직접적인 경로는 보안 문제를 활용해 정책이 포함된 데이터 저장소를 변조하는 것이다. 성공할 경우 컴플라이언스를 어렵거나 불가능하게 만들 수 있다(정책 자체의 주요 측면을 변경하거나 동의를 얻거나 관리하는 방식을 변경해). 간접적으로 조직에 영향을 줘 실수를 하게 하거나 내부 사례에 혼란을 줘 미준수 상황으로 만들 수 있다. 공격자 중심의 관점 외에도 조직적 관점에서의 컴플라이언스 위반이 발생할 수 있다. 예를 들어 최소화 및 목적 제한과 같은 데이터 보호 원칙을 준수하지 않는다면 엄격하게 준수할 때보다 더 많은 개인 정보를 처리할 수 있기 때문이다.

LINDDUN 사이트에는 트리와 리프 노드의 설명이 포함된 개인 정보 위협 트리 카탈로그가 포함돼 있다. 위협 트리에는 각 리프 정보를 해석하는 방법을 설명한다.[19] 각 지침

---

19 각 리프 노트의 지침 예는 https://oreil.ly/afYUJ를 참고한다.

블록은 표준 면책 조항으로 끝나는데, 이것은 트리가 잠재적인 우려 영역을 높은 수준에서 설명하고, 사용자가 컴플라이언스를 보장하고자 법률 자문을 구해야 함을 나타낸다.

LINDDUN은 위험 분류 기술이나 분류법이 아닌 서문에서 언급한 기존의 방법론에 의존한다. 이전 단계에서 수집한 정보를 변환하고, 다른 스토리와 비교할 수 있는 사용 가능한 스토리로 변환해서 오용 사례[MUC, MisUse Case]를 구성하고, 그 순위를 정할 수 있다. LINDDUN 논문에서 다음과 같이 소셜 미디어 사용자에게 익숙한 미준수 사례를 보여준다.

제목

> MUC 10: 정책 및 동의 미준수

요약

> 소셜 네트워크 제공자는 사용자 동의에 따라 사용자의 개인 데이터를 처리하지 않는다. 예를 들면 2차 사용을 위해 제3자에게 데이터베이스를 공개한다.

자산, 이해관계자, 위협

> 사용자의 PII
>
> > 1. 사용자: 공개된 신원 및 개인 정보
> >
> > 2. 시스템/회사: 평판에 부정적인 영향

주 오용자

> 내부자

기본 흐름

> 1. 오용자가 소셜 네트워크 데이터베이스에 접근할 권한을 갖는다.
>
> 2. 오용자가 제3자에게 데이터를 공개한다.

유발자

> 악의적인 행위자에 의해 언제든지 발생할 수 있다.

전제 조건

1. 오용자는 개인 정보 보호 정책을 변조하고 동의 내역을 변경할 수 있다.

   또는

2. 정책이 제대로 관리되지 않는다(사용자의 요청에 따라 업데이트 되지 않음).

예방 방안

1. 설계 시스템은 개인 정보 및 데이터 보호의 법적 지침을 준수하고 내부 정책을 사용자에게 전달한 정책과 일치하도록 유지한다.
2. 법적 집행: 사용자는 동의 없이 개인 정보를 처리하는 소셜 네트워크 제공자를 고소할 수 있다.
3. 근로 계약서: 제3자와 정보를 공유하는 직원은 징계(해고, 감봉 등)한다.

예방 보증

법 집행은 내부자의 정보 유출 위협을 낮추지만 여전히 사용자의 개인 정보를 침해할 수 있다.

전제 조건은 위협 트리에서 직접 확인할 수 있다. 오용 사례에서 요구 사항을 추출해 예방 방안과 예방 보증을 설계할 수 있다. LINDDUN은 순수한 법적 또는 계약적 장치가 아닌 개인 정보 보호 강화 기술^{PET, Privacy Enhancing Technology} 솔루션을 사용해 위협을 완화시킨다. LINDDUN 논문은 PET 솔루션을 나열하고 해당 솔루션에 적합한 개인 정보 속성을 잘 매핑했다. 이 책에서는 이 매핑을 다루지 않으므로 자세한 내용은 LINDDUN 논문을 참고한다. LINDDUN이 STRIDE 개별 요소와 유사하므로 등급 평가 점수는 STRIDE와 동일하다. 반면에 LINDDUN은 위협 모델링 프로세스를 보안(C, I, A) 이외의 도메인에 적용하고 유사한 가치의 결과를 생성한다.

광기? 이것이 스파르타다!

위험 기반 위협 평가를 통한 보안 및 개인 정보 보호 아키텍처^{SPARTA, Security and Privacy Architecture Through Risk-Driven Threat Assessment}는 이 책을 연구하는 중에 '발견'한 지속적인 위협 유발을 촉진하는 프레임워크이자 툴이다. 벨기에 루뱅 가톨릭 대학교에서 시작된 이 프레임워크는 로렌스 시온[Laurens Sion], 코엔 이스카우트[Koen Yskout], 디미트리 반 란두잇[Dimitri Van Landuyt], 와우터 요센[Wouter Joosen]에 의해 만들어졌다(SPARTA와 LINDDUN을 통해 알 수 있듯이 이 대학교에서 위협 모델링 분야의 연구가 활발하게 진행되고 있다).

SPARTA의 전제는 'STRIDE와 같은 기존 방법론은 위협을 찾는 데는 뛰어나지만 위협 모델링 활동이 개발 노력과는 별도로 발생되기 때문에 상당한 노력이 필요하다'는 것이다.[20] 흩어진 상태로 남겨진 아티팩트를 다시 정리된 상태로 유지하려면 더 많은 노력이 필요하다. 시스템을 개선하거나 보안 특성을 강조하기 위한 변화가 발생할 때 위협 모델링의 결과를 검토하기 위한 장애물이 생긴다. SPARTA 저자의 관점에서 이러한 변경 사항은 위협 모델의 전체적인 결과를 검토하는 데 광범위한 영향을 미칠 수 있다.

툴로 제공되는 SPARTA는 일반적인 드래그 앤 드롭 워크플로를 사용해 DFD 생성을 위한 GUI(이클립스[Eclipse] 프레임워크 기반)를 제공한다.[21] SPARTA는 다음의 항목을 이용해 개선된 DFD를 만든다.

의미론[semantics]
> 보안 솔루션과 그 효과를 DFD로 표현함으로써 해당 데이터와 그 데이터가 시스템에 미치는 영향을 검증할 수 있다.

추적성[traceability]
> 보안 메커니즘과 이 메커니즘에 의해 발생된 시스템의 결과물은 매핑 가능해야 한다.

관심 분리[separation of concern]
> 위협 라이브러리, 보안 솔루션, 완화 카탈로그는 서로 독립적으로 발전해야 한다.

역동적이고 지속적인 위협 평가[dynamic and continuous threat assessment]
> 지속적인 위협 방법론(5장에서 설명됨)과 마찬가지로 SPARTA는 위협 유발이 개발 주기의 특정 시기가 아니라 필요할 때마다 가급적 자동적으로 발생해야 한다고 주장한다.

---

20 「SPARTA: Security and Privacy Architecture through Risk-driven Threat Assessment」, SPARTA, https://oreil.ly/1Jail
21 2020년 10월 기준으로 접근이 불가하며, 접근을 위해 SPARTA 저자에게 문의가 필요하다.

각 영역에 깊이 들어가지는 않지만(SPARTA 저자의 추가 논문에서 자세하고 흥미로운 학술 토론이 제공됨), DFD 보안 항목 모델에 보안 솔루션 인스턴스를 추가해 DFD의 일부로서 보안 솔루션을 기록한다는 내용이다. 각 보안 솔루션에는 해당 솔루션과 관련된 DFD 요소를 나열하는 역할이 포함된다. 역할은 위협 유형을 완화하는 대응책을 구현할 수 있고 대응책이 적용되는 역할을 지정할 수 있다(그림 3-7 참고).

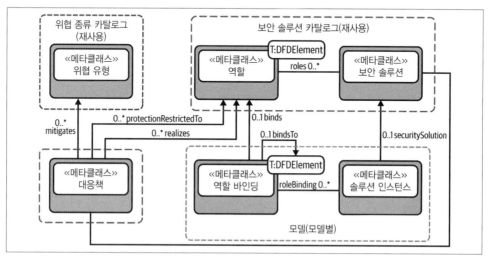

그림 3-7 보안 메타 모델의 SPARTA UML 표현(출처: https://oreil.ly/nNSm0)

DFD가 표시되는 시스템을 표현하고 보안 메타 모델meta-model에 적절한 인스턴스화가 제공되면 툴은 위협 라이브러리(툴의 일부, 사용자에 의해 확장 가능)의 모든 위협 유형을 반복한다. 해당하는 대응책이 실행되지 않았음을 검증함으로써 위협 유형에 취약할 수 있는 DFD 요소를 식별할 수 있다.

이 단계에서 SPARTA 위협 식별 방법의 고유한 특성을 알 수 있다. 특정 위협이 완화될 수 있는 솔루션이 하나라도 존재한다면 어떤 요소의 위협 유형이 어떤 보안 솔루션에 의해 완화되는지는 중요하지 않다는 것이다. 예를 들어 '암호화되지 않은 데이터가 공용 네트워크를 통해 전송'되는 위협인 경우 데이터 흐름이 TLS를 통해 실행되거나 VPN을 사용한다면 SPARTA는 이것을 위협이 완화된 것으로 인식한다. 이는 설계자가 체계적이고 집중적인 완화 대응책과 함께 '만약'이라는 가정에서 자유롭고, 이러한 선택이 시스템 전체의 보안 태세에 어떤 영향을 미치는지 알 수 있다.

SPARTA의 위험 분석은 서문에서 언급한 FAIR를 사용하고, FAIR의 각 위험 구성 요소에 몬테 카를로^{Monte Carlo} 시뮬레이션을 수행한다.

- 대응책 강도

- 위협 능력

- 접촉 빈도

- 행위 발생 가능성

- 취약점

- 위협 이벤트 빈도

- 손실 이벤트 빈도

- 손실 규모 및 위험

위험 분석을 수행하려면 DFD에 (a) 메타 모델에 따라 지정된 솔루션의 보안 인스턴스를 추가하고, (b) 각 FAIR 요소의 위협 유형에 추정치를 추가한다. 이는 보안 전문가와 시스템 및 위험 이해관계자에 의해 추가된다. 보안 솔루션에 존재하는 공격 프로필(예: 공격자의 능력)과 가치(예: 대응책)를 고려한다. DFD에서 모든 위협을 식별한 후 각각의 위험 평가를 수행해서 공격이 대응책을 무력화할 확률을 계산한다.

통계적 고려 사항은 이 책의 범위를 벗어나므로 관심 있는 독자는 SPARTA 저자의 학술 논문을 읽어 보길 추천한다. 심층 방어를 고려한다. 주어진 위협에 여러 대응책이 있는 경우 최종 확률은 모든 대응책을 무력화할 확률이다.

SPARTA는 다양한 능력을 갖춘 공격자를 표현하고자 고유한 페르소나^{persona}를 활용한다. 예를 들어 초급 수준(스크립트 키디^{script kiddie})의 공격자 위험 평가는 국가-주도^{nation-state} 공격자 평가와 다를 것이다.

커스터마이징이 가능하므로 팀은 '비전문적인 외부 웹사이트 사용자' 또는 '국가-주도 수준의 행위자'를 선택할 수 있다(그림 3-8 참고).

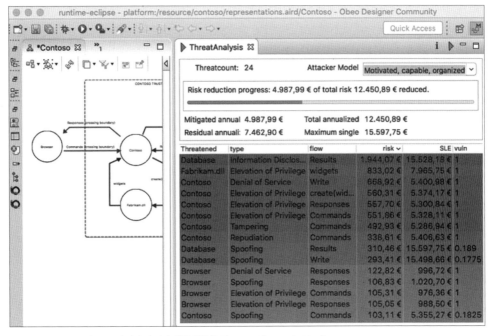

그림 3-8 SPARTA의 DFD 예제와 관련된 위협 목록(출처: https://oreil.ly/VC3oh)

SPARTA의 목표는 DFD 또는 보안 메타 모델, 위협 라이브러리, 대응책 등이 변경될 때 식별한 위협의 발생 가능성을 지속적으로 확인하는 것이다. 즉각적인 영향도 분석을 통해 SPARTA에 실시간 구성 요소를 추가한다. 사용자는 최적의 완화책을 계획하는 데 도움이 되도록 다양한 방식으로 위험 목록을 정렬할 수 있다.

SPARTA는 글을 쓰고 있는 이 시간에도 계속 발전하고 있으며, 우리는 SPARTA의 발전을 기대하며 커뮤니티에서 SPARTA 툴이 나오길 희망한다.

INCLUDES NO DIRT

INCLUDES NO DIRT는 최근에 공개된 방법론으로 보안과 개인 정보 보호, 컴플라이언스 간의 격차를 해소한 아래의 구성을 임상 환경^{clinical environment}에 적용한다. STRIDE와 LINDDUN의 장점을 결합해 건강 관리에 중점을 둔다. 'SuperSTRIDE'라고도 불리며 INCLUDES NO DIRT는 LINDDUN과 STRIDE 약어를 포함하고 다음과 같이 'C'와 'O'를 추가했다.

I: 식별 가능성^{Identifiability}

익명성을 피하고 행위의 추적성을 지원한다(도메인: 개인 정보 보호).

N: 부인 방지^{Nonrepudiation}

그럴듯한 부인을 방지한다(도메인: 개인 정보 보호).

C: 임상 오류^{Clinical error}

임상 표준의 올바른 적용을 보장한다(도메인: 컴플라이언스).

L: 연결 가능성^{Linkability}

시스템 전체의 정보를 연결한다(도메인: 개인 정보 보호).

U: 무허가 활동^{Unlicensed activity}

사용자에게 적절한 자격 증명 또는 라이선스가 있는지 확인한다(도메인: 컴플라이언스).

D: 서비스 거부^{Denial of service}

가용성을 유지한다(도메인: 보안).

E: 권한 상승^{Elevation of privilege}

작업의 올바른 권한을 확인한다(도메인: 보안).

S: 스푸핑^{Spoofing}

사칭을 방지한다(도메인: 보안).

N: 정책 또는 의무 미준수^{Noncompliant to policy or obligation}

정책 또는 계약상 의무를 강제한다(도메인: 컴플라이언스).

O: 남용^{Overuse}

사용 제한을 강제한다(도메인: 컴플라이언스).

D: 데이터 오류^{Data error}

실수 또는 구성 요소의 장애로부터 데이터 무결성을 유지한다(도메인: 보안).

I: 정보 노출^{Information disclosure}

데이터의 기밀성을 유지한다(도메인: 보안).

R: 부인^{Repudiation}

사용자와 행위의 연관성을 강화한다(도메인: 보안).

T: 변조^{Tampering}

오용 또는 남용으로부터 데이터 무결성을 유지한다(도메인: 보안).

이 위협 모델링 방법론은 일반적으로 STRIDE 접근 방식을 따르지만, 광범위한 설문지와 '스스로 선택하는' 방식의 프로세스를 활용해 비보안 실무자를 가이드하는 데 도움이 된다. 그러나 어떤 면에서는 융통성이 없다.

프로세스 자체에 엄청난 지식이 들어 있기 때문에 '비보안/비개인 정보 보호 실무자가 쉽게 이해할 수 있어야 한다'는 접근 방식으로 대부분 문서화가 잘 돼 있다. 안타깝게도 임상 의료 환경 이외의 영역에 방법론을 적용하려면 높은 수준의 보안 경험과 개인 정보 보호 경험이 필요하다.

게임을 해볼까?

이 책 전체에서 위협 모델링 활동을 효과적으로 수행하고자 개발자와 설계자가 알아야 할 보안을 설명했다. 대부분의 솔루션은 이런 요구에 빠르고 포괄적인 내용을 제공한다. 일부 솔루션은 정보 분야의 대부분의 사람에게 존재하는 창의성, 호기심, 경쟁심을 기반으로 하는 게임과 같은 형태로 제공한다. 일부 상황에서 문서화된 효능과 위협 모델링 기술을 연결시켜 문제를 해결해 보도록 하자. 완벽한 목록은 아니겠지만 지금까지 우리가 발견한 목록을 살펴보자(교육 환경이나 실제 환경에서 사용된 것도 있다). 여러분이 스스로 새로운 것을 찾아볼 수도 있다.

권한 상승 게임을 제작함으로써 위협 모델링의 게임화를 선구한 아담 쇼스탁의 개인 블로그(https://oreil.ly/CkLhg)에서 게임화 실행 목록을 관리하고 있으므로 관심 있는 독자는 정기적으로 방문해 보자.

이 게임이 재미 있는지, 상세한지, 플레이 가능한지는 논의하지 않는다. 교육 툴로서 모든 것이 유효하며 사용 방법에 따라 그 효과는 달라진다. 게임화는 위협 모델링을 장려하고 이 분야의 새로운 개발에 흥미를 느끼게 해주는 도구다.

게임: 권한 상승

저자: 아담 아담 쇼스탁[Adam Shostack]

구현된 위협 방법론: STRIDE

주요 제안: 이 카드 데크[deck]의 슈트[suit]는 STRIDE 방법론(스푸핑, 변조, 부인, 정보 노출, 서비스 거부, 권한 상승)에 따른다. 각 카드는 위협을 제안한다. 예를 들어 10번의 스푸핑 카드는 '공격자는 취약한 인증이나 아예 인증이 없는 것을 사용하도록 선택할 수 있다'라고 써 있다. 해당 카드의 플레이어가 해당 위협을 시스템에 적용한다면 결과물로서 문서화된다. 그렇지 않으면 게임은 낮은/높은 번호의 카드 규칙에 따라 진행된다(그림 3-9 참고).

출처: https://oreil.ly/NRwcZ

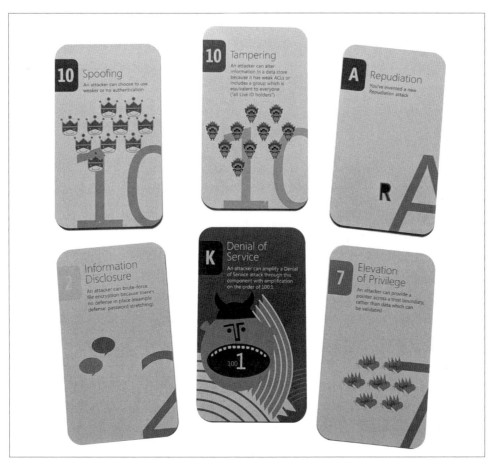

그림 3-9 권한 상승 예제 카드[22]

게임: 권한 및 개인 정보의 승격

저자: 마크 빈코비츠[Mark Vinkovits]

구현된 위협 방법론: STRIDE

주요 제안: LogMeIn의 위협 모델링 관행의 일부로서 위협 모델링과 개인 정보 보호와 관련된 브레인스토밍 활동을 공식화하고, 기존의 권한 상승 게임에 개인 정보 보호 수

---

22 이것은 이자르(Izar)의 보안 게임 개인 컬렉션이다.

트^{suit}를 추가한다. 이 수트에는 실행 가능하고 높은 개인 정보 위험을 표현하는 카드가 포함된다. 예를 들어 10번의 개인 정보 보호 카드는 '프로세스의 법적 근거가 철회되면 귀하의 시스템은 개인 데이터의 삭제 또는 개인 데이터의 익명화를 구현하지 않는다'라고 써 있다.

출처: https://oreil.ly/rorks

OWASP 코르누코피아

저자: 콜린 왓슨^{Colin Watson}과 다리오 드 필리피스^{Dario De Filippis}

구현된 위협 방법론: 없음

주요 제안: OWASP^{Open Web Application Security Project} 코르누코피아^{Cornucopia}는 위협을 식별하기보다 보안 요구 사항을 식별하고 보안 관련 사용자 스토리를 만드는 것을 목표로 한다. OWASP 프로젝트로서 웹 기반 개발에 중점을 두고 있다. OWASP 코르누코피아는 기존 OWASP 형식에서 권한 상승을 추가 수정했고, 전자 상거래 웹 사이트와 관련된 위협을 평가한다.

OWASP 코르누코피아의 제품군은 OWASP 보안 코딩 사례 치트시트^{cheatsheet}와 OWASP 애플리케이션 보안 검증 표준에서 파생됐다. 이 게임의 6개 수트는 데이터 유효성 검사 및 인코딩, 인증, 세션 관리, 권한 부여, 암호화 그리고 포괄적인 수트인 코르누코피아가 있다. 예를 들어 10번의 세션 관리 카드는 '안티 CSRF 토큰과 같이 강력한 랜덤 토큰이나 세션당/요청당 중요한 작업은 상태 변경 작업에 사용되지 않기 때문에 마르세^{Marce}는 요청을 위조할 수 있다'라고 써 있다.

출처: https://oreil.ly/_iUlM

보안 및 개인 정보 위협 발견 카드

저자: 타마라 데닝[Tamara Denning], 바티아 프리드먼[Batya Friedman], 코노 타다요시[Tadayoshi Kohno]

구현된 위협 방법론: 없음

주요 제안: 워싱턴 대학교 컴퓨터 공학부 연구원 팀이 만든 이 카드 데크는 4개의 번호 없는 수트(차원)를 제안한다. 사용자 영향도[human impact], 공격자의 동기[adversary's motivation], 공격자의 리소스[adversary's resource], 공격자의 방법[adversary's method] 카드를 사용하고자 몇 가지 활동을 해야 한다. 분석 중인 시스템의 위협 중요도별로 카드를 정렬하거나 카드를 합치거나('어떤 공격자의 방법이 이 특정 공격자의 동기에 가장 잘 부합하는가?') 현재 사건 뉴스에 동기를 부여해 차원을 탐색하는 새 카드를 만든다.

게임보다는 직접적인 교육 활동과 토론, 차원 분석과 카드 분석을 통해 보안 문제를 이해하고 탐색할 수 있다. 예를 들어 공격자의 리소스 차원에 있는 랜덤 카드를 읽어 보면 '비정상적인 리소스 – 공격자가 접근할 수 있는 예상치 못한 또는 비정상적인 자원은 무엇인가? 비정상적인 리소스가 어떻게 시스템의 공격을 활성화하거나 증폭시킬 수 있는가?'라고 써 있다. 이 데크를 홍보하는 것은 아니지만 카네기 멜론 대학교 소프트웨어 공학 연구소의 낸시 미드[Nancy Mead]와 포레스트 셜[Forrest Shull]이 개발한 하이브리드 위협 모델링 방법론(https://oreil.ly/JTBzU)에서 사용된다. 여기서 이 카드는 위협 모델링 중인 시스템과 관련된 위협을 식별하고자 브레인스토밍 세션을 지원한다.

출처: https://oreil.ly/w6GWI

그림 3-10 보안 및 개인 정보 위협 발견 카드[23]

게임: LINDDUN GO

저자: LINDDUN 팀

구현된 위협 방법론: LINDDUN

주요 제안: LINDDUN GO는 간단한 방법과 개인 정보 위협 유형의 카드(권한 상승 카드에서 영감을 받음)를 통해 도출 단계elicitation phase를 지원한다. 따라서 LINDDUN GO는 이분야를 처음 접하는 사람은 물론 가벼운 접근 방식을 찾는 경험 있는 위협 모델러에게도 좋은 시작이다. 개인 정보 보호에 대한 전문 지식이 필요하지 않으므로 입문자가 처

---

23 이것은 이자르의 보안 게임 개인 컬렉션이다.

음 사용하기에 좋은 교육 도구다(그림 3-11 참고).

출처: https://www.linddun.org/go

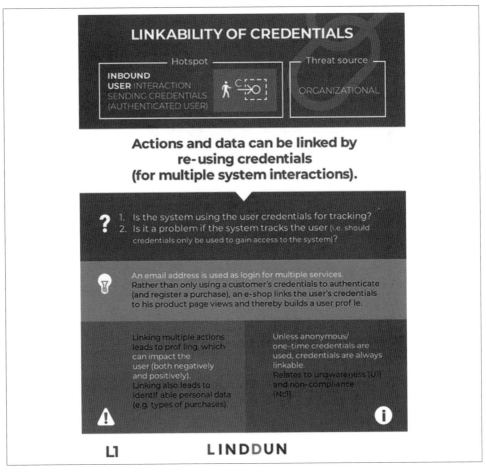

그림 3-11 LINDDUN GO 예제 카드: 자격 증명의 연결 가능성(https://www.lind dun.org/go)

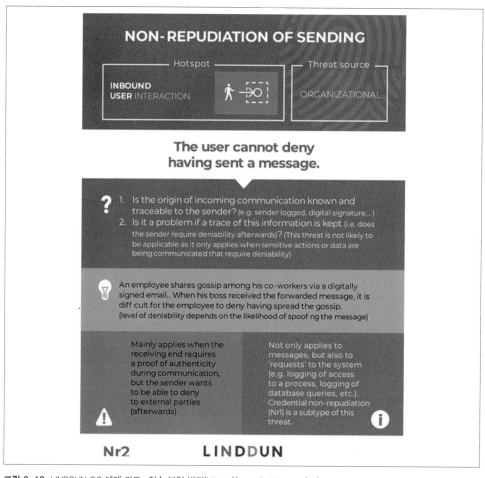

그림 3-12 LINDDUN GO 예제 카드: 전송 부인 방지(https://www.linddun.org/go)

요약

3장에서는 STRIDE의 시작부터 오늘날까지 실용적으로 잘 자리잡은 다양한 위협 분석 접근 방식을 배웠다. 이를 통해 특정 환경이나 개발 스타일, 조직 구성, 특정 과제, 위협 모델링 프로세스의 기대점 등에서 어떤 기술을 주로 사용하는지 알게 됐다. 여러분의 위협 모델에서 위협을 생성하기 위한 설계 방법도 배웠다.

여러분의 환경에 맞는 방법론을 찾기 어렵다면 가장 인기 있는 방법론을 먼저 시도해 보길 추천한다. 이후 새로운 경험을 바탕으로 모델에서 위협을 식별하는 고유한 접근 방식을 설계할 수 있을 것이다. 위협 모델링 커뮤니티(Reddit의 r/ThreatModeling, #threatmodeling에 대한 OWASP의 Slack 작업 공간 또는 위협 모델링을 주제로 탐구하는 인기 있는 보안 콘퍼런스 'Birds-of-a-Feather')에 여러분의 생각을 공유해 보자. 여러분의 경험을 듣길 원한다.

4장에서는 보안과 개인 정보 위협을 '자동으로' 식별하고자 위협 모델링 자동화 수행 방법을 살펴보자.

위협 모델링 자동화

실제 구조물에서 유성 연필로 작업하던 인간에 의해 컴퓨터 기반의 프로세스는 이렇게까지 발전했다.

– 닐 스티븐슨(Neal Stephenson), 『Atmosphæra Incognita』

1장에서 화이트보드에 그림을 그리거나 마이크로소프트 비지오 또는 draw.io와 같은 애플리케이션을 사용해 다양한 유형의 시스템 모델을 '수동으로' 구축하는 방법을 살펴봤다. 이런 모델을 구성할 때 수집해야 하는 정보도 배웠다. 3장에서는 시스템 모델에서 위협 모델링 접근 방식을 이해하고, 평가 중인 시스템의 보안 문제를 식별할 수 있게 됐다. 공격을 수행할 능력과 의도가 있는 공격자를 고려한 수준 높은 위협을 식별하는 방법도 배웠다. 위협 '스택stack'을 깊이 들여다보는 방법론을 통해 위협(약점과 취약점에 의해 시스템의 기능, 데이터, 명성, 브랜드에 재앙을 초래하는)과 위협의 반대 속성에 대한 근본적인 원인을 분석하기도 했다.

이러한 기술과 방법론은 시간과 에너지 그리고 이 접근 방식이 중요하다는 걸 조직에 확신시킬 수 있는 경우 시스템과 위협 모델링 모두 효과적인 접근 방식이다. 그러나 모든 것이 끊임없이 변화하고 모든 것을 코드로 짜야 하기 때문에 개발 팀은 더 짧은 시간에 더 많은 것을 제공해야 한다는 압박을 받는다. 결과적으로 보안 관행은 개발자의 시간이 부족하다는 이유로 그리고 비용이 많이 든다는 이유로 방치되고 있다(인지했거나 인지조차 하지 못했거나). 보안 실무자에게는 어려운 상황이다. 여러분은 조직의 관습을 깨고 보안 엔지니어링 관행을 적용하게끔 영향력을 행사할 수 있는가? 아니면 제품의 품질(더 나아가 최종 제품 보안)이 저하될 수 있음을 알면서도 적은 리소스로 최대한의 작업을 수행할 것인가? 잘 설계된 시스템을 만드는 데 필요한 높은 보안 표준과 세부 사항의 최신화는 어떻게 유지할 수 있을까?

우수한 보안 엔지니어링을 촉진할 수 있는 방법은 시스템과 위협 모델을 수동으로 구축하는 것 대신 자동화로 전환해 여러분의 부담을 줄이고, 비즈니스 및 보안 팀의 요구 사항을 충족하는 것이다. 인간 요소는 위협 모델링 활동의 중요한 부분이지만, 시스템 모델의 구성과 분석은 컴퓨터가 쉽게 수행할 수 있다. 물론 입력값은 제공해야 한다.

자동화는 모델을 설계하는 데 도움이 될 뿐만 아니라 질문에 답하는 데도 도움이 된다. 예를 들어 엔드포인트 X와 Y 사이의 데이터 흐름 A가 중요한 데이터를 미시컬 이브 mythical Eve[1]에 노출시키는지 확실하지 않은 경우 프로그램을 사용해 이를 파악할 수 있다.

4장에서는 발전 중인 기술을 살펴본다. 위협 모델링 기술의 최첨단 생성과 위협 분석 및 결함 도출을 논의할 때 코드를 사용한 위협 모델링threat modeling with code과 코드로부터의 위협 모델링threat modeling from code 자동화 기술을 사용할 수 있다.[2]

툴tool/프로세스process/책임responsibility 없이 어떻게 위협 모델링 자동화가 만들어지는지 궁금할 것이다. 우리도 궁금했다.

위협 모델링을 자동화하는 이유

현실을 직시하자. 위협 모델링은 다음과 같은 이유로 자동화하기 어렵다.

- 전문 인재가 필요하다. 위협 모델링을 잘 만들고자 시스템의 약점을 찾아내야 한다. 이를 위해 훈련(위협 모델링과 관련된 책 읽기 등)과 무엇이 있고, 무엇이 될 수 있는지(그리고 어떻게 잘못될 수 있는지) 적절한 비관적 사고와 비관적 사고가 필요하다.

---

1 랜달 먼로(Randall Munroe), 'Alice and Bob' xkcd 웹툰, https://xkcd.com/177
2 일부는 데브옵스(DevOps) 전문 용어에 맞추고자 코드로서의 위협 모델링(threat modeling as code)이라는 포괄적인 용어를 사용한다. 데브옵스(및 전문 용어)와 마찬가지로 전체 어휘들이 변화하고 있다. 많은 이에 의해 다른 말로 표현되기도 하지만 우리는 이 용어들이 천천히 자리를 잡아가고 있다고 생각한다.

- 다양하고 깊은 지식과 경험이 필요하다. 시스템의 복잡성이 증가하거나 변경 사항이 발생됨에 따라(오늘날 많은 기업이 겪고 있는 디지털 혁신 등) 기술의 변경으로 인한 약점이 가속화된다. 새로운 약점과 위협이 식별되고 새로운 공격 벡터가 생성되므로 보안 실무자는 끊임없이 학습해야 한다.

- 선택할 수 있는 옵션이 너무 많다.[3] 여기에는 모델링된 표현으로 위협 모델링과 분석을 수행하는 툴 및 방법론이 포함되며, 결과[findings]를 기록하고, 완화시키고, 관리하는 방법도 포함된다.

- 다음과 같은 이유로 이해관계자에게 위협 모델링의 중요성을 설득시키기 어려울 수 있다.

  — 모두 바쁘다(이전에 언급했듯이).

  — 개발 팀의 모든 사람이 의도된 대로 또는 설계된 대로 시스템을 이해하지 않는다. 사양[specification]대로 설계되지 않을 수 있으며, 정확하게 구현되지 않을 수 있다. 분석 중인 시스템의 현재 상태를 정확하게 설명할 수 있는 사람을 찾기 어렵다.

  — 모든 설계자와 코더[coder]가 그들이 작업하고 있는 것을 완벽하게 이해하고 있는 건 아니다. 소규모의 능률적인 팀을 제외하고, 모든 팀원이 다른 사람의 작업을 이해하고 있지 않다. 이것을 3명의 맹인과 코끼리(https://oreil.ly/9EJxo) 개발 방법론이라고 부른다.

  — 일부 팀원(작은 수만 가능)은 완벽하지 않은 의도를 갖고 있다. 즉 방어적이거나 의도적으로 오해의 소지가 있는 진술을 할 수 있다.

- 코드를 읽을 수는 있지만 전체 그림을 볼 수 없다. 코드가 있는 경우 코딩으로 완화할 수 없는 설계로 인해 발생될 수 있는 심각한 실수를 피할 기회를 놓쳤을 수 있다. 때로는 코드에서만 오버레이 설계를 도출하는 것이 어려울 수 있다.

---

3   우리는 20개 이상의 방법론과 변형을 계산했다.

- 시스템 모델을 생성하려면 시간과 노력이 필요하다. 그리고 계속 변화하기 때문에 시스템 모델을 관리하는 데 시간이 소요된다. 구현됨에 따라 시스템 요구 사항이 수정되고 시스템 설계가 변경되기 때문에 시스템 변경 사항을 최신으로 유지해야 한다.

이것은 보안 커뮤니티에서 오랫동안 활동했던 구성원들이 개발 수명 주기 동안 방어적으로 위협 모델링을 사용하길 꺼렸던 이유다.[4] 솔직히 말해서 이런 이유들로 인해 자동화는 어렵다.

하지만 걱정하지 말자! 보안 커뮤니티는 잠 못 이루는 힘든 문제를 해결하고자 도전을 부끄러워하지 않는다. 자동화는 아래와 같은 문제를 해결하는 데 도움이 된다(그림 4-1 참고).

그림 4-1 '매우 작은 셸 스크립트'(출처: https://oreil.ly/W0Lqo)

자동화를 사용하는 데 어려운 부분은 시스템의 복잡성과 인간의 두뇌가 더 잘할 수 있는 패턴 인식을 프로그램이 수행할 수 없다는 점이다.[5] 시스템을 실제로 만들지 않고도 컴퓨터가 이해할 수 있는 방식으로 시스템을 표현하는 것은 어렵다. 결과적으로 두 가지 접근 방식을 사용할 수 있다.

---

4 「DtSR Episode 362 – Real Security Is Hard」, Down the Security Rabbit Hole Podcast, https://oreil.ly/iECWZ

5 오피르 탄즈(Ophir Tanz), 「Can Artificial Intelligence Identify Pictures Better than Humans?」 2017년 4월, https://oreil.ly/Fe9w5

코드로부터의 위협 모델링

제공된 입력 데이터를 표현하는 모델에서 위협을 분석하고자 프로그래밍 언어 또는 새로 정의된 도메인 특화 언어^{DSL, Domain-Specific Language}로 컴퓨터 코드를 만들어 결과를 얻는 것

코드를 사용한 위협 모델링(코드 안의 위협 모델링이라고도 함)

위협이나 취약점을 식별하고자 컴퓨터 프로그램을 사용해 제공된 정보를 해석하고 처리하는 것

두 접근 방식 모두 GIGO 문제를 해결하는 데만 효과적일 것이다. 얻은 결과는 자동화를 위한 입력 품질(시스템 및 해당 속성 설명)과 직접적인 관계가 있어야 한다. 주어진 입력값이 유효하고 그에 해당하는 결괏값을 생성할 수 있도록 두 접근 방식 모두 분석에 사용된 알고리듬과 규칙이 '정확'해야 한다. 두 가지 구현 모두 잠재적인 보안 문제를 식별하고자 요소와 상호 연결, 데이터의 정보를 이해하고 시스템 모델을 해석할 수 있는 전문 인력이 필요하지 않을 수 있다. 물론 정확하게 수행하고자 프레임워크나 언어가 이 분석을 지원하고 프로그래밍돼 있어야 한다.

먼저, 기계가 읽을 수 있는 형식으로 시스템 모델을 구축하는 방법을 설명한 후, 위협 모델링 자동화의 유형별 이론과 이를 구현하는 상용 및 오픈 소스 프로젝트를 살펴보겠다. 4장의 뒷부분(그리고 5장)에서 이런 개념을 활용해, 빠르게 발전하는 데브옵스 및 CI/CD를 따라잡기 위한 진화적인 위협 모델링 기술 정보도 다룰 것이다.

기본적으로 위협 모델링은 분석하기에 충분한 데이터를 포함하는 정보 형태의 입력에 의존하며 이 정보를 통해 위협을 식별할 수 있다. 위협 모델링을 수행하려고 인간 지능^{human intelligence}이 아닌 코드를 사용하는 경우 평가할 시스템을 기술하고(예를 들어 결과물의 분석 및 문서화를 지원하는 데 필요한 메타데이터와 함께 시스템을 구성하는 엔티티, 흐름, 이벤트 시퀀스), 애플리케이션이 시스템 표현을 렌더링 및 분석해 결과를 생성하고, 선택적으로 시스템 표현을 다이어그램으로 렌더링한다.

코드로부터의 위협 모델링

코드로부터의 위협 모델링은 기계 가독 형태^{machine-readable format}로 저장된 시스템 정보를 처리해 약점, 취약점, 위협과 관련된 출력 정보를 생성한다. 데이터베이스 또는 찾아야 하는 것의 규칙을 기반으로 수행하고, 예상치 못한 입력에 탄력적이어야 한다(이러한 유형의 애플리케이션은 입력 데이터를 해석하는 데 사용하기 때문에). 즉 코드로부터의 위협 모델링은 위협을 생성하는 시스템 모델을 만들고자 해석된 접근 방식^{interpreted approach}이다.

코드로부터의 위협 모델링은 '스레트스펙^{Threatspec}'에서 설명한 것과 같이 코드 안의 위협 모델링^{threat modeling in code}이라고도 한다.

 '코드로부터의 위협 모델링'이라는 문구는 위협을 식별하고자 시스템 캡처와 관리, 정보 처리 방법에 대한 두 가지의 개념을 결합한 진화된 사고다. 코드 안의 위협 모델링 아이디어는 이자르(Izar)와 프레이저 스콧(Fraser Scott)(나중에 설명할 스레트스펙의 설립자)과 나눈 대화에서 비롯됐다. 코드 모듈은 시스템 표현과 위협 정보를 저장할 수 있고(코드 또는 기타 문서와 함께), 수명 주기 내내 유지될 수 있다는 개념이다. 정보를 처리하는 툴링을 실행해 의미 있는 데이터를 출력할 수 있다. 이자르와 스레트플레이북(ThreatPlaybook)의 설립자인 아브하이 바르가브(Abhay Bhargav)가 나눈 코드로부터의 위협 모델링 대화에서 '위협 정보는 인코딩될 수 있지만 의미 있는 뭔가와 연관성이 있고 랭글링(wrangle)돼야 한다'라는 결론이 나왔다. 종합적으로, 이러한 패러다임은 코드로서의 위협 모델링이 발전하고 있는 영역이며, 이에 따라 다양한 소스의 데이터를 해석하고 조작하는 것이 중요한 작업임을 의미한다.

작동 원리

코드로부터의 위협 모델링에서는 프로그램(코드)을 사용해 기계 가독 형태로 생성된 정보(시스템 모델과 그 구성 요소, 구성 요소의 데이터)를 분석한다. 프로그램은 입력 시스템 모델과 데이터를 해석하고, 위협 분류와 약점 분류, 탐지 기준을 사용해 (a) 잠재적인 결과물^{finding}을 식별하고 (b) 사람이 해석할 수 있는 결과로 제작한다. 일반적으로 출력물은 텍스트 문서 또는 PDF 형식의 보고서다.

스레트스펙

스레트스펙은 개발 팀과 보안 실무자를 대상으로 하는 오픈 소스 프로젝트다. 위협 정보와 코드를 편리하게 문서화할 수 있으므로 정보에 입각한 위험 결정 문서 또는 보고서를 만들 수 있다. 스레트스펙은 https://threatspec.org에서 프레이저 스콧^{Fraser Scott}에 의해 작성되고 유지된다.

 스레트스펙은 다음과 같은 이유로 코드로부터의 위협 모델링 툴에 포함됐다.

- 코드가 존재해야 한다.
- 위협 정보를 더 쉽게 문서화할 수 있다.
- 자체적으로 분석이나 위협 탐지를 수행하지 않는다.

스레트스펙 사용 이점은 다음과 같다.

- 코드 주석을 사용해 코더에게 보안을 고려할 요소를 제공한다.

- 조직에서 개발 팀이 사용할 수 있는 위협과 기타 구조의 공통 용어를 정의할 수 있다.

- 위협 모델링과 분석의 보안 논의를 촉진한다.

- 다이어그램과 코드 스니펫[6]을 포함해 상세하고 유용한 문서를 자동으로 생성한다.

스레트스펙은 코더가 위협 정보를 코드 주석에 달게 함으로써 개발 프로세스에 보안적인 요소를 쉽게 제공하지만, 염두에 둬야 할 몇 가지 단점이 있다.

첫째, 툴을 사용하고자 코드가 존재하거나 코드가 주석과 함께 생성돼 있어야 한다. 이는 설계가 이미 확정됐다는 의미로 개발 팀은 주로 보안 문서를 작성하게 된다. 보안 문서를 작성하는 것은 가치가 있지만 위협 모델링은 아니다. 이러한 유형의 프로젝트는 위협 모델링이 '오른쪽으로 이동'하게 되며 이는 잘못된 방향이다.

---

6   스니펫(snippet)은 재사용할 수 있는 소스 코드, 기계어, 텍스트의 작은 부분을 일컫는 프로그래밍 용어다. – 옮긴이

그러나 스레트스펙 문서에서 데브옵스와 같이 모든 것을 코드로 해결하는 환경이 가장 효율적으로 툴을 사용할 수 있다는 것을 보여 준다. 이런 환경에서는 설계 대 코드 개발은 닭이 먼저냐 달걀이 먼저냐 하는 문제가 되지 않는다. 스레트스펙은 최근에 이 정보를 구문 분석할 수 있는 일반 텍스트 파일에 넣어 코드를 작성하지 않고도 위협과 주석을 문서화하는 기능을 추가했다. 이것은 개발 수명 주기에 많은 구조를 갖고 있거나 엄격한 시스템 엔지니어링 관행을 따르는 팀의 잠재적 우려를 완화할 수 있다.

둘째, 개발 팀은 전문적인 지식이 요구된다. 팀은 위협이 무엇인지 설명하는 방법에 전문가의 가이드가 필요하다. 즉 확장성 문제를 직접 해결할 수 없다는 의미다. 이 접근 방식은 툴 문서에 기재된 대로 개발 팀과 보안 전문가의 토론 또는 가이드 활동에 적합하다. 그러나 이 방식으로 계속 진행한다면 보안 전문가의 병목 현상이 발생되고 확장성은 더욱 어려워진다. 개발 팀의 여러 가지 훈련을 통해 이 장애물을 극복하거나 개발 그룹 내에 보안 전문가를 둬 코드가 개발되는 시점과 상황에 맞는 토론을 촉진할 수 있다.

 미래에는 스레트스펙이 정적 코드 분석 툴의 산출물을 가져오고, 코드로부터 위협을 설명하는 주석을 생성할 것이다(코더가 스스로 문서화하거나 의지에 따라 문서화하는 것이 아니라). 스레트스펙은 소스 코드에 직접 접근할 수 있기 때문에 개선 사항으로 검증 활동을 수행하고 위협이나 위험, 약점 발견 시 소스 코드에 직접 피드백을 줄 수 있다. 위협을 기능적인 안전과 개인 정보 보호 영역으로 확장한다면 시스템 보안, 개인 정보 보호, 안전 태세에 포괄적인 관점을 얻을 수 있다. 이는 컴플라이언스 담당자 또는 규제 기관(PCI-DSS 컴플라이언스, GDPR, 기타 규제 환경 등)을 대응할 때 중요하며, 후속 활동으로서 근본 원인이나 위험 분석을 지원한다.

https://oreil.ly/NGTI8의 깃허브[GitHub]에서 스레트스펙을 다운받을 수 있다. 스레트스펙을 실행하고 보고서를 생성하려면 파이썬[Python] 3와 그래프비즈[Graphviz](https://www.graphviz.org)가 필요하다. 스레트스펙의 설립자/관리자는 보안 커뮤니티, 특히 OWASP 위협 모델링 작업 그룹과 스레트스펙 Slack에서 활동하며, 툴의 피드백과 기부를 권장한다.

스레트플레이북

스레트플레이북은 아브하이 바르가브가 이끄는 we45 사람들이 제공하는 오픈 소스 프로젝트다. '애플리케이션 보안 테스트 자동화를 위한 협업 위협 모델링 데브옵스 프레임워크'로 홍보하고 있다. 개발 팀을 대상으로 보안 취약점 탐지 자동화와 검증 자동화를 추진하고, 위협 정보를 문서화하기 편리한 방법으로 제공한다. 스레트플레이북에는 정식 버전(V1)과 베타 버전(V3)이 있으며 V2는 배포하지 않았다.[7]

 스레트플레이북의 강점은 위협 모델링 정보 사용을 촉진하는 것이다.

- 위협 정보를 더 쉽게 문서화할 수 있다.
- 보안 테스트 자동화와 같은 오케스트레이션(orchestration)과 취약점 검증을 위해 다른 보안 툴과 연동돼 있다.
- 자체적으로 분석이나 위협 탐지를 수행하지 않는다.

스레트플레이북은 몽고DB의 GraphQL(https://graphql.org)을 사용하며, 취약점 검증을 위한 테스트 오케스트레이션을 지원하고자 YAML 기반의 사용 사례와 위협 기술 구성descriptive constructs을 사용한다. 또한 전체 API와 클라이언트 애플리케이션, 보고서 생성기를 제공한다. 테스트 자동화 통합의 경우 두 가지 옵션이 있는데 하나는 오리지널 로봇 프레임워크Robot Framework 라이브러리[8]이고 나머지 하나는 자체 테스트 오케스트레이션 프레임워크 기능인 V3다. 문서에 따르면 스레트플레이북은 OWASP ZAPZed Attack Proxy (https://oreil.ly/-MRM1)와 포트스위거PortSwigger의 버프 스위트Burp Suite(https://oreil.ly/59620), npm-audit(https://oreil.ly/ZvpkT)와 연동돼 있다(로봇 프레임워크를 통해).

https://oreil.ly/Z2DZd의 깃허브 또는 파이썬의 pip 유틸리티를 통해 스레트플레이북을 다운받을 수 있다. 웹사이트(https://oreil.ly/KVrxC)에 스레트플레이북의 설치/구성 방법과 사용 방법에 관한 문서와 비디오가 있으니 참고하자.

---

7   자세한 내용은 https://oreil.ly/IhSPc에서 스레트북플레이 문서를 참고하자.

8   https://oreil.ly/GWGKP에서 테스트용 오픈 소스 프레임워크인 로봇 프레임워크를 참고하자.

코드를 사용한 위협 모델링

시스템 개발 수명 주기의 위협 모델링 활동을 용이하게 하고자 코드를 사용하는 스레트 스펙 및 스레트플레이북과 달리 코드를 사용한 위협 모델링은 기술 언어^{description language} 중 하나와 같은 형식으로 인코딩된 시스템 기술^{system description} 또는 아키텍처를 사용하고, 자동화된 위협 식별과 보고서를 위한 분석을 수행한다. '코드를 사용한' 패러다임을 따르는 이 유틸리티는 시스템 모델 정보를 읽을 수 있고, 보안 전문가의 지식과 전문성을 응집해 의미 있는 결과를 도출할 수 있으며, 보안 전문가가 더 큰 개발 커뮤니티로 확장할 수 있는 툴이다.

작동 원리

사용자는 프로그래밍 언어로 프로그램을 작성해 시스템 표현과 그 구성 요소의 표현, 구성 요소의 정보를 구성한다. 이 프로그램은 시스템의 정보를 코드로 기술하고 분석을 위한 제약 조건을 제공한다. 결과 프로세스는 API(기능)를 사용해 모델링된 시스템 상태와 속성의 위협을 분석한다. '소스 코드'가 컴파일되고 실행될 때(또는 사용 중인 언어의 특성에 따라서 해석될 때) 결과 프로그램은 모델링된 시스템의 특성과 제약 조건을 기반으로 보안 위협 결과물을 생성한다.

화이트보드를 사용하지 않고 모델을 생성하는 개념은 당시 애리조나 대학교 교수인 A. 웨인 와이모어^{A. Wayne Wymore}가 『Systems Engineering Methodology for Interdisciplinary Teams』(Wiley)를 출판한 1976년부터 있었다. 이 책과 이후 출판된 책들은 모델 기반 시스템 엔지니어링^{MBSE, Model-Based Systems Engineering}(https://oreil.ly/oPYSL)으로 알려진 기술 영역의 토대를 마련했다. MBSE로부터 배운 교훈은 1장의 시스템 모델링 구성과 계산 분석을 위해 시스템을 기술하는 언어(간략하게 논의할 예정이다)에 영향을 미쳤다.[9]

아키텍처 기술 언어^{ADL, Architecture Description Languages}는 시스템 표현을 기술한다. ADL은 시스템 설계 언어^{SDL, System Design Languages}(https://oreil.ly/BbyQZ)와 관련 있다. ADL 세트에서 2개의 언어는 보안 위협을 찾는 시스템 모델을 구축하고 분석하는 기능을 제공한다.[10]

---

9   A. 와이모어(A. Wymore)의 자서전은 애리조나 대학교 사이트(https://oreil.ly/mPG3s)에서 볼 수 있다.

10 ADL 조사는 스테판 비요르난데르(Stefan Bjornander)의 「Architecture Description Languages」(https://oreil.ly/AKo-w)에서 확인할 수 있다.

- 아키텍처 분석 및 설계 언어^{AADL, Architecture Analysis & Design Language}(https://oreil.ly/lZdg0)

- 구성 요소 기반 시스템 모델링을 위한 Acme(https://oreil.ly/rVV2G) 기술 언어

시스템 엔지니어링은 실시간 시스템과 임베디드 시스템 모델을 생성할 때 크고 표현력이 뛰어난 AADL을 사용한다. 특히 기능 안전이 요구되는 항공전자와 자동차 시스템 분야에 적합한데, 이는 시스템 동작과 관련해 인간의 건강과 생명에 영향을 줄 수 있기 때문이다. ACME는 표현력이 떨어지므로 덜 복잡하거나 크기가 작은 시스템에 적합하다 (구성 요소와 상호작용의 수로 정의됨). ACME는 무료로 사용할 수 있는 언어다. AADL은 유료 라이선스(https://oreil.ly/zotv4)가 필요하지만, 일부 교육 자료는 무료로 제공되므로 여러분도 이 언어를 익힐 수 있다.[11]

시스템과 소프트웨어 엔지니어가 오늘날에도 여전히 사용하는 이 언어의 간단한 개념을 소개한다. 1장에서 설명한 개념과 유사하다.

구성 요소

프로세스 또는 데이터 저장소와 같은 기능 단위를 나타낸다.

커넥터

구성 요소 간의 관계와 통신 파이프라인을 설정한다.

시스템

구성 요소와 커넥터의 특정 구성을 나타낸다.

포트

구성 요소와 커넥터가 상호작용하는 지점이다.

역할

시스템 내 요소의 기능에 유용한 통찰력을 제공한다.

---

11 AADL 리소스 페이지, http://www.openaadl.org

속성 또는 주석

분석 또는 문서화에 사용할 수 있는 각 구성 정보를 제공한다.

 ACME와 AADL(https://oreil.ly/yKn-I) 모두, 포트는 객체와 흐름 사이의 연결점으로 존재한다. 드로잉, 수동 분석 기법, 속성 객체를 사용하는 자동화 방법론을 통해 이 모델링 기술의 개념을 설명한다. 이것을 시스템 모델의 가독성을 높이고자 기존 DFD(1장에서 설명됨)의 개선 버전으로 사용하길 권장한다. 분석하기 어려운 다중 데이터 흐름이 있는 복잡한 시스템은 데이터 흐름의 보호 체계 또는 프로토콜을 유지하기 어려운데, 이 개념은 이러한 시스템 모델의 특성이나 아키텍처 제약 조건을 포함시킨다. 포트를 사용하면 이런 시스템 분석과 다이어그램 렌더링에 도움이 된다.

위협 모델링을 위한 최소한의 아키텍처 기술 언어

시스템 모델을 기술하고 분석하는 데 필요한 정보는 무엇인가? 1장에서 배운 '손으로' 드로잉해 표현한 방법을 기억해 보자. 다음의 정보가 필요하다.

- 시스템에 존재하는 엔티티

- 엔티티가 상호작용하는 방식 – 데이터 흐름을 통해 연결되는 요소

- 요소와 데이터 흐름의 특성

이는 잠재적인 약점과 위협을 나타내는 패턴을 식별할 수 있도록 시스템 모델을 기술하는 자동화 핵심 요구 사항이다. 시스템을 기술하는 언어 또는 구성은 기본 엔티티 관계를 지정하고 요소(및 요소 컬렉션), 포트, 데이터 흐름의 핵심 단위를 기술할 수 있어야 한다.

또한 시스템과 그 요소의 객체^{object} 속성(누가, 무엇을, 왜)에 메타데이터를 포함해야 한다. 메타데이터는 다음과 같은 여러 가지 이유로 시스템을 표현한다.

- 메타데이터는 보안 제어와 프로세스의 틈을 식별하고 개발 팀이 사용할 보고서/문서를 작성하는 데 필요한 배경 정보를 제공한다. 이 메타데이터에는 시스템 모

델의 객체 이름, 애플리케이션과 프로세스 이름, 구현과 유지보수를 담당하는 담당자/팀, 시스템 객체의 목적 등이 포함된다.

- 나중에 쉽게 참조하고, 문서화와 다이어그램 렌더링을 용이하게 하고자 각 객체에 간단한 식별자를 할당한다.

- 고려 중인 시스템에서 관리되고 저장되는 데이터의 가치(예를 들어 시스템 사용자의 중요 데이터 또는 재정적 가치) 등 특정 정보를 제공할 수 있다. 또한 시스템 기능이 제공하는 가치, 위험 식별, 우선순위에 관한 시스템 지원 정도, 문서화에 필요한 기타 정보를 제공해야 한다. 이 정보는 보안 문제를 식별하는 데 꼭 필요한 것은 아니지만, 위험을 평가하고 우선순위를 매기고 보고서를 만들 때 필요하다.

요소와 컬렉션

객체는 시스템의 다른 객체와 연결되며, 위협 분석과 관련된 속성을 갖는다. 이런 객체를 요소^{element}라고 한다. 요소는 프로세스, 객체, 행위자 그리고 시스템의 데이터도 나타낼 수 있다. 데이터는 요소 또는 데이터 흐름과 연결된다(자세한 내용은 175페이지의 '데이터와 데이터 흐름' 절을 참고하자).

컬렉션은 특별한 형태의 요소다. 컬렉션은 분석을 위한 공통성^{commonality} 또는 참조점$^{reference point}$을 세우고자 요소의 추상 관계 그룹화$^{abstract relationship grouping}$를 형성한다(데이터 흐름이나 임의의 고아 요소$^{arbitrary orphaned element}$, 포트로 확장할 수 있다). 그룹의 가치나 목적이 중요한 아이템 그룹을 표현할 수 있다. 그룹화는 그룹 구성원과 무관하게 분석 정보를 제공할 수 있다. 특정 요소가 그룹의 일부로 작동하거나 존재하는 경우 각 요소 자체에서는 볼 수 없는 공유 기능의 단서를 제공할 수 있다. 다음의 내용이 컬렉션에 포함된다.

시스템

요소 집합이 더 큰 복합 요소의 멤버로 구성된다. 드로잉의 목적과 다양한 수준의 세분화 분석을 위해 시스템은 컬렉션 또는 요소로 표현할 수 있다. 1장에서 논의한 것과 같이 시스템 모델을 드로잉할 때 프로세스는 요소에서 시작하고 대표적인 부분으로 분해한다. 시스템의 주요 구성 요소를 나타내는 콘텍스트 또는 초기 레이어를 생성할 때 단일 심벌이 하위 구성 요소를 표현하는 데 사용됐다는 것을 기억해 보자. 높은 수준의 특수성을 갖고(확대해) 드로잉하면 대표적인 부분으로 개별화된다. 기술 언어로 시스템 모델을 만들 때 대표적인 부분을 개별적으로 지정하고 편의를 위해 그룹화해야 한다(일반적으로 각 관계의 인디케이터나 공유 레이블을 할당한다).

실행 콘텍스트

프로세스가 실행되는 콘텍스트나 분석 중인 데이터의 단위를 고려하는 것은 매우 중요하다. 실행 콘텍스트 컬렉션을 사용해 가상 또는 물리적인 CPU, 컴퓨팅 노드, 운영체제 등 프로세스와 같은 항목을 작동하는 범위 내에서 연관시킨다. 이를 이해하면 교차 콘텍스트 문제와 어뷰징 기회를 식별하는 데 도움이 된다.

신뢰 경계

요소 컬렉션은 순수하게 추상적이거나 임의적일 수 있으며 물리적 또는 가상의 인접성을 요구하지 않는다. 시스템 모델에서 객체를 정의할 때 모든 시스템 구성 요소를 알긴 어렵다. 따라서 신뢰 관계를 공유하는 컬렉션으로서 요소 집합을 연관 짓거나 해당 요소와 컬렉션에 없는 다른 요소 간의 신뢰 변경을 연관 짓는 데 도움이 된다.

노드와 연관된 정보(요소의 다른 이름)는 객체의 속성 또는 객체의 특성으로 인코딩되며 분석과 문서화를 위한 중요한 정보를 제공한다. 정확한 시스템 모델 검사와 위협 분석을 지원하려면 요소에 기본 속성이 있어야 한다.[12] 대표적인 예제는 다음과 같다.

```
Element:
  contains    ❶
  exposes     ❷
  calls       ❸
  is_type:    ❹
    - cloud.saas
    - cloud.iaas
    - cloud.paas
    - mobile.ios
    - mobile.android
```

---

12 시스템 내에서 객체를 보여 주는 여러 가지 방법이 있다. 이것은 우리의 연구를 기반으로 이상적이거나 대표적인 속성 집합을 보여 준다. 이 책에 포함시키고자 목록이 일부 수정됐으며 원본은 https://oreil.ly/Vdiws에서 확인할 수 있다.

```
    - software
    - firmware.embedded
    - firmware.kernel_mod
    - firmware.driver
    - firmware
    - hardware
    - operating_system
    - operating_system.windows.10
    - operating_system.linux
    - operating_system.linux.fedora.23
    - operating_system.rtos
is_containerized                    ❺
deploys_to:
    - windows
    - linux
    - mac_os_x
    - aws_ec2
provides
    - protection                    ❻
    - protection.signed
    - protection.encrypted
    - protection.signed.cross        ❼
    - protection.obfuscated
packaged_as:                        ❽
    - source
    - binary
    - binary.msi
    - archive
source_language:                    ❾
    - c
    - cpp
    - python
uses.technology:                    ❿
    - cryptography
    - cryptography.aes128
    - identity
    - identity.oauth
    - secure_boot
    - attestation
requires:                           ⓫
```

```
      - assurance
      - assurance.privacy
      - assurance.safety
      - assurance.thread_safety
      - assurance.fail_safe
      - privileges.root
      - privileges.guest              ❷
  metadata:                           ❸
      - name
      - label
      - namespace
      - created_by
      - ref.source.source             ❹
      - ref.source.acquisition        ❺
      - source_type.internal          ❻
      - source_type.open_source
      - source_type.commercial
      - source_type.commercial.vendor
      - description                   ❼
```

❶ 데이터가 포함된 요소(예를 들어 시스템의 시스템)에 연결된 요소 목록(배열 또는 사전)

❷ 포트 노드 목록

❸ 한 요소에서 다른 요소로의 데이터 흐름 설정

❹ 요소의 유형(일반 또는 특정)

❺ 부울 특성은 True 또는 False, (set), (unset)일 수 있음

❻ 일반 보호 체계

❼ 마이크로소프트 인증 코드Microsoft Authenticode 교차 서명 지원 사용

❽ 사용 중인 요소는 어떤 형태인가?

❾ 시스템이 소프트웨어이거나 소프트웨어를 포함하는 경우 사용하는 언어는 무엇인가?

❿ 구성 요소에서 사용하는 특정 기술이나 기능

⓫ 구성 요소가 존재하기 위해 필요하거나 가정하는 것은 무엇인가?

⓬ 적용되는 값만 설정해야 함. 속성 충돌에 주의

⓭ 보고, 참조, 기타 문서의 일반 정보

⓮ 소스 코드나 문서가 있는 위치 참조

⓯ 이 구성 요소의 출처 참조(예를 들어 프로젝트 사이트)

⓰ 이 구성 요소는 내부 소스였음

⓱ 임의의 사용자 정의 정보

요소는 다른 엔티티나 객체의 특정 관계를 지원해야 한다.

- 요소는 다른 요소를 포함할 수 있다.

- 요소는 포트를 노출할 수 있다(포트는 다음 절에서 설명한다).

  — 포트는 데이터와 연관 있다.

- 요소는 포트를 통해 다른 요소와 연결해 데이터 흐름을 설정할 수 있다.

- 요소는 다른 요소를 호출할 수 있다(예를 들어 실행 파일이 공유 라이브러리를 호출하는 경우).

- 요소는 데이터를 읽거나 쓸 수 있다(데이터 객체는 175페이지의 '데이터와 데이터 흐름' 절을 참고하자).

포트

포트는 노드 간의 상호작용이 발생하는 진입점 또는 연결점을 제공한다. 포트는 노드(특히 프로세스를 표현하는 노드)에 의해 노출되며 프로토콜과 관련이 있다. 또한 포트를 통과하는 후속 통신에서 기대하는 안전과 같은 보안 요구 사항을 식별한다. 포트에서 제공하는 방법으로 노출된 통신 채널을 보호한다. 이런 방법 중 일부는 포트를 노출하는 노드(예를 들어 TLS로 보호되는 트래픽을 위해 포트를 여는 노드) 또는 포트 자체(예를 들어

물리적으로 안전한 인터페이스)에서 비롯된다.

컴퓨터 프로그램이 사용 가능하고 가독성을 높이고자[13] 프로토콜별로 통신 흐름을 식별하고 분리해야 한다. 프로토콜마다 전체 보안 설계에 영향을 줄 수 있는 다양한 구성 옵션이 있을 수 있으므로 통신 흐름에 과부하가 걸리지 않도록 해야 한다. 예를 들어 동일한 서비스와 동일한 포트를 통해 WebSocket과 RESTful를 상호작용하는 HTTPS 서버는 2개의 통신 흐름을 사용해야 한다. 동일한 인터페이스를 통해 HTTP와 HTTPS 모두를 지원하는 프로세스는 별도의 통신 채널로 모델에 기술해야 한다. 이로 인해 시스템 분석이 용이해질 것이다.

포트와 관련된 속성에는 다음이 포함된다.

```
Port:
  requires:                     ❶
    - security                  ❷
    - security.firewall         ❸
  provides:                     ❹
    - confidentiality
    - integrity
    - qos
    - qos.delivery_receipt
  protocol:                     ❺
    - I2C
    - DTLS
    - ipv6
    - btle                      ❻
    - NFS                       ❼
  data:                         ❽
    - incoming                  ❾
    - outbound                  ❿
    - service_name              ⓫
    - port                      ⓬
  metadata:                     ⓭
    - name
    - label
    - description               ⓮
```

---

13 '다음 관리자'가 프로그램 흐름을 이해하기 쉽도록 단순하게 코드를 짜는 것이 좋다.

❶ 이 포트가 요구하거나 기대하는 것은 무엇인가?

❷ 이것이 설정되면 포트를 보호하려고 보안 메커니즘의 일부 형태가 배치된다는 것을 의미한다.

❸ 이 포트를 보호하고자 방화벽이 있어야 한다(특정 보안 보호의 예제로서).

❹ 포트는 어떤 기능을 제공하는가?

❺ 포트는 어떤 프로토콜을 사용하는가?[14]

❻ 블루투스 저에너지

❼ 네트워크 파일 시스템

❽ 이 포트와 연관된 데이터는 무엇인가?

❾ 이 포트로 전송되는 데이터(데이터 노드, 목록)

❿ 이 포트에서 전송하는 데이터(데이터 노드, 목록)

⓫ 특히 이 객체가 잘 알려진 서비스를 나타내는 경우, 노출된 서비스를 설명한다.[15]

⓬ 숫자로 된 포트 번호(임시 포트 번호 아님)

⓭ 보고서, 참고 문서, 기타 문서의 일반적인 정보

⓮ 임의의 사용자 정의 정보

데이터와 데이터 흐름

데이터 흐름(데이터 흐름의 예제는 1장 참고)은 다이어그램의 연결선이 되기 때문에 에지 edge라고도 한다.[16] 데이터 흐름은 데이터 객체가 요소와 요소 사이를(포트를 통해) 이동

---

14 I2C에 익숙하지 않은 독자는 스콧 캠벨(Scott Campbell)의 「Basics of the I2C Communication Protocol」(https://oreil.ly/2YkQX) Circuit Basics 페이지를 참고하자.

15 「Service Name and Transport Protocol Port Number Registry」 IANA, https://oreil.ly/1XktB를 참고하자.

16 에지와 그래프의 논의는 빅터 아담치크(Victor Adamchik)의 「Graph Theory」를 참고하자. https://www.academia.edu/28699948/ Graph_Theory_Victor_Adamchik_Fall_of_2005에서 PDF를 다운받을 수 있다. – 옮긴이

하는 경로다.

데이터 흐름에서 데이터를 분리하는 것이 왜 중요한지 또는 왜 유용한지 궁금할 것이다. 통신 채널은 일반적으로 고속도로와 유사하게 임의의 정보가 이동할 수 있는 경로 path 또는 파이프pipe다. 데이터 채널 자체에는 일반적으로 채널을 통해 흐르는 데이터의 민감도를 알 수 없다. 또한 비즈니스 가치, 중요도, 보호 요구 사항이나 사용 요구 사항으로 영향을 줄 수 있는 것을 인지할 수 없다. 데이터 노드를 사용하고 데이터 흐름과 연관시켜서 다양한 유형의 데이터를 데이터 흐름 간에 전달하는 시스템을 추상화로 표현할 수 있다.

당연할 수 있지만 데이터 흐름을 통과하는 데이터의 가장 제한적인 분류를, 데이터 흐름 자체의 데이터 분류로 할당해야 한다. 이렇게 하면 데이터 흐름 내에서 전달되는 데이터를 보호하기 위한 요구 사항이 생기기 때문이다. 변종 분석을 지원하고자 시스템 표현을 템플릿화할 수 있다. 즉 데이터 흐름과 관련된 다양한 데이터 조합을 테스트해 보안 문제가 발생할 시기를 예측할 수 있다.

다음은 데이터에 제안된 몇 가지 속성이다.

```
Data:
  encoding:
    - json
    - protobuf
    - ascii
    - utf8
    - utf16
    - base64
    - yaml
    - xml
  provides:
    - protection.signed
    - protection.signed.xmldsig
    - protection.encrypted
  requires:
    - security
    - availability
    - privacy
```

```
  - integrity
is_type:                        ❶
  - personal
  - personal.identifiable       ❷
  - personal.health             ❸
  - protected
  - protected.credit_info       ❹
  - voice
  - video
  - security
metadata:                       ❺
  - name
  - label
  - description                 ❻
```

❶ 이 객체가 표현하는 데이터 유형

❷ 개인 식별 정보^{PII, Personally Identifiable Information}

❸ 개인 건강 정보^{PHI, Protected Health Information}

❹ PCI-DSS 보호 데이터

❺ 보고서, 참고 문서, 기타 문서의 일반적인 정보

❻ 임의의 사용자 정의 정보

포트를 노출하는 서비스는 데이터 흐름의 기능과 속성을 정의한다(데이터 흐름은 포트에 의해 나타내는 속성을 상속함). 다이어그램이나 보고서를 생성할 때 데이터 흐름에 메타데이터를 포함해 각 흐름을 구별할 수 있다.

기타 모델 기술 언어

여러분의 지식 수준을 높이고자 몇 가지 다른 언어도 살펴보자. 이 중 일부는 SDL 범주에 해당되며 관심이 있다면 살펴보길 권장한다.

공통 정보 모델[CIM, Common Information Model](https://oreil.ly/TpaVq)은 컴퓨팅 시스템과 그 속성을 세분화된 수준으로 표현하는 분산 관리 태스크 포스[DMTF, Distributed Management Task Force]의 표준이다. SBLIM(https://oreil.ly/OuEvz)과 같은 리눅스 변종 시스템과 CIM을 사용해서 정책 오케스트레이션 및 설정 관리와 같은 작업의 시스템 구성을 이해하고 문서화할 수 있다. 시스템 모델에 주석을 달 때 사용할 데이터 유형 가이드는 시스템 사양 기술서를 제공하는 CIM의 속성 목록을 검토해 보자.

통합 모델링 언어[UML, Unified Modeling Language](https://www.uml.org)는 소프트웨어 중심 시스템을 기술하는 데 사용되는 객체 관리 그룹[OMG, Object Management Group](https://oreil.ly/28YEs)의 표준이다. UML은 일반적으로 컴퓨터 과학 커리큘럼에서 가르치기 때문에 이미 익숙할 것이다. 시퀀스 다이어그램(1장에서 논의함)은 UML 사양의 일부다. 최근에는 UML이 위협을 식별하기 위한 분석보다 식별된 위협을 소프트웨어 시스템에 설명할 때 더 많이 사용한다는 학문적 수준의 연구가 발표됐다.[17]

시스템 모델링 언어[SysML, Systems Modeling Language](http://www.omgsysml.org)도 OMG의 표준이다. 이 UML 변형은 UML보다 시스템 엔지니어링(순수한 소프트웨어가 아닌)에 더 직접적으로 적용할 수 있도록 설계됐다. SysML은 UML에 두 가지 다이어그램 유형을 추가하고 소프트웨어별 구성을 제거하고자 일부 다른 다이어그램 유형으로 수정했다. 전체적으로 사용할 수 있는 다이어그램은 13개에서 9개로 줄어들었다.[18] 이론적으로 이것은 SysML을 '가볍게' 만들고, 일반 시스템 엔지니어링을 더 기능적으로 만들었다. 고도로 구조화된 시스템 엔지니어링 프로세스에 의존하는 기업과 조직은 물론 학계에서도 위협 모델링 시스템에 SysML을 적용하는 방법의 사례를 발표했다. 그 당시에는 위협 분석의 자동화를 보여 주는 연구는 많지 않았다.[19, 20]

UML과 SysML 둘 다 연관될 수 있는 데이터와 사용 가능성, 추상화, 시스템 모델의 유형은 위협 모델링 특히 코드를 통한 위협 모델링[threat modeling via code] 영역의 애플리케이션에

---

17 마이클 N. 존스톤(Michael N. Johnstone), 「Threat Modelling with Stride and UML」 호주 정보 보안 관리 회의, 2010년 11월, https://oreil.ly/QVU8c

18 「What is the Relationship Between SysML and UML?」 SysML 포럼, 2020년 10월 접속, https://oreil.ly/xL7l2

19 알렉산드르 케르즈너(Aleksandr Kerzhner) 외, 「Analyzing Cyber Security Threats on Cyber-Physical Systems Using Model-Based Systems Engineering」 https://oreil.ly/0ToAu

20 로버트 오츠(Robert Oates) 외, 「Security-Aware Model-Based Systems Engineering with SysML」 https://oreil.ly/lri3g

핵심이다. UML과 SysML 둘 다 객체와 상호작용을 지정하는 수단 그리고 해당 객체와 상호작용의 파라미터를 제공한다. 또한 XML을 데이터 교환 형식으로 사용한다. XML은 컴퓨터 애플리케이션에서 처리되도록 설계됐으므로 위협 분석을 위한 시스템 모델을 잘 만들 수 있다.

그래프와 메타데이터 분석

그림 4-2의 예를 잠시 살펴보자.

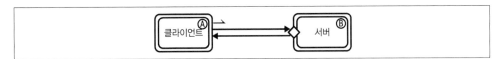

그림 4-2 단순한 클라이언트/서버 시스템 모델

그림 4-2 시스템 다이어그램과 함께 다음의 주석이 제공된다.

- 클라이언트는 C로 작성됐으며 클라이언트 사용자를 인증하고자 서버의 8080 포트로 호출한다.

- 서버는 내부 데이터베이스를 확인해 클라이언트가 보낸 정보와 일치할 경우 클라이언트에게 인증 토큰을 반환한다.

여러분이 보안 담당자라고 생각하고(인증과 기타 적용 가능한 결함은 이 책의 서문을 참고하자) 이 간단한 시스템 모델에서 보안 문제를 식별해 보자.[21] 어떤 결과가 나왔는가? 아마도 여러분은 시스템 모델과 주석에서 위협을 찾았을 것이다. 여러분의 메모리에 저장된 위협 분석 데이터베이스를 기반으로 패턴 분석을 수행했다. 이것이 바로 개발 팀의 보안 전문가가 주기적으로 하는 일이며, 충분하지 않은 '메모리'와 부족한 '컴퓨팅 능력' 등 확장성에 어려움을 겪고 있다.

패턴 분석과 외삽extrapolation은 인간의 뇌가 수행하기 쉽다. 우리의 뇌는 올바른 지식이 주어지면 쉽게 패턴을 보고 외삽할 수 있다. 심지어 분석의 '직감'을 가질 수 있는 잠재

---

21 힌트: 이 시스템 모델에서 스푸핑 및 자격 증명 도용과 같은 보안 위협이 5개 이상 발생될 수 있다.

의식도 있다. 무작위적이고 모호해 보이는 사물 사이를 연결한다. 작업할 때 모든 단계의 프로세스를 두뇌에 거치지 않고 그냥 '알아서' 하게 된다. 컴퓨터는 우리 두뇌와 달리 빠르게 작업을 수행하지만 모든 단계의 프로세스를 알아야 한다. 추론하거나 가정할 수 없다. 따라서 우리가 당연히 여기는 것도 컴퓨터가 할 수 있도록 프로그래밍돼야 한다.

그렇다면 컴퓨터 프로그램은 이 시나리오를 어떻게 분석할까?

먼저, 분석을 위한 프레임워크를 개발해야 한다. 이 프레임워크는 인간이 의미 있는 것으로 해석할 수 있는 결과를 얻고자 (모델에서) 입력을 받고, 패턴 분석을 수행하고, 추론을 도출하고, 연결하고, 때때로 추측할 수 있어야 한다. AI와 함께할 준비가 됐는가?

사실 그렇게 어려운 일도 아니고, 꽤 오랜 기간 동안 해온 일도 아니다. 기본 접근 방식은 간단하다.

1. ADL과 같은 것을 사용해 정보와 함께 시스템을 표현하는 형식을 만든다.

2. 시스템 모델 정보를 해석하는 프로그램을 만든다.

3. 프로그램을 확장해 시스템 모델에 존재하는 정보 패턴 규칙에 따라 분석한다.

그림 4-3을 살펴보자.

그림 4-3 단순한 클라이언트/서버 시스템 모델 다시 보기

이제 시스템 모델의 정보를 설명하고자 4장의 앞부분에서 설명한 이상적인 기술 언어를 사용해 보겠다. 시스템 모델에서 객체를 뚜렷하게 참조하고자 각 객체의 자리표시자 placeholder를 사용하고 그 자리표시자에 속성을 연결한다.

```
# '노드1' 설명(클라이언트)
Node1.name: client
Node1.is_type: software
Node1.source_language: c
```

```
Node1.packaged_type: binary

# '노드2' 설명(서버)
Node2.name: server
Node2.is_type: software

# '노드3' 설명(노출된 포트)
Node3.is_type: port
Node3.port: 8080
Node3.protocol: http

# 관계를 설정한다.
Node2.exposes.port: Node3
Node1.connects_to: Node3

# 채널에 전달할 데이터를 설명한다.
Data1.is_type: credential
Data1.requires: [confidentiality, integrity, privacy]
Data1.metadata.description: '이 데이터는 서버에서 확인할 자격 증명이 포함돼 있다.'

Data2.is_type: credential
Data2.requires: [confidentiality, integrity]
Data2.metadata.description: '이 데이터는 작업을 수행할 수 있는 세션 토큰이 포함돼 있다.'

Node3.data.incoming = Data1
Node3.data.outbound = Data2
```

이제는 분명하게 위의 예제(설명의 목적으로만 구성됨)에서 우려되는 사항을 알 수 있다. 인간의 두뇌는 속성의 의미와 시스템이 어떻게 생겼는지 추론할 수 있다. 시스템 예제에 존재하는 취약점을 확인하는 방법은 3장에서 배웠다.

컴퓨터 프로그램은 이 동일한 작업을 어떻게 수행할까? 프로그래밍돼야 한다. 분석에 필요한 결과를 얻고자 정보를 조합하는 규칙과 구조가 필요하다.

규칙을 구성한다는 것은 위협의 출처를 확인하고 위협이 발생할 가능성을 나타내는 '지표indicator'를 식별하는 것이다. CWE 아키텍처 개념 목록(https://oreil.ly/pKzO4)이나 CAPEC 공격 메커니즘(https://oreil.ly/oulfi)은 좋은 참고 자료다.

이 책에서 CWE와 CAPEC 데이터베이스를 여러 번 언급했다. 이를 주 참고 자료로 사용하는 것을 선호하는데, 그 이유는 여러 보안 커뮤니티의 전문가들이 제공하는 사용 가능하고 적용 가능한 정보가 많이 공개돼 있기 때문이다?

데모를 위해 2개의 사례를 살펴보자.

- CWE-319: 민감한 정보의 일반 텍스트 전송(https://oreil.ly/6psXE)

- CAPEC-157: 스니핑sniffing 공격(https://oreil.ly/xg2A1)

CWE-319는 '권한 없는 행위자가 스니핑할 수 있는 통신 채널에서 소프트웨어가 민감한 데이터 또는 보안에 중요한 데이터를 일반 텍스트로 전송할 때' 취약점이 발생한다고 설명한다. 이 간단한 설명을 통해 시스템에 존재하는 잠재적인 위협을 아는 데 필요한 지표를 식별할 수 있어야 한다.

- 프로세스: 작업을 수행한다.

- 전송: 소프트웨어 장치가 다른 구성 요소와 통신한다.

- 민감한 데이터 또는 보안에 중요한 데이터: 공격자에게 가치 있는 데이터

- 암호화되지 않음: 데이터 패킷을 직접 보호하거나 채널에서 보호돼야 한다(둘 중 하나라도 존재해야 함)

- 영향도: 기밀성

CAPEC-157는 '이 공격 패턴에서 공격자는 제3자 간에 전송되는 정보를 가로채' 민감한 정보를 공격한다고 설명한다. 공격자는 통신 트래픽을 도청할 수 있지만, 통신을 차단하거나 내용을 조작할 필요는 없다. 공격자가 발신자와 수신자 사이의 내용을 확인할 수 있다면 이론적으로 모든 전송 매체를 스니핑할 수 있다. 이 설명에서 공격자가 이 공격을 수행하는 방법을 알 수 있다.

- 제3자 간(엔드포인트)의 트래픽을 가로챈다.

- 수동적인 공격으로 조작이나 서비스 거부가 예상되지 않는다.

- 공격자(행위자)는 통신 채널에 접근이 필요하다.

이 2개의 설명을 통해 다음과 같은 통합 규칙을 고려할 수 있다.

- 출발점에서 도착점으로 통신한다.

- 엔드포인트 간의 데이터 흐름에 민감한 데이터가 포함돼 있다.

- 데이터 흐름은 기밀성의 속성으로 보호되지 않는다.

시스템에 이러한 조건이 있으면 악의적인 행위자가 스니핑을 통해 중요한 데이터를 얻을 수 있다.

이 패턴을 식별하고 위협 존재 조건을 나타내는 코드(의사코드[22]에서 모든 안전 검사를 제외함)는 다음과 같을 수 있다.

```
def evaluate(node n, "Threat from CWE-319"):
    if n.is_type is "software":
        for i in range(0, len(n.exposes)):
            return (n.exposes[i].p.data.incoming[0].requires.security)
            and
            (n.exposes[i].p.provides.confidentiality)
```

이것은 툴 또는 자동화가 수행할 수 있는 굉장히 단순화한 예제다. 이 패턴 매칭을 수행하고자 더 효율적인 알고리듬이 분명 존재하겠지만, 이 예제를 통해 위협 모델링이 코드를 사용해 어떻게 자동으로 위협을 탐지할 수 있는지 아이디어를 얻어 가길 바란다.

코드를 사용한 위협 모델링은 깔끔한 속임수이지만, 코드로부터의 위협 모델링은 기술적으로 좀 더 접근할 수 있다. 이 패러다임에서는 위협 정보를 관리하고자 코드를 사용하거나, 위협을 결정하는 규칙에 구성 요소^{construct}를 매칭하고자 프로그램을 사용해 '코드를 사용한' 모델의 텍스트 설명을 분석하지 않는다. 대신에 실제 프로그램을 작성해

---

22 의사코드(pseudocode)는 프로그램을 작성할 때 각 모듈이 작동하는 논리를 표현하기 위한 언어다. 특정 프로그래밍 언어의 문법에 따라 쓰인 것이 아니라 일반적인 언어로 코드를 흉내 내어 알고리듬을 써놓은 코드를 말한다(출처: 위키백과). - 옮긴이

실행 시 위협 모델링이 분석되고 '자동으로' 렌더링되게 한다.

이를 위해서 프로그램 작성자는 요소와 데이터 흐름 등을 설명하는 API와 프로그램 로직을 만들어야 하며, 이를 분석할 규칙을 정의해야 한다. 그런 다음 개발자는 API를 사용해 실행 프로그램을 만든다. 프로그램 코드를 실행시키면(사전 컴파일 여부와 API 언어에 따라 다름) 다음과 같은 기본 단계를 수행하게 된다.

1. 객체를 설명하는 지시문을 번역해 시스템의 표현(그래프나 속성 배열, 프로그램 내부의 다른 표현 등)을 구축한다.

2. 규칙 집합을 로드한다.

3. 결과물을 식별하고자 일련의 규칙에 패턴 매칭을 수행하는 객체 그래프를 살펴본다.

4. 인간이 시각적으로 확인할 수 있는 다이어그램으로 그래프를 드로잉하고, 결과물의 세부 사항을 출력할 수 있는 템플릿 기반의 결과를 도출한다.

위협 정보를 자동으로 생성하는 코드에는 다음과 같은 이점이 있다.

- 코더로서 여러분은 이미 코드를 작성하는 데 익숙하므로 이것은 새로운 경험을 할 수 있는 기회를 제공한다.

- 코드로서의 위협 모델링은 코드로서의 모든 것 또는 데브옵스 철학과 일치한다.

- 개발자로서 이미 익숙한 툴에서 코드를 확인하고 형상 관리할 수 있다. 이는 정보의 채택과 관리에 도움이 될 것이다.

- 보안 전문가의 지식이 포함된 API와 라이브러리가 분석 규칙을 동적으로 로드하는 기능이 있는 경우 여러 도메인에서 동일한 프로그램을 사용할 수 있다. 새로운 연구나 위협 인텔리전스가 신규 위협을 생성하더라도 이 프로그램은 이전에 코드로 기술한 시스템을 재분석할 수 있으며, 작업을 다시 수행하거나 모델을 수정하지 않고도 항상 최신 버전을 유지할 수 있다.

이 방법에도 고려해야 할 단점이 있다.

- 개발자인 여러분은 이미 비즈니스 또는 고객을 위한 코드를 매일 작성하고 있을 것이다. 아키텍처를 문서화하려고 추가 코드를 작성하는 것은 부담으로 다가온다.

- 오늘날 사용할 수 있는 프로그래밍 언어가 많기 때문에 개발 팀에서 사용하는 언어와 일치하는(또는 통합을 지원하는) 코드 번들을 찾기 어렵다.

- 객체 지향 프로그래밍과 함수(호출 규칙 등)를 이해할 수 있는 개발자에 달려 있다.

이런 어려움은 극복하기 어렵지만 코드로부터의 위협 모델링 분야는 아직 성장 가능성이 있다. 코드로부터의 위협 모델링을 수행하기 위한 코드 모듈과 API의 가장 좋은 예는 pytm이다.

 면책 조항: 우리는 pytm 오픈 소스 프로젝트의 설립자/리더로서 pytm에 편향돼 있다. 우리는 이 책에서 위협 모델링 자동화 분야의 모든 혁신을 공정하게 다루고자 했다. 솔직히 pytm이 위협 모델링을 실행 가능하고 효과적으로 만들었고, 보안 실무자와 개발 팀의 격차를 줄였다고 생각한다.

---

pytm

이 책을 쓰게 된 이유 중 하나는 개발에 관련된 개인이 안전한 소프트웨어 개발 수명 주기에서 보안 기능을 향상시킬 수 있는 정보를 얻길 진심으로 바랐기 때문이다. 이것은 교육, '해커처럼 생각'하는 도전, 공격 트리와 위협 라이브러리, 규칙 엔진, 다이어그램을 이야기하는 이유다.

경험 있는 보안 실무자로서 위협 모델링 툴 사용에 대한 개발 팀의 많은 불평을 들었다. '무겁다.', '플랫폼에 구애받지 않는다', 'X에서 작업하지만, 이 툴은 Y에서만 작동한다.', '이 애플리케이션을 배울 시간이 없으며 이 애플리케이션을 배우려면 완전히 새로운 구문을 전부 배워야 한다.' 이 외에도 이러한 불평은 일반적으로 그들의 익숙한 영역에서 벗어나 새로운 기술을 배워야 하고, 기존의 워크플로 대신 새로운 프로세스를 추가해야 한다는 부담에서 비롯된다. 그럼 위협 모델링 프로세스를 익숙한 프로세스로 적용하려면 어떻게 해야 하는가?

지속적인 위협 모델링(5장에서 자세히 설명함)에서 볼 수 있듯이 개발 팀에서 사용 중인 툴과 프로세스를 활용하는 것은 그들의 협업과 신뢰를 얻는 데 도움이 된다. 여러분은 이미 익숙하게 사용하고 있다.

이제 자동화를 살펴보자. 위협 모델링의 어떤 영역이 개발 팀을 가장 힘들게 하는가? 용의선상에 오른 것은 위협 식별하기, 다이어그램 만들기와 주석 달기, 최소한의 노력으로 위협 모델링(더 나아가 시스템 모델)을 최신 상태로 유지하기가 있다. 기술 언어를 농담처럼 이야기했지만 '팀이 배워야 할 한 가지' 목록에 포함됐고, 더 가볍게 만들고자 했던 팀의 노력에 비해 개발 프로세스의 애플리케이션이 무겁게 느껴진다. 개발 팀의 목표(효율성과 신뢰성)를 달성하면서 보안 교육의 목표도 함께 달성하려면 무엇을 해야 하는가?

아이디어가 번뜩했다. 일반적으로 많이 사용하고 쉬운 기존의 언어를 사용해 객체 지향 방식의 객체 모음으로 시스템을 생성하고, 그 언어로 다이어그램과 위협을 기술해 보는 것은 어떨까? 정답은 파이썬, 위협 모델링을 위한 파이썬 라이브러리다.

pytm은 출시 첫 해에 위협 모델링 커뮤니티에서 많은 관심을 받았다. https://oreil.ly/nuPja(OWASP 인큐베이터 프로젝트는 https://oreil.ly/wH-Nl)에서 확인할 수 있다. 우리 회사와 다른 회사에서 pytm을 채택하고 있고, OWASP Global AppSec DC(https://oreil.ly/yrf1q)와 같은 인기 있는 보안 콘퍼런스에서 조나단 마실[Jonathan Marcil]에 의해 강연됐으며, Open Security Summit(https://oreil.ly/SGrB0)에서 토론되고, 심지어 Trail of Bits(https://oreil.ly/iWv7O)가 쿠버네티스[Kubernetes] 위협 모델에서 pytm을 사용한다는 것은 우리가 제대로 진행하고 있다는 것을 의미한다.

---

 pytm은 여러 사람의 의견 및 추가 작업으로 만들어진 오픈 소스 라이브러리이며, 닉 오즈모어(Nick Ozmore)와 로힛 샴부니(Rohit Shambhuni)가 공동 제작하고, 푸자 아바드(Pooja Avhad)와 얀 와스(Jan Was)가 다수의 패치와 개선 작업을 진행했다. 더 나은 발전을 위해 커뮤니티의 적극적인 참여를 기대한다. 지금 당장 시작해 보자.

다음은 pytm을 사용한 시스템 설명이다.

```python
#!/usr/bin/env python3    ❶

from pytm.pytm import TM, Server, Datastore, Dataflow, Boundary, Actor, Lambda    ❷

tm = TM("my test tm")    ❸
tm.description = "This is a sample threat model of a very simple system - a /
web-based comment system. The user enters comments and these are added to a /
database and displayed back to the user. The thought is that it is, though /
simple, a complete enough example to express meaningful threats."

User_Web = Boundary("User/Web")    ❹
Web_DB = Boundary("Web/DB")

user = Actor("User")    ❺
user.inBoundary = User_Web    ❻

web = Server("Web Server")
web.OS = "CloudOS"
web.isHardened = True    ❼

db = Datastore("SQL Database (*)")
db.OS = "CentOS"
db.isHardened = False
db.inBoundary = Web_DB
db.isSql = True
db.inScope = False

my_lambda = Lambda("cleanDBevery6hours")
my_lambda.hasAccessControl = True
my_lambda.inBoundary = Web_DB

my_lambda_to_db = Dataflow(my_lambda, db, "(&lambda;)Periodically cleans DB")    ❽
my_lambda_to_db.protocol = "SQL"
my_lambda_to_db.dstPort = 3306

user_to_web = Dataflow(user, web, "User enters comments (*)")
user_to_web.protocol = "HTTP"
user_to_web.dstPort = 80
```

```
user_to_web.data = 'Comments in HTML or Markdown'
user_to_web.order = 1     ❾


web_to_user = Dataflow(web, user, "Comments saved (*)")
web_to_user.protocol = "HTTP"
web_to_user.data = 'Ack of saving or error message, in JSON'
web_to_user.order = 2


web_to_db = Dataflow(web, db, "Insert query with comments")
web_to_db.protocol = "MySQL"
web_to_db.dstPort = 3306
web_to_db.data = 'MySQL insert statement, all literals'
web_to_db.order = 3


db_to_web = Dataflow(db, web, "Comments contents")
db_to_web.protocol = "MySQL"
db_to_web.data = 'Results of insert op'
db_to_web.order = 4


tm.process()     ❿
```

❶ pytm은 파이썬 버전 3 라이브러리다. 사용할 수 있는 파이썬 버전 2는 없다.

❷ pytm에서 모든 것은 요소를 중심으로 돌아간다. 특정 요소는 Process, Server, Datastore, Lambda, (Trust) Boundary, Actor다. TM 객체에 위협 모델과 처리 능력의 모든 메타데이터가 포함돼 있다. 여러분의 위협 모델이 사용할 항목만 가져오거나, 요소Element를 여러분의 고유한 특정 모델로 확장해 보자(그리고 이 사례를 우리에게 공유하자!).

❸ 모든 모델 설명을 포함할 TM 객체를 인스턴스화한다.

❹ 여기서 모델의 고유한 신뢰 영역을 분리하는 데 사용할 신뢰 경계를 인스턴스화한다.

❺ 시스템 사용자를 나타내고자 일반 행위자를 인스턴스화한다.

❻ 사용자를 신뢰 경계의 올바른 곳에 위치시킨다.

❼ 각 특정 요소에는 생성될 수 있는 위협에 영향을 미치는 속성이 있다. 모두 공통 기본값을 가지므로 시스템에 고유한 값만 변경하면 된다.

❽ 데이터 흐름(Dataflow) 요소는 이전에 정의된 두 요소를 연결하고, 정보 흐름 및 사용된 프로토콜, 사용 중인 통신 포트의 세부 정보를 전달한다.

❾ pytm은 일반적인 DFD 외에도 시퀀스 다이어그램을 생성할 수 있다. 데이터 흐름(Dataflow)에 .order 속성을 추가함으로써 해당 형식으로 표현되는 방식의 속성을 구성할 수 있다.

❿ 모든 요소와 해당 속성을 선언한 후 TM.process()를 한 번 호출하면 명령줄command-line에 필요한 작업이 실행된다.

라인별 분석 외에도 이 코드에서 배울 수 있는 것은 각 위협 모델이 별도의 개별 스크립트라는 것이다. 이렇게 하면 대규모 프로젝트에서도 간단하게 pytm 스크립트를 관리하고, 해당 스크립트가 의미하는 코드와 함께 배치해 더 쉽게 업데이트하고 버전을 제어할 수 있다. 시스템의 특정 부분에 변경 사항이 발생하면 그 부분의 위협 모델만 변경하면 된다. 이는 변경 사항 설명에 집중해 큰 코드 조각이 수정될 때 발생할 수 있는 실수를 방지한다.

process() 호출에 의해 모든 pytm 스크립트에는 동일한 명령줄 스위치command-line switche와 인수argument를 가진다.

```
tm.py [-h] [--debug] [--dfd] [--report REPORT] [--exclude EXCLUDE] [--seq] /
[--lis] [--describe DESCRIBE]
```

```
optional arguments:
  -h, --help            show this help message and exit
  --debug               print debug messages
  --dfd                 output DFD (default)
  --report REPORT       output report using the named template file /
(sample template file is under docs/template.md)
  --exclude EXCLUDE     specify threat IDs to be ignored
  --seq                 output sequential diagram
  --list                list all available threats
  --describe DESCRIBE   describe the properties available for a given element
```

참고로 --dfd와 --seq는 PNG 형식으로 다이어그램을 생성한다. 그래프비즈(https://www.graphviz.org)가 사용하는 형식인 닷^{Dot}으로 pytm을 작성해 DFD를 만들고, 플랜트 UML(http://plantuml.com)을 이용해 시퀀스 다이어그램을 만든다. 다중 형식도 지원된다. 중간 형식은 텍스트 형식이므로 수정할 수 있으며, 레이아웃은 pytm이 아닌 해당 도구에 의해 관리된다. 이러한 방식으로 작업하면 각 툴마다 가장 잘하는 작업에 집중할 수 있다.[23]

그림 4-4와 4-5를 참고하자.

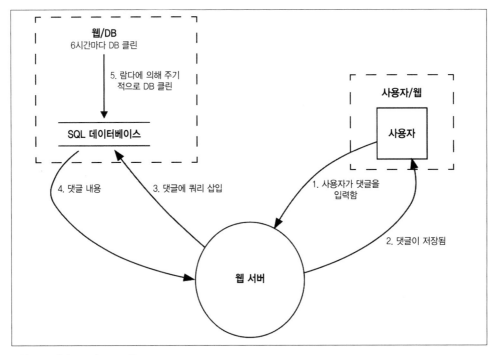

그림 4-4 예제 코드의 DFD 표현

---

23 그래프비즈는 모든 주요 운영체제에 맞는 패키지를 제공한다.

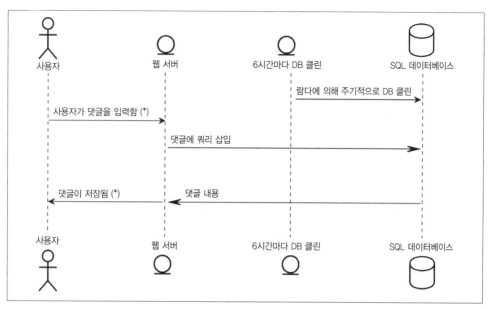

그림 4-5 동일한 코드를 시퀀스 다이어그램으로 표현

빠르게 다이어그램 코드를 만들 수 있다는 것은 pytm의 유용한 속성이다. 초기 설계 회의에서 작동 중인 시스템을 설명하고자 코드를 적었다. pytm는 팀 구성원의 아이디어를 기능적으로 표현해 위협 모델링 세션을 진행하게 해준다. 화이트보드에 드로잉하는 것과 동일한 결과를 얻겠지만, pytm은 즉각적으로 아이디어를 공유하고, 편집하고, 협업할 수 있게 해준다. 이 접근 방식은 화이트보드의 모든 단점을 커버한다('마커 어디 있어? 아니 검은색 마커', '카메라 좀 옮겨 줄래? 눈부셔서 볼 수가 없어', '사라가 드로잉을 비지오 파일로 변환하는 일을 담당해. 근데 사라가 누구지?' 그리고 제일 무서운 '지우지 말 것' 표시).

위의 모든 것은 도움이 되겠지만, 위협을 식별하지 못한다면 위협 모델링 툴로서 적합하지 않다. pytm에는 경고를 제공하는 기능이 있다. 개발 시점에서는 식별된 위협을 파악하는 것보다 초기 기능을 파악하는 것이 더 중요하다. 이 프로젝트는 4장에서 설명하는 마이크로소프트 위협 모델링 툴의 기능과 유사한 위협 집합으로 시작했으며, 몇 가지의 람다 관련 위협을 추가했다. CAPEC에 따르면 현재 pytm은 100개 이상의 위협을 인식한다. 여기에서 pytm이 식별할 수 있는 위협 중 일부를 볼 수 있다(모든 위협은 --list 스위치를 사용해 나열할 수 있다).

INP01 - Buffer Overflow via Environment Variables

INP02 - Overflow Buffers

INP03 - Server Side Include (SSI) Injection

CR01 - Session Sidejacking

INP04 - HTTP Request Splitting

CR02 - Cross Site Tracing

INP05 - Command Line Execution through SQL Injection

INP06 - SQL Injection through SOAP Parameter Tampering

SC01 - JSON Hijacking (aka JavaScript Hijacking)

LB01 - API Manipulation

AA01 - Authentication Abuse/ByPass

DS01 - Excavation

DE01 - Interception

DE02 - Double Encoding

API01 - Exploit Test APIs

AC01 - Privilege Abuse

INP07 - Buffer Manipulation

AC02 - Shared Data Manipulation

DO01 - Flooding

HA01 - Path Traversal

AC03 - Subverting Environment Variable Values

DO02 - Excessive Allocation

DS02 - Try All Common Switches

INP08 - Format String Injection

INP09 - LDAP Injection

INP10 - Parameter Injection

INP11 - Relative Path Traversal

INP12 - Client-side Injection-induced Buffer Overflow

AC04 - XML Schema Poisoning

DO03 - XML Ping of the Death

AC05 - Content Spoofing

INP13 - Command Delimiters

INP14 - Input Data Manipulation

DE03 - Sniffing Attacks

CR03 - Dictionary-based Password Attack

API02 - Exploit Script-Based APIs

HA02 - White Box Reverse Engineering

DS03 - Footprinting

AC06 - Using Malicious Files

HA03 - Web Application Fingerprinting

SC02 - XSS Targeting Non-Script Elements
AC07 - Exploiting Incorrectly Configured Access Control Security Levels
INP15 - IMAP/SMTP Command Injection
HA04 - Reverse Engineering
SC03 - Embedding Scripts within Scripts
INP16 - PHP Remote File Inclusion
AA02 - Principal Spoof
CR04 - Session Credential Falsification through Forging
DO04 - XML Entity Expansion
DS04 - XSS Targeting Error Pages
SC04 - XSS Using Alternate Syntax
CR05 - Encryption Brute Forcing
AC08 - Manipulate Registry Information
DS05 - Lifting Sensitive Data Embedded in Cache

앞서 언급했듯이 pytm이 위협을 정의하는 데 사용하는 형식은 더 나은 규칙 엔진을 만들고 더 많은 정보를 제공하고자 개선 중이다. 현재 pytm은 위협을 다음과 같은 JSON 구조로 정의한다.

```
{
  "SID":"INP01",
  "target": ["Lambda","Process"],
  "description": "Buffer Overflow via Environment Variables",
  "details": "This attack pattern involves causing a buffer overflow through/
manipulation of environment variables. Once the attacker finds that they can/
modify an environment variable, they may try to overflow associated buffers./
This attack leverages implicit trust often placed in environment variables.",
  "Likelihood Of Attack": "High",
  "severity": "High",
  "condition": "target.usesEnvironmentVariables is True and target.sanitizesInp
ut is False and target.checksInputBounds is False",
  "prerequisites": "The application uses environment variables.An environment/
variable exposed to the user is vulnerable to a buffer overflow.The vulnerable/
environment variable uses untrusted data.Tainted data used in the environment/
variables is not properly validated. For instance boundary checking is not /
done before copying the input data to a buffer.",
  "mitigations": "Do not expose environment variables to the user.Do not use /
untrusted data in your environment variables. Use a language or compiler that /
performs automatic bounds checking. There are tools such as Sharefuzz [R.10.3]/
```

```
which is an environment variable fuzzer for Unix that support loading a shared/
library. You can use Sharefuzz to determine if you are exposing an environment/
variable vulnerable to buffer overflow.",
  "example": "Attack Example: Buffer Overflow in $HOME A buffer overflow in
  sccw allows local users to gain root access via the $HOME
  environmental variable. Attack Example: Buffer Overflow in TERM A
  buffer overflow in the rlogin program involves its consumption of
  the TERM environment variable.",
  "references": "https://capec.mitre.org/data/definitions/10.html, CVE-1999-090
6, CVE-1999-0046, http://cwe.mitre.org/data/definitions/120.html, http://cwe.mit
re.org/data/definitions/119.html, http://cwe.mitre.org/data/definitions/680.html
"
},
```

타깃 필드는 위협이 작용하는 하나 또는 여러 개의 요소를 설명한다. 조건 필드는 타깃
요소의 속성값에 따라 True(위협이 존재함) 또는 False(위협이 존재하지 않음)로 평가되는
부울 표현식이다.

 흥미롭게도 조건에서 부울 표현식을 평가하고자 파이썬의 eval() 함수를 사용한다면 시스템
에 잠재적인 취약점이 발생하게 된다. 예를 들어 pytm이 시스템 전체에 설치돼 있지만 위협
파일의 권한이 제한적이지 않고 모든 사용자가 새로운 위협을 작성할 수 있는 경우 공격자는
직접 파이썬 코드를 작성해 위협 조건을 추가할 수 있다. 결국 스크립트를 돌리는 사용자의
권한으로 실행하게 된다. 가까운 시일 내에 이 문제가 해결되겠지만 그때까지 주의하자!

초기 기능을 완료하고자 템플릿 기반의 보고서 기능을 추가했다.[24] 간단하지만 템플릿
메커니즘으로 보고서를 사용하기에 충분하다. HTML과 Markdown, RTF, 단순 텍스트
를 포함한 모든 텍스트 기반 형식으로 보고서를 작성할 수 있다. 우리는 Markdown을
선택했다.

```
# Threat Model Sample
***
```

---

24 https://oreil.ly/BEFln에서 에릭 브레홀트(Eric Brehault)의 「The World's Simplest Python Template Engine」을 참고하자.

```
## System Description
{tm.description}

## Dataflow Diagram
![Level 0 DFD](dfd.png)

## Dataflows
Name|From|To |Data|Protocol|Port
----|----|---|----|--------|----
{dataflows:repeat:{{item.name}}|{{item.source.name}}|{{item.sink.name}}/
|{{item.data}}|{{item.protocol}}|{{item.dstPort}}
}

## Potential Threats
{findings:repeat:* {{item.description}} on element "{{item.target}}"
}
```

앞의 스크립트에 적용된 이 템플릿은 부록 A에서 볼 수 있는 보고서를 생성한다.

가까운 미래에 더 많은 기능을 제공할 수 있기를 기대하며 개발 팀에게 유용한 결과를 제공하고 위협 모델링의 진입 장벽이 낮춰지길 희망한다.

스레자일

2020년 7월 현재, 크리스찬 슈나이더^{Christian Schneider}에 의해 개발된 스레자일^{Threagile} (https://threagile.io)은 코드로서의 위협 모델링^{threat-modeling-as-code} 분야에 새롭게 떠오르는 시스템이다. 현재 스텔스 모드이지만 곧 오픈 소스로 제공될 예정이다.

pytm과 마찬가지로 스레자일은 코드를 사용한 위협 모델링 범주에 속하지만, YAML 파일을 사용해 평가할 시스템을 기술한다. 개발 팀은 팀 구성원이 이미 익숙한 툴을 기본 IDE에서 사용할 수 있으며, 시스템 코드와 함께 유지되고, 버전 관리되고, 공유되고, 협업할 수 있다. 이 툴은 Go 언어로 작성됐다.

이 글을 쓰는 시점인 지금은 아직 툴이 개발 중이므로 스레자일 작성자의 웹 사이트 (https://oreil.ly/A96sg)를 방문해 보고서와 다이어그램을 참고해 보자.

타깃 시스템을 기술하는 YAML 파일의 주요 요소는 데이터 자산과 기술 자산, 통신 링크, 신뢰 경계다. 예를 들어 데이터 자산의 정의는 다음과 같다.

```
Customer Addresses:
      id: customer-addresses
      description: Customer Addresses
      usage: business
      origin: Customer
          owner: Example Company
          quantity: many
          confidentiality: confidential
      integrity: mission-critical
      availability: mission-critical
      justification_cia_rating: these have PII of customers and the system /
needs these addresses for sending invoices
```

기술 자산(pytm에서 서버, 프로세스 등의 요소)과 신뢰 경계, 통신 링크(pytm 데이터 흐름)의 정의가 시스템 내 각 특정 요소의 정보와 동일한 범위를 따르기 때문에 데이터 자산 정의는 스레자일과 pytm 간 접근 방식의 주 차이점이다.

스레자일은 Network On Prem과 Network Cloud Provider, Network Cloud Security Group 등과 같은 다양한 유형의 신뢰 경계를 명시적으로 고려하지만, pytm은 구별하지 않는다는 점에서 차이가 발생한다. 각 유형은 위협 평가 역할에서 서로 다른 시맨틱semantic을 요구한다.

스레자일은 규칙을 지원하는 플러그인 시스템이 있는데 이는 YAML 입력으로 기술된 시스템의 그래프를 분석한다. 이 글을 쓰는 시점에 약 35개의 규칙이 지원되고 있으며 계속 추가되고 있다. 다음은 그 규칙 중 일부다.

- 교차 사이트 요청 위조cross-site-request-forgery

- 코드 백도어링code-backdooring

- ldap 인젝션ldap-injection

- 인터넷에서 보호되지 않은 액세스unguarded-access-from-internet

- 서비스 등록 포이즌service-registry-poisoning

- 불필요한 데이터 전송unnecessary-data-transfer

명령줄 프로그램으로 작동하는 pytm과 달리 스레자일은 (암호화된) 모델을 저장, 편집, 실행할 수 있는 REST API도 제공한다. 스레자일 시스템은 YAML이 기술하는 코드와 함께 리포지터리repository에 입력 YAML을 관리한다. 시스템은 CLI 또는 API를 통해 처리를 수행하도록 지시할 수 있다. 스레자일의 출력값은 다음과 같다.

- 위험 보고서 PDF

- 위험 추적 엑셀Excel 스프레드시트

- 위험 세부 정보가 포함된 JSON 형식의 위험 요약

- 자동으로 배치된 DFD(자산, 데이터, 통신 링크의 분류를 나타내는 색상 포함)

- 데이터 자산 위험 다이어그램

마지막 다이어그램은 데이터 자산별/기술 자산별 위협 상태를 색상으로 표시하고, 각 데이터 자산의 처리 장소와 저장 장소를 표시한다. 우리가 아는 한, 이런 뷰를 제공하는 유일한 툴이다.

PDF 보고서의 형식은 매우 상세한데, 이는 위험을 경영진에게 전달하거나 개발자가 위험을 완화할 수 있도록 하는 데 필요한 모든 정보가 포함돼 있다. 식별된 위협의 STRIDE 분류가 존재하며, 각 카테고리별 위험 영향 분석도 존재한다.

이 툴이 커뮤니티에 많이 언급되고 개발에 참여할 수 있기를 기대하며, 툴이 배포되면 여러분이 이 툴을 살펴보길 권장한다.

기타 위협 모델링 툴의 개요

이런 툴을 최대한 공정하게 표현하려고 노력했지만, 일부 편향된 시선으로 의견을 제시했을 수 있다. 모든 오류, 누락, 허위 진술은 전적으로 우리 책임이다. 이 리뷰에 다른 공

급 업체나 프로젝트가 참여하지 않았으며, 하나의 툴을 전적으로 추천하지 않는다. 여기에 제공된 정보는 교육적 목적을 위한 것이며, 독자의 연구를 시작하는 데 도움을 주기 위함이다.

IriusRisk

구현된 방법론: 설문 기반 위협 라이브러리

주요 제안: IriusRisk의 무료/커뮤니티 에디션(그림 4-6 참고)은 엔터프라이즈 버전과 동일한 기능을 제공하지만, 생성할 수 있는 보고서의 종류와 시스템에 포함하고자 메뉴에서 제공되는 요소는 일부 제한적이다. 무료 버전에는 API가 제공되지 않지만, 툴의 기능을 확인하기에는 충분하다. 그림 4-6은 IriusRisk가 간단한 브라우저/서버 시스템 모델을 수행한 분석 결과를 보여 준다. 위협 라이브러리는 CAPEC를 기반으로 하며, 이 외에도 CWE, 애플리케이션 보안 컨소시엄WASC(http://www.webappsec.org), OWASP 상위 10위, OWASP 애플리케이션 보안 검증 표준ASVS, Application Security Verification Standard, OWASP 모바일 애플리케이션 보안 검증 표준MASVS, Mobile Application Security Verification Standard도 참고한다.

업데이트 빈도: 지속적으로 업데이트됨

출처: https://oreil.ly/TzjrQ

ANALYSIS	
● Alert	Use of a random value in an e-mail or SMS to recover a password should be a last resort and is known weak.
● Info	Sensitive data is received by the component
● Info	Password reset functionality.
● Info	Sensitive data is processed by the component
● Info	Authentication required
● Advice	Google Environment, Mobile Client, PCI DSS, EU GDPR, AWS, Microsoft Azure related questions and risk patterns are not available in the Community Edition If you'd like to see a demo of the unrestricted edition of IriusRisk please contact us
● Security Policy	The security standard: PCI-DSS-v3.2 will be applied

그림 4-6 IriusRisk 실시간 분석 결과

IriusRisk 보고서의 일반적인 결과물에는 식별된 구성 요소, 결함의 종류(민감한 데이터 접근), 위협의 간략한 설명(민감한 데이터가 SSL/TLS 공격에 의해 침해됨), 위험 및 대응 조

치 진행 상황의 그래픽/색상 표현이 포함된다.

해당 위협에는 고유한 ID(CAPEC 또는 기타 인덱스 정보 포함), 기밀성 및 무결성, 가용성의 영향도, 자세한 설명 및 참고 목록, 관련된 약점, 확인된 문제를 해결할 수 있는 대응책 등이 포함된다.

SD Elements

구현된 방법론: 설문 기반 위협 라이브러리

주요 제안: 현재 이 책을 작성하는 시점에 SD Elements 버전 5는 기업을 위한 전체 주기 보안 관리 솔루션을 목표로 한다. 제공하는 기능 중 하나는 설문 기반 위협 모델링이다. 사전 정의된 보안 정책과 컴플라이언스 정책을 제공하면 애플리케이션은 해당 정책의 대응책을 제안함으로써 개발 중인 시스템의 컴플라이언스를 검증한다.

업데이트 빈도: 지속적으로 업데이트되는 상용 제품

출처: https://oreil.ly/On7q2

스레트모델러

구현된 방법론: 프로세스 흐름 다이어그램; 비주얼, 애자일, 단순 위협^{VAST, Visual, Agile, Simple Threat}; 위협 라이브러리

주요 제안: 스레트모델러^{ThreatModeler}는 상업적으로 이용할 수 있는 최초의 위협 모델링 다이어그램 및 분석 툴이다. 스레트모델러는 프로세스 흐름 다이어그램(1장에서 간략하게 언급)을 사용하고 위협 모델링의 VAST 모델링 접근 방식을 구현한다.

업데이트 빈도: 상용 제품

출처: https://threatmodeler.com

OWASP 스레트 드래곤

구현된 방법론: 규칙 기반 위협 라이브러리, STRIDE

주요 제안: 스레트 드래곤^{Threat Dragon}은 최근 OWASP에서 인큐베이터 상태가 아닌 프로젝트다. 이것은 온라인과 데스크톱(윈도우^{Windows}, 리눅스^{Linux}, 맥^{Mac}) 위협 모델링 애플리케이션이며, 다이어그램 작성 솔루션(드래그 앤 드롭)과 정의된 요소의 규칙 기반 분석을 제공하고, 위협과 완화책을 제안한다. 이 크로스 플랫폼 툴은 무료로 사용할 수 있고 확장 가능하다(그림 4-7 참고).

업데이트 빈도: 마이크 굿윈^{Mike Goodwin}과 존 개즈든^{Jon Gadsden}에 의해 개발 중

출처: https://oreil.ly/-n5uF

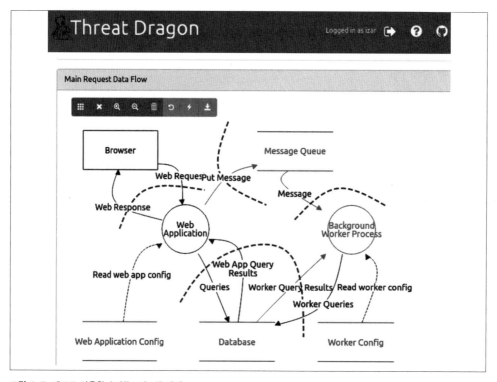

그림 4-7 데모로 사용할 수 있는 시스템 예제

그림 4-7에서 DFD는 이 책 전체에 걸쳐 제시된 단순한 심벌을 사용한다. 각 요소에는 이의 세부 정보와 콘텍스트를 제공하는 속성 시트가 있다. 요소는 전체 시스템의 콘텍스트에서 표시되며, 위협 모델의 범위에 속하는지 여부와 무엇을 포함하는지, 어떻게 저

장하고, 처리하고, 사용하는지 기본 정보를 알 수 있다.

사용자는 조직/팀의 환경이나 시스템 기능에 특정한 위협을 강조할 수 있도록 사용자 지정 레벨을 추가해 자체 위협을 생성할 수 있다. STRIDE 위협 유도threat elicitation와 직접적인 상관관계가 있으며, CVSS 점수가 아닌 높음/중간/낮음 정도의 중요도를 제공한다.

스레트 드래곤은 시스템 다이어그램을 활용한 포괄적인 보고서 기능을 제공하고, 요소별로 정렬된 모든 결과물(완화책 포함)을 제공한다. 해당 요소가 위협 모델의 범주에서 벗어나지만 다이어그램에 일부 포함된 경우 그 이유도 제공한다.

마이크로소프트 스레트 모델링 툴

구현된 방법론: 드로잉과 주석 달기, STRIDE

주요 제안: 아담 쇼스탁Adam Shostack과 마이크로소프트 SDL팀의 또 다른 주요 공헌인 마이크로소프트 스레트 모델링 툴Microsoft Threat Modeling Tool은 위협 모델링 툴 영역에서 가장 초기에 등장한 툴 중 하나다. 처음에는 비지오 라이브러리 기반이었으나 해당 프로그램의 라이선스 문제로 제외시켰고, 현재는 독립적으로 설치가 가능하다. 설치가 완료되면 새 모델 또는 템플릿을 추가하거나 기존에 만들어진 모델을 불러올 수 있는 옵션을 제공한다. 기본 템플릿은 애저Azure 지향 템플릿과 시스템용 일반 SDL 템플릿(애저 아님)이 있다. 마이크로소프트는 템플릿 라이브러리(https://oreil.ly/ygSun)를 지원하는데, 아직 광범위하지는 않지만 앞으로 다양한 환경에 도움이 될 것이다. 이 툴은 1장에서 사용한 DFD 심벌과 유사한 심벌을 사용하며, 각 요소에 미리 정의된 속성과 사용자 정의 속성으로 주석을 달 수 있다. 미리 만들어진 규칙(이론상 사용자 편집이 가능하며 XML 파일에 있음)을 기반으로 다이어그램과 식별된 위협(STRIDE에 의해 분류됨), 일부 완화 조언이 포함된 위협 모델 보고서를 생성한다. 요소와 해당 속성은 윈도우 환경에 적합하지만, 윈도우 사용자가 아닌 사용자에게도 유용하다(그림 4-8 참고).

업데이트 빈도: 2년마다 업데이트 예정

출처: https://oreil.ly/YL-gI

다른 도구와 마찬가지로 각 요소를 편집해 속성을 제공한다. 여기서 주요 차이점은 일부 요소 속성이 윈도우와 크게 관련이 있다는 것이다. 예를 들어 OS 프로세스 요소에는 '관리자로 실행', '코드 유형: 관리됨' 등과 같은 속성이 포함된다. 프로그램이 위협을 생성할 때 타깃 환경에 적용되지 않는 옵션은 무시한다.

이 툴은 STRIDE와 밀접한 관련이 있으며, 각 결과물에는 STRIDE 카테고리와 추가 설명, 정당화justification, 완화 상태, 우선순위 등이 포함된다.

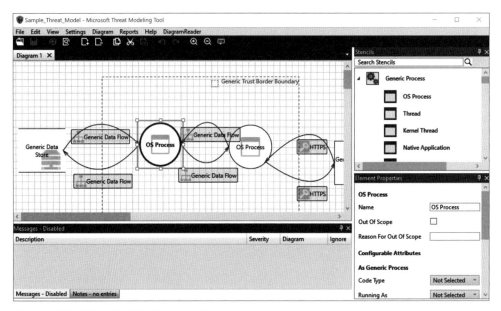

그림 4-8 툴과 함께 제공되는 DFD 데모 시스템 예제

CAIRIS

구현된 방법론: 자산 중심 및 위협 중심 보안 설계

주요 제안: 샤말 페일리Shamal Faily가 개발한 CAIRISComputer Aided Integration of Requirements and Information Security는 요구 사항과 정보 보안의 컴퓨터 지원 통합을 뜻한다. CAIRIS는 보안 시스템의 표현을 만드는 플랫폼이며, 요구 사항과 사용성을 기반으로 하는 위험 분석에 중점을 둔다. 환경(시스템이 존재하는 컨테이너 – 자산, 작업, 페르소나 및 공격자, 목표, 취

약점, 위협의 캡슐화)을 정의한 후에는 환경의 내용을 정의할 수 있다. 페르소나persona는 사용자를 정의하고 작업task은 페르소나가 시스템과 상호작용하는 방식을 설명한다. 페르소나는 이해관계자, 공격자, 데이터 컨트롤러, 데이터 프로세서, 데이터 주체가 될 수 있는 역할을 가진다. 페르소나는 보안과 개인 정보 보호(CIA 등), 책임accountability, 익명성anonymity, 관찰 불가unobservability 등의 속성이 있는 자산과 상호작용하며 값은 없음none, 낮음low, 중간medium, 높음high으로 평가된다. 작업은 환경별 비네트vignette에서 하나 이상의 페르소나가 시스템에서 수행하는 작업을 모델링한다. CAIRIS는 시스템의 텍스트 표현뿐만 아니라 일반적인 심벌을 사용해 UML DFD를 생성할 수 있다. 이 시스템은 복잡하고 우리의 설명으로 CAIRIS의 전부를 표현할 수 없지만, 꽤 흥미로운 연구 분야인 건 사실이다. 이 툴의 사용 방법과 설계에 따른 보안 과정은 샤말 페일리의 『Designing Usable and Secure Software with IRIS and CAIRIS』(Springer, 2018)를 참고하자.

업데이트 빈도: 개발 중

출처: https://oreil.ly/BfW2l[25]

모질라 시스펀지

구현된 방법론: 시각적 기반, 위협 유도 없음

주요 제안: 모질라 시스펀지Mozilla SeaSponge는 비교적 최신의 모든 브라우저에서 작동하고, 직관적인 경험을 제공하는 깨끗하고 보기 좋은 UI의 웹 기반 툴이다. 현재는 규칙 엔진이나 보고서 기능을 제공하지 않으며 2015년에 개발이 종료된 것으로 보인다(그림 4-9 참고).

업데이트 빈도: 개발 중단

출처: https://oreil.ly/IOlh8

---

25 2022년 11월 3일 현재 접속이 되지 않음 – 옮긴이

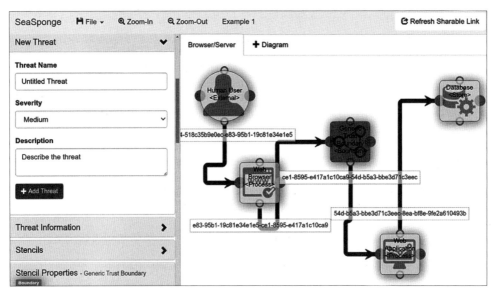

그림 4-9 모질라 시스펀지 사용자 인터페이스

튜터먼 스레트 모델 오토메이터

구현된 방법론: 시각적 기반, STRIDE, 위협 라이브러리

주요 제안: 튜터먼 스레트 모델 오토메이터^{Tutamen Threat Model Automator}는 흥미로운 접근 방식을 사용하는 상용 SaaS^{Software-as-a-Service} 제품(2019년 10월 현재 무료 베타)이다. 시스템 다이어그램을 draw.io나 비지오 형식 또는 엑셀 스프레드시트로 업로드하고 위협 모델을 받는다. 보안 관련 메타데이터, 신뢰 영역, 요소에 할당하려는 권한 등 데이터에 주석을 달아야 한다. 생성된 보고서에서 요소와 데이터 흐름, 위협을 식별하고 완화 방법을 제시한다.

업데이트 빈도: 자주 업데이트되는 상용 제품

출처: http://www.tutamantic.com

ML과 AI를 사용한 위협 모델링

지금은 '인공지능AI, Artificial Intelligence이 모든 것을 해결하는' 시대다.[26] 그러나 보안 업계는 아직 위협 모델링에 AI가 도약할 준비가 되지 않았다.

위협 모델링에 머신러닝ML, Machine Learning과 AI를 사용하는 연구가 일부 진행됐다. 오늘날의 AI가 과거 전문가 시스템의 발전이라는 점을 감안하면 이는 자연스러운 현상이다. 이런 시스템은 추론 엔진inference engine에 의해 처리된 규칙을 기반으로 하는데, 이는 모델링 중인 시스템을 만족스러운 상태로 만들고자 일련의 요구 사항을 충족시킨다. 그렇지 않으면 시스템이 해결 불가능하다고 판단되는 불일치를 지적한다. 어디서 많이 들어 본 말 같지 않은가?

머신러닝은 충분한 데이터를 분류한 후, 새로운 데이터를 분석할 수 있는 패턴이 생긴다는 전제하에 구축된다. 이를 위협 모델링 영역으로 적용하기 까다롭다. 예를 들어 네트워크 보안 분야에서 분류 알고리듬을 훈련하고자 방대한 양의 '좋은' 트래픽과 '나쁜' 트래픽 데이터를 생성할 것이다. 위협 모델링에서 충분한 데이터 말뭉치corpus가 존재하지 않을 수도 있다. 즉 정확하게 위협을 인식하도록 알고리듬을 훈련하기 어렵다. 이것은 위협이 원치 않는 상태(요소와 속성의 특정 집합에서 시스템의 구성으로 인해 발생함)를 표현하는 접근 방식으로 되돌아가게 한다.

위협 모델링의 머신러닝 접근 방식은 기본적으로 여전히 학문적인 활동이며, AI/ML 시스템이 작동하는 것을 시연하는 출판된 논문이나 개념 증명proofs of concept은 거의 없다.[27, 28] 앞서 설명한 것과 같은 일반적인 머신러닝 위협 모델링 체인과 관련된 특허는 있지만, 툴의 작동 프로토타입이나 이를 지원하는 데이터셋dataset은 현재로서 밝혀진 내용이 없다.

다른 시스템의 보안을 개선하고자 요청되고 활용되는 경우에도 ML 시스템은 위협 모델링이 필요하다. 이 분야에서 수행된 몇 가지 연구는 다음과 같다.

---

26 코리 캐플릿(Corey Caplette), 「Beyond the Hype: The Value of Machine Learning and AI (Artificial Intelligence) for Business (Part 1)」 Towards Data Science, 2018년 5월, https://oreil.ly/324W3.

27 미나 하오(Mina Hao), 「Machine Learning Algorithms Power Security Threat Reasoning and Analysis」 NSFOCUS, 2019년 5월, https://oreil.ly/pzlQ9.

28 M. 코라스(M. Choras)와 R. 코직(R. Kozik), ScienceDirect, 「Machine Learning Techniques for Threat Modeling and Detection」 2017년 10월 6일, https://oreil.ly/PQfUt.

- NCC 그룹은 악랄한 공격자에 의해 공격 또는 남용될 수 있는 방법을 강조하는 ML 시스템 위협 모델을 개발했고 그 연구 결과를 제공했다.[29] NCC 그룹의 연구원들은 위협 모델링에 사용할 수 있는 가장 오래된 비ML 툴 중 하나인 마이크로소프트 스레트 모델링 툴, 2018 에디션을 사용했다.

- 비엔나 공과 대학교 컴퓨터 공학 연구소에서 ML 알고리듬 훈련과 추론 메커니즘의 위협 모델을 발표했고, 여기에는 취약점 논의와 공격자 목표, 식별된 위협을 완화하기 위한 대응책 등이 포함돼 있다.[30]

- 유명한 보안 과학자인 게리 맥그로Gary McGraw 박사가 공동 설립한 베리빌Berryville 머신러닝 연구소는 보안 분야에서 관심이 많은 ML 시스템의 아키텍처 위험 분석을 발표했다(이 중 일부는 다른 시스템의 보안 문제를 탐지할 수 있다).[31]

MITRE의 CWE는 CWE-1039, 「Automated Recognition Mechanism with Inadequate Detection or Handling of Adversarial Input Perturbations」(https://oreil.ly/2wT_M)가 추가되면서 머신러닝 시스템의 보안 약점을 포함하기 시작했다.

요약

4장에서는 위협 모델링의 기존 과제와 이를 극복할 수 있는 방법을 살펴봤다. 아키텍처 기술 언어와 이 언어가 어떻게 위협 모델링 자동화의 기반이 될 수 있었는지도 배웠다. 단순히 더 나은 위협 문서를 만드는 것부터 코드를 작성해 전체 모델링 분석을 수행하는 것까지 위협 모델링 자동화를 위한 다양한 옵션을 배웠다.

3장에서는 위협 모델링 방법론의 구현을 배웠고, 4장에서는 코드를 사용한 위협 모델링과 코드로부터의 위협 모델링(업계에서는 둘 다 코드로서의 위협 모델링이라고 부름)의 기술을 사용하는 툴을 살펴봤다. 이러한 툴 중 일부는 보안 테스트 오케스트레이션과 같은

---

29 「Building Safer Machine Learning Systems—A Threat Model」 NCC Group, 2018년 8월, https://oreil.ly/BRgb9

30 파이크 칼리드(Faiq Khalid) 외, 「Security for Machine Learning-Based Systems: Attacks and Challenges During Training and Inference」 코넬 대학교, 2018년 11월, https://oreil.ly/2Qgx7

31 게리 맥그로(Gary McGraw) 외, 「An Architectural Risk Analysis of Machine Learning Systems」 BIML, https://oreil.ly/_RYwy

기능도 제공한다. 코드로부터의 위협 모델링 툴인 pytm을 설명했고, 위협 모델링에 머신러닝 알고리듬을 적용하는 과제를 간략하게 논의하면서 마무리했다.

5장에서는 흥미로운 신규 기술에 대한 위협 모델링의 미래를 살펴보자.

지속적인 위협 모델링

'넌 누구니?' 애벌레가 말했다.

살가운 대화의 시작은 아니었다.

앨리스는 수줍어하며 대답했다. '오늘 아침에 일어났을 때만 해도 내가 누군지 알았던 것 같은데, 여러 번 바뀐 뒤로는 잘 모르겠어.'

'그게 무슨 말이야?' 애벌레가 말했다. '제대로 설명해 봐!'

'미안하지만 나는 내 자신을 설명할 수 없어.' 앨리스가 말했다. '보다시피 난 내가 아니거든.'

 – 루이스 캐롤(Lewis Carroll), 『이상한 나라의 앨리스(Alice in Wonderland)』

5장에서는 지속적인 위협 모델링 프로세스를 소개한다. 하나의 구현을 제시하고 실제 환경에서 이 방법론을 사용한 결과를 설명한다.

지속적인 위협 모델링이 필요한 이유

3장에서 다양한 위협 모델링 방법론을 다뤘고, 우리의 경험에 의한 장점과 단점을 짚어 봤다. 이러한 방법론을 '등급화'하는 데 사용되는 항목을 논의했을 때 일명 애자일 개발 agile development과 같은 더 나은 레이블이 없었기 때문에 한쪽으로 치우쳐 설명했다는 것을 눈치챘을 것이다.

이것은 폭포수 모델에서 벗어나는 기존 개발 기술 중 하나라는 의미다(먼저 설계되고, 구현되고, 테스트되며, 시스템의 다음 반복^{iteration}까지 추가 수정을 하지 않는다). 개발자의 끊임없는 개선 작업으로 하루에 천 번 데브옵스를 받는 시스템도 마찬가지다. 어떻게 이런 환경에서 다른 작업 속도에 영향 주지 않고 위협 모델링이 발전할 수 있을까?

 경험에 따르면 개발자는 늘 배포 시간에 쫓긴다. 설계자는 진행 속도를 결정한다. 보안 담당자는 조심스럽게 움직인다.

모든 사람의 관점, 기대, 요구 사항을 충족시키고 서로 다른 속도와 리듬을 융합하기 위해 어떻게 위협 모델링을 수행해야 할까? 시스템을 처음 캡처한 후, 시스템이 진화하고, 시스템에 위협이 발생되고, 시스템이 변경될 때마다 캡처하는 다중 속도 프로세스를 적용시키고 싶을 것이다. 물론 4장에서 논의한 다른 모든 문제도 해결되길 원할 것이다. 이 모든 것을 달성하는 데 지속적인 위협 모델링이 필요하다.

지속적인 위협 모델링 방법론

지속적인 위협 모델링^{CTM, Continuous Threat Modeling} 방법론은 3장에서 소개한 등급 항목을 사용하면서 다음과 같은 간단한 지침 원칙에 의존한다.

- 제품 팀은 이 팀에 속하지 않는 보안 전문가보다 시스템을 더 잘 알고 있다.

- 팀은 위협 모델링(접근성, 애자일)에 참여하려고 현재 하고 있는 일을 중단할 수 없다.

- 개별화된 수익률 증가 학습 곡선^{increasing-returns learning curve}이 훈련을 대체한다. 위협 분석의 품질은 경험(교육, 제약 없음)에 따라 증가한다.

- 위협 모델의 상태는 모델링되는 시스템의 현재 상태를 반영해야 한다(대표성).

- 오늘의 위협 모델은 어제의 위협 모델(확장성, 교육)보다 더 좋아야 한다.

- 결과물은 시스템과 일치해야 한다(유용성).

'교육' 항목이 원칙에서 두 번 언급되는 것은 우연이 아니다. 전체 아이디어는 팀이 보안 지식 및 보안 전문가의 참여 여부와 관계없이 효과적인 위협 모델링을 수행하도록 하는 것이다. 첫 번째 원칙이 3장에서 살펴본 측정 항목과 연결되지 않는 것도 우연이 아니다. 전체 방법론은 위협 모델의 소유권을 갖고 있는 제품 팀을 중심으로, 팀 구성원이 외부 지식에 의존하지 않고 프로세스의 이점을 얻을 수 있도록 해야 한다. 3장에서는 이에 대한 측정이 없었다.

진화: 개선되고 있음

우리의 주요 제안 중 하나는 위협 모델이 진화적이어야 한다는 것이다. 이는 위협 모델이 나날이 개선되고 있음을 의미한다. 그러므로 완화책을 적용하기 전에 시스템에서 발생할 수 있는 모든 위협을 효과적으로 파악해야 한다는 '모두 찾아야 해!'라는 압박감에 사로잡히지 않아도 된다.

시간이 지남에 따라 위협 모델이 진화한다는 사실을 알면 여러 팀이 동일한 단계를 통해 서로 다른 속도로 이동하고 상호작용할 수 있으므로 확장성이 가능해진다. 모든 팀에 적합한 방법론을 갖는 것도 중요하지만, 해당 방법론이 즉시 효과적이고자 반드시 보조를 맞출 필요는 없다. 각 팀이 알아서 진화하게 두거나 필요에 따라 (조언 또는 전문가의 지원을 통해) 개입할 수 있다.

오토데스크의 지속적인 위협 모델링 방법론

 CTM의 원칙과 그 이점 및 사용법이 포함된 오토데스크(Autodesk)의 지속적인 위협 모델링 (A-CTM, Autodesk Continuous Threat Modeling) 방법론을 다루기 전에 A-CTM의 개발과 배포 그리고 지속적인 개선에 기여한 모든 분께 감사를 표한다. 솔루션의 가치를 보고 함께해 준 레니 손디(Reeny Sondhi)와 토니 아루스(Tony Arous). 용맹한 AppSec 팀인 헤만스 스리니바산(Hemanth Srinivasan), 에스메랄다 누랄리예바(Esmeralda Nuraliyeva), 앨리슨 쇼엔필드(Allison Schoenfield), 로힛 샴부니(Rohit Shambhuni), 존 로버츠(John Roberts) 그리고 매일 방법론을 수용하고 개선하는 Autodesk의 제품 팀에 감사드리다.

A-CTM은 지속적인 위협 모델링 접근 방식으로 실제 환경에서 인스턴스화한다. CTM 이론을 채택해 전 세계에 많은 팀이 있는 빠르게 변화하는 조직에 적용했으며, 새로운 방법론의 성장통을 모두 경험했다. 관찰된 결과를 기반으로 지속적인 수정과 개선 작업을 진행했으며, 위협 모델링이 진화됨에 따라 방법론도 지속적으로 진화했다.

이 방법론의 운영 세부 사항은 오토데스크 깃허브 리포지터리의 Continuous Threat Modeling Handbook(https://oreil.ly/MrDsa)을 참고하자. 설계에서 배포에 이르기까지 시스템 수명 주기의 모든 부분에 적용할 수 있다. 다음은 핸드북에 포함된 '오토데스크 지속적 위협 모델링 사명 선언문'이다.

> 보안 부서가 일반적으로 개발 팀에 제공하는 전체 위협 모델링 서비스는 좋은 교육 과정이다. 이 교육 프로세스를 확장해야 할 필요성을 느꼈고, 개발 팀에 지식을 전달하기로 했다. 이 핸드북에 설명된 접근 방식은 팀이 보안 원칙을 위협 모델링 프로세스에 적용할 수 있는 구조를 제공한다. 이를 통해 보안 태세에 의문을 제기하는 지침에 따라 제품 지식을 보안 결과물로 변환할 수 있다. 이 접근 방식의 목표는 개발 팀이 수행하는 위협 모델의 품질에 보안 팀의 개입이 최소화될 때까지 반복에 걸쳐 개발 팀의 보안 능력을 지원하고 강화하는 것이다.

5장에서 동일한 방법론을 참고하고자 CTM과 A-CTM, Autodesk CTM을 상호 교환적으로 사용한다. 대체로 CTM은 기본 방법론과 철학을 나타내고, A-CTM은 오토데스크의 구현을 나타낸다.

'지금까지 우리가 갖고 있는 것'과 '시간에 따라 어떻게 변화하는지'의 이분법을 해결하고자 CTM은 이중 속도 접근법을 채택한다. 이러한 방식으로 해당 시스템에 사용 가능한 모든 정보를 사용해 위협 모델(베이스라인 위협 모델)을 구축한 후, '위협 모델의 모든 스토리Threat Model Every Story' 접근 방식을 채택한다(자세한 내용은 213페이지 '살아 있는 문서는 얼마나 자주 숨을 쉬어야 할까?'에서 설명한다). 각 개발자는 계획하거나 적용, 테스트할 때 보안 관점에서 시스템의 변경 사항을 평가한 후, 적절한 조치를 취한다. 베이스라인 위협 모델은 변경되고 진화하는 살아 있는 문서가 되며, 프로세스의 마지막(또는 주어진 마일스톤)에서 모든 변경 사항과 함께 시스템의 현재 상태를 반영한다. 이 아이디어는 Threat Modeling Insider Newsletter에서 처음 등장한 이자르의 기사(https://oreil.ly/cJCZn)에서 자세히 살펴볼 수 있다.

살아 있는 문서는 얼마나 자주 숨을 쉬어야 할까?

위협 모델 보고서가 살아 있는 문서라는 아이디어는 새롭지 않다. 아담 쇼스탁과 브룩 S. E. 쇼엔필드를 비롯한 위협 모델링 분야의 리더들에 의해 여러 번 언급됐으며, 암묵적이든 명시적이든 많은 위협 모델링 방법론에 반영됐다. 마지막 단계는 '이제 다시 실행하라'다. 마이크로소프트는 애자일 개발 중 설계 변경 문제를 해결하고자 보안 스파이크(security spike)라는 아이디어를 도입했으며, 대부분의 위협 모델링 툴은 변경 사항을 즉각적으로 위협 모델에 반영할 수 있다. 데브옵스에 표현된 현재 인기 있는 빠른 개발과 구축 철학은 시스템을 하루에도 수백 번씩 배포하고 있으며, 소규모의 변경 사항은 시스템의 초기 단계에서 소비자 사용 단계까지 빈번하게 발생된다. 이는 가장 유연한 위협 모델링 툴에도 부담을 줄 것이다.

'하나 끝내고 다시 시작'하는 것과 '생각의 속도로 변화'하는 상황에서 희망적인 지점이 있다. 여기서 시스템 설계와 구현의 변경 사항은 이 개념적 프로세스의 이점을 얻는 방식으로 위협 모델에 반영될 수 있다. 개발자에게 프로그래밍 하위 분야로서 보안 경험을 강화하면서 모델이 시스템을 계속 반영하게 만든다. 실제로 위협 모델의 변화를 해결하고자 많은 스크럼(또는 다른 개발 주기 단위)을 기다리면 보안에 중요한 세부 정보가 손실될 가능성이 높아진다.

반면 데브옵스에 의해 발생하는 하루 수백 가지 변경 사항 중 공격 표면이나 보안 태세, 시스템의 보안 구성을 수정하는 '보안상 주목할 만한 이벤트'는 극소수에 불과하다. 이러한 이벤트는 설계된 시점(설계자 또는 개발자가 보안 보장(security assertion)이나 가정(assumption)을 변경하는 방식으로 시스템을 추가하거나 수정할 때)에서 더 효과적으로 식별된다. 이 마법 같은 지점은 기능(feature)이나 수정 사항(fix), 스토리(story)다. 쇼엔필드는 『Secrets of a Cyber Security Architect』(Auerbach Publications, 2019)에서 다음과 같이 설명했다.

> 위협 모델링에는 오랜 시간이 필요하지 않다. 이 책에서 언급했듯이 경험이 부족한 팀이 보안 태세를 크게 향상시키는 요구 사항 하나만 찾는다면 이것은 승리이며 축하할 일이다. 이는 위협 모델이 소프트웨어 보안 콘퍼런스에서 자주 발표되는 길고 철저한 연습이 필요하지 않음을 의미한다. 그보다는 개발자에게 신뢰할 수 있는 공격 시나리오를 고민하게 해보자. 시간이 지남에 따라 분석 능력이 향상되고, 적용되는 시나리오를 더 자주 발견하고, 더 많은 보안 요구 사항을 식별할 수 있게 될 것이다.

쇼엔필드의 경험에 대한 나의 해석은, 개발자가 코드를 작성할 때 임무 수행에 꼭 필요한 결정을 내린다는 것은 신뢰하지만, 위협 모델링은 완전한 솔루션의 빅뱅을 찾는 전문가에게 맡기는 것이 더 나은 일이라고 생각했다. 그러나 점진적이고 진화적인 답변을 원한다면 개발자를 신뢰하고 툴을 제공해야 하며, 무엇보다 보안 기본 지식을 전달해 개발자가 자체적으로 위협 모델링을 수행하거나 보안 관련 이벤트를 식별할 수 있도록 해야 한다. 이러한 이벤트를 대기열에 추가하고 큐레이터(문서나 테스트 절차, 배포 변경 사항에서 해결해야 하는 항목과 위협 모델에 포함돼야 하는 항목을 궁극적으로 결정하는 사람)가 적절한 시간 내에 대기열을 처리하도록 함으로써 위협 모델 개발에 보조를 맞춰야 한다. 변경 사항은 항상 위협 모델에 반영돼 세부 정보가 손실되거나 잘못된 가정이 발생될 가능성이 없어야 하며, 시스템의 사소한 변경 사항을 세분화하는 것보다 잠재적인 보안 결함이 발생할 수 있는 변경 사항을 세분화한다.

이것은 지속적인 위협 모델링 또는 '위협 모델의 모든 스토리'의 기초가 된다. 현재 오토데스크에서 사용 중이며, 다른 몇몇 회사에서도 고려 중이다. OWASP AppSec California 2019에서 〈Threat Model Every Story: Practical Continuous Threat Modeling Work for your Team〉(https://oreil.ly/aSaXr)이라는 강연 을 볼 수 있다.

언뜻 보기에 CTM은 우리가 살펴본 다른 방법론만큼 '무거워' 보이지만, 실제로 작업을 단순하게 만들고 협업할 수 있게 한다. 위협 모델링은 팀 스포츠다. 개발 팀의 모든 사람은 CTM 프로세스의 완전한 이해관계자다.

- 제품 소유자와 제품 관리자는 보안 요구 사항이 적절하게 부합하는지 검증하길 원한다.

- 설계자는 설계를 검증하길 원한다.

- 개발자는 구현 중 설계 변경 사항에 피드백과 지침을 받기 원한다.

- 테스터는 이를 보안 테스트를 위한 로드맵으로 사용하길 원한다.

- 데브옵스는 배포 시 보안 제어와 아키텍처 검토를 위해 이를 사용한다.

이러한 역할은 위협 모델링 수행과 별도의 기대치를 가진 역할이지만, 적절한 보안과 위험 결정을 내리고자 충분한 세부 정보와 시스템의 포괄적인 뷰를 생성해 동일한 시스템의 다른 뷰를 제공한다.

이 과정에서 1명 이상(너무 많으면 안 됨)의 큐레이터를 선택해야 한다. 위협 모델 큐레이터의 역할은 기술보다 프로세스 마인드에 가까운 사람이어야 하고, 팀에서 누가 무엇을 담당하는지 이해하고 명확하게 의사소통할 수 있어야 한다. CTM 부기bookkeeping를 수행하고자 전체 개발 프로세스 동안 큐레이터에게 일정한 시간을 줘야 한다.

큐레이터는 팀의 버그 리포지터리(또는 작업 및 버그를 추적하는 데 사용하는 기타 메커니즘)의 대기열을 소유한다. 이 대기열은 위협 모델과 관련된 상태에 따라 레이블되는 아이템(티켓이라고도 함)으로 구성된다.

security-tm

위협 모델의 결과물^{findings}을 표현하고 추적하는 티켓이다. 즉 해결해야 하는 검증된 문제다.

potential-tm-update

위협 모델 전체의 잠재적 관심으로 간주되는 설계나 구현, 배포, 문서화, 기타 시스템 개발 특성의 변경 사항을 표현하는 티켓이다.

큐레이터는 potential-tm-update 티켓을 사용하고, 자신의 판단이나 팀 구성원과 논의하거나 필요한 경우 보안 전문가와 상담한 후, security-tm으로 높인다. 시간이 지남에 따라 potential-tm-update 티켓에서 더 빠른 프로세스 흐름이 되도록 패턴이 발전될 것이다.

큐레이터에 의한 potential-tm-update 고려 사항에는 두 가지 결과가 있다. 이 티켓은 security-tm 티켓이 될 수 있으며, 이는 전부 해결이 될 때까지 추적된다. 또는 문서를 변경하거나, 배포 요구 사항이 변경됐음을 데브옵스 팀에 통지하거나, 품질 엔지니어링을 위한 새로운 테스트 케이스를 만드는 것과 같은 방법으로 해결될 수 있다. 이 방법론은 잠재적인 이슈를 실행할 수 있는 작업(시스템 개발 시 전반적인 명확성을 향상시킴)으로 변환하는 데 빛을 발한다.

베이스라인 설정

CTM 프로세스의 첫 번째 단계는 기존 시스템이나 설계의 베이스라인^{baseline}을 구축하는 것이다. 팀 구성원이 함께 모여 시스템의 알려진 특성을 식별하고 조사해야 한다. 다음의 작업이 포함된다.

범위 정의하기

위협 모델링의 범위는 시스템 전체인가 아니면 사소한 설계 변경 사항만 진행하는가? 위협 모델의 일부가 될 시스템의 요소를 결정한다.

모든 중요한 자산 식별하기

모델은 시스템의 모든 부분을 포함해야 한다. 너무 상세한 모델이 꺼려진다면 시스템의 최상위를 기술하는 것부터 시작해 더 작은 부분으로 자세히 볼 수 있도록 프로세스를 반복한다.

다이어그램 그리기

범위를 기반으로 시스템 다이어그램을 만든다. 여기에는 시스템을 사용하는 페르소나(예: 사용자, 관리자, 운영자)와 그 페르소나가 상호작용하는 시스템과 브라우저, 데스크톱 클라이언트, 서버, 로드 밸런서, 방화벽 등이 포함된다.

데이터 흐름 그리기

데이터 흐름의 관점에서 시스템 조각 간의 상호작용을 상상해 보자. 프로토콜, 인증과 같은 세부 정보의 상호작용을 주석으로 표기한다.

중요한 데이터의 위치와 전송/변환 경로 표시하기

보호하려는 자산과 시스템에서 그 자산의 위치를 보여 주는 것은 중요하다. 화이트보드나 1장에서 알아본 다양한 다이어그램 솔루션을 통해 다이어그램을 만들 수 있다. 다이어그램을 최신 상태로 쉽게 유지하고자 4장에서 살펴본 pytm(https://github.com/izar/pytm)을 이용한 오픈 소스 도구 체인을 사용할 수 있다.

이 단계에서 '완료 조건'은 방금 만든 다이어그램이 올바르게 시스템을 표현했음을 모든 팀 구성원이 동의하고, 요소 간 모든 관계의 시스템 상호작용이 팀의 이해를 만족시키는 수준일 때다.

이를 포함하는 DFD의 형식과 위협 모델 보고서가 중요하다는 것을 유의해야 한다. 조직의 모든 팀이 동일한 형식을 사용한다면 고유한 위협 모델에서 더 쉽게 정보를 찾을 수 있고, 보안 팀 구성원이 여러 개발 팀과 작업할 때 이 정보를 빠르게 흡수할 수 있다. CTM은 1장에서 논의한 기본 DFD 심벌 사용을 적극 권장한다.

이 시점에서 팀은 DFD에 무엇을 표시할지 알게 된다. 이 책에서 여러 번 언급했듯이 위협 모델링은 일반적으로 GIGO 활동이다. 여러분과 여러분의 팀이 사용할 수 있는 정보의 품질만큼 좋은 결과를 얻을 수 있다. 이러한 이유로 CTM은 DFD에 가능한 한 정확한 주석을 달도록 권장한다. 모든 세부 정보를 상위 수준의 DFD(레벨-0)에 추가해 가독성이 떨어진다면 다이어그램을 더 자세한 DFD(레벨-1)로 나눌 수 있다.

이 방법론은 외부 관찰자가 시스템 보안을 관찰하기 위한 최소한의 정보를 얻을 수 있도록 팀에서 교육을 진행해야 한다. 또한 보고서의 표준 형식을 사용해야 한다. 참석하는 보안 전문가가 같은 사람이 아니거나 동시에 많은 제품을 진행하는 경우 표준 형식을 사용하면 빠르고 효과적으로 내용을 이해할 수 있다. 부록 A의 위협 모델 예제는 이러한 점을 반영한다. 위협 모델에 일관된 형식을 사용하는 것은 팀 구성원이 팀을 이동할 때 그리고 위협 모델을 데이터 마이닝해 유용한 데이터를 추출할 때 유용하다.

다음은 CTM의 DFD 체크리스트다.

1. 배포를 포함해 시스템의 전체 다이어그램을 제공한다.

2. 시스템 개요 DFD(레벨-0)의 각 구성 요소에 레이블을 지정한다.

3. 화살표(단방향/양방향)를 사용해 각 데이터 흐름의 방향에 레이블을 지정한다.

4. 각 화살표가 나타내는 주요 작업에 레이블을 지정한다.

5. 각 데이터 흐름에 사용되는 프로토콜에 레이블을 지정한다.

6. 신뢰 경계와 네트워크에 레이블을 지정한다.

7. 세부 DFD(레벨-1)에서 데이터의 주요 유형과 애플리케이션을 통해 흐르는 방식(제어 흐름)에 레이블을 지정한다.

8. 시스템을 사용하는 페르소나(사용자, 관리자, 운영자 등)를 설명하고, 데이터 흐름/접근이 각 사람마다 어떻게 다른지 보여 준다.

9. 인증 프로세스의 각 부분에 레이블을 지정한다.

10. 권한 부여 프로세스의 각 부분에 레이블을 지정한다.

11. 이러한 작업의 순서를 숫자로 레이블을 지정한다.

12. '중요한 부분^{crown jewel}' 또는 가장 민감한 데이터에 레이블을 지정한다. 어떻게 처리되는가? 가장 중요한 애플리케이션의 기능은 무엇인가?

결과물의 형식은 다음과 같은 구조를 따른다.

고유 식별자

이것은 수명 주기 전반에 걸쳐 결과물이 식별되는 방식이다.

완전한 공격 시나리오

대부분의 경우 팀 구성원은 여러 가지 방식으로 결과를 해석한다. 전체 공격 시나리오를 지정해 모든 사람이 동일한 문제를 언급하는지 아니면 하나의 결과에 여러 개의 문제가 존재하는지 쉽게 이해할 수 있다. 충분한 정보를 갖고 있다면 결과물을 여러 부분으로 분할하는 것과 마찬가지로 결과의 영향도와 가능성을 파악하는 데 도움이 된다.

심각도

엄밀히 말하면 위험 평가 시스템은 아니지만, CVSS는 결과의 순위를 정하는 데 도움이 된다. CVSS는 결과물을 동등하게 비교할 수 있는 문제의 심각도를 빠르게 표시할 수 있는 간단한 방법을 제공한다.[1] 모든 사용 사례에 적합한 것은 아니지만, 사용하기 쉽고 기술적이며 유용하고 대표적인 메트릭으로 만들기 위한 툴로서 충분하다. CVSS의 사용을 의무화하지 않으면 팀은 그들에게 권유하는 메트릭을 채택하거나 심각도보다 위험을 더 잘 나타내는 메트릭을 채택할 수 있다. 그러나 조직의 모든 위협 모델링이 동일한 방법을 사용해 우선순위를 지정하고, '중요성'을 판단하는 동일한 표준으로 토론하는 것이 중요하다.

완화 방법

식별된 문제에 제안된 해결 방안이다. potential-tm-update와 티켓팅 시스템과 함께 이 영역은 결과의 최종 결론을 기록하고 필요에 따라 추가 논의를 할 수 있는 단계다.

---

1 CVSS는 3장에서 자세히 논의된다.

베이스라인 분석

논의한 바와 같이 CTM이 해결하려고 하는 첫 번째 문제는 보안 교육이다. 두 번째 문제는 결함을 식별하고자 위협 모델링 활동을 도와주는 보안 전문가가 필요하다는 것이다. 팀 구성원이 보안 전문 지식을 갖고 있지 않을 경우 어떻게 독립적으로 결함을 식별할 수 있을지에 대한 질문으로 돌아온다.

위협 모델링 강의는 일반적으로 '해커처럼 생각하라!'라는 문구로 시작한다. 이것은 미숙한 요리사를 주방으로 밀어넣고 미슐랭^{Michelin} 등급을 받은 요리사처럼 생각하라고 말하는 것만큼 유용하다. 차라리 피자를 주문하는 것이 나을지도 모른다. 누군가에게 이렇게 요청하는 것은 보안 지식 부족 문제를 해결하는 것보다 더 어렵다. '사양에 따른 코딩'을 중단하고 '파괴를 위한 코딩/설계/테스트'를 시작하라는 것은 모든 사람이 수행할 수 없거나 모든 사람이 수행할 준비가 되지 않은 사고방식의 변화다. 관점을 바꾸는 것은 쉽지 않다.

CTM은 팀이 보안 결함을 찾도록 유도하지만 '올바르게 했는가?'라는 접근 방식도 사용한다. 여러분의 팀이 설계의 보안 측면에 대한 토론을 진행한다면 팀 구성원의 보안 지식이 향상될 것이다. 팀이 보안 영역을 다루는 주제를 검토하고 토론을 시작하기 위한 몇 가지 주요 질문을 하게 함으로써 토론을 수행한다(표 5-1 참고).[2]

표 5-1 토론을 시작하기 위한 질문

주제	해당 주제의 질문 예제
인증 및 권한 부여	• 클라이언트와 서버를 포함해 시스템의 사용자와 기타 행위자가 사칭을 방지하고자 어떻게 서로를 인증하는가? • 시스템의 모든 작업에는 권한이 요구되며, 필요한 수준으로만 권한을 부여받는가(예를 들어 데이터베이스에 접근하는 사용자는 실제로 사용해야 하는 테이블과 열 이외에는 접근이 제한된다)?
접근 제어	• 역할 기반 방식으로 권한을 부여받는가? 접근이 수행되는 시점에 맞는 접근 권한을 부여받는가(상태 변경 작업으로 토큰/퍼미션 업데이트, 접근 권한을 부여받기 전 토큰/퍼미션 확인)? • 시스템의 모든 객체가 적절한 메커니즘을 사용해 접근이 제어되는가(파일, 웹 페이지, 리소스, 리소스의 작업 등)? • 민감한 데이터와 비밀 사항은 필요한 사람에게만 접근되도록 제한되는가?

---

2 Autodesk Continuous Threat Modeling Handbook, https://oreil.ly/39UsH

주제	해당 주제의 질문 예제
신뢰 경계	• 모델에서 신뢰 수준이 변경되는 부분을 명확하게 식별할 수 있는가? • 이를 액세스 제어와 인증, 권한 부여에 매핑할 수 있는가?
감사	• 보안 관련 작업이 기록되고 있는가? • 로깅 모범 사례를 따르고 있는가? PII 없음, 비밀이 로깅됨. SIEM과 RFC 5424, 5427, OWASP와 같은 산업 표준과 호환되는 중앙에 로깅됨. AWS CloudTrail이 제대로 사용되고 있는가?
암호화	• 키의 길이가 짧지 않고 사용 중인 알고리듬은 검증된 것인가(충돌 없음, 무차별 대입 없음 등)? • 모든 암호화 구현이 잘 테스트되고, 알려진 최신 보안 패치가 적용됐으며, 사내에서 개발한 암호화는 사용하지 않는가? • 변경 사항에 맞게 쉽게 암호화를 구성하거나 업데이트할 수 있는가?
비밀 방어	• 시스템에 있는 토큰, 키, 자격 증명, 비밀 등은 무엇인가? • 어떻게 보호되는가? • 애플리케이션과 함께 배포되는 비밀이 있는가(하드코딩된)? • 잘 구축되고 테스트된 시스템을 사용해 비밀을 저장하고 있는가? • 모든 비밀(API 또는 SSH 키, 클라이언트 시크릿, AWS 접근 키, SSL 개인 키, 채팅 클라이언트 토큰 등)이 리포지터리, 문서 공유, 컨테이너 이미지, 브라우저의 로컬 저장소 등 암호화되지 않은 상태로 저장돼 있는가? • 비밀이 빌드/배포 절차의 일부로 환경 변수를 통해 전달되는가? • 비밀과 민감한 데이터는 사용되는 즉시 메모리에서 삭제되는가? 또는 기록될 가능성이 있는가? • 키가 쉽게 순환되는가?
인젝션	• 시스템 외부에서 들어오는 모든 입력이 잘못됐거나 위험한지 검사하는가? (이는 특히 데이터 파일을 수용하는 시스템, 즉 웹 페이지나 바이너리, 스크립트의 일부로 표시되는 입력 또는 SQL 쿼리에 직접 통합되는 입력 그리고 Lua, 자바스크립트(JavaScript), LISP 등의 인터프리터를 포함하는 시스템과 관련 있다)
전송 및 저장 데이터 암호화	• 시스템의 모든 중요한 데이터와 중요한 부분(crown jewels)은 시스템 간 전송될 때 그리고 저장될 때 외부 공격자와 내부 공격자 모두로부터 보호되는가?
데이터 보존	• 전송 및 저장 데이터 보호 문제와 더불어 필요한 것보다 더 많은 데이터를 저장하고 유지하고 있는가? • 데이터가 컴플라이언스 요구 사항에 따른 시간과 방식으로 보존되는가?
데이터 최소화 및 개인 정보 보호	• 개인 데이터를 저장하는 경우 모든 표준과 컴플라이언스 요구 사항에 따라 데이터를 보호하는가? • 보유하고 있는 데이터를 최소화하거나 익명화하는가?

주제	해당 주제의 질문 예제
회복력	• 시스템이 서비스 거부 공격(denial-of-service attack)을 받을 수 있는 단일 장애 지점에 의존하는가? • 시스템이 여러 서비스 노드에 분산돼 있는 경우 국지적 보안 침해 시 일부분을 격리해 서비스를 저하시키되 중단하지는 않는 것이 가능한가? • 시스템이 서비스 거부 또는 시스템 프로빙(probing)이 발생할 때 도움을 요청할 수 있도록 피드백 제어(모니터링) 기능을 제공하는가?
서비스 거부	• 멀티테넌시(multitenancy) 고려 – 한 테넌트(tenant)가 다른 테넌트의 작업을 방해하는 계산(computation) 또는 I/O를 생성할 수 있는가? • 스토리지 고려 – 한 테넌트가 모든 스토리지를 채워서 다른 테넌트가 작업하지 못하게 할 수 있는가?
구성 관리	• 시스템이 백업되고 보호되는 구성 파일을 사용해 중앙 구성 관리 툴 또는 프로세스에 의해 관리되도록 설정돼 있는가?
타사 라이브러리 및 구성 요소	• 모든 종속성(직접 및 이행성 모두) 　– 알려진 모든 취약점을 완화하도록 업데이트됐는가? 　– 신뢰할 수 있는 출처(예: 보안 문제를 신속하게 해결하는 잘 알려진 회사/개발자가 게시한)를 통해 확보하고, 동일한 출처에서 제공한 것인지 확인하는가? • 라이브러리와 설치 프로그램의 코드 서명을 적극 권장함 – 코드 서명이 구현돼 있는가? • 설치 프로그램이 외부 소스에서 다운로드한 구성 요소의 체크섬(checksum)을 검증하는가? • 임베디드 브라우저(내장된 Chromium나 Electron 프레임워크, Gecko)가 있는가? 그렇다면 이 표 끝에 있는 'API' 항목을 참고하자.
보안 강화	• 시스템이 보안 강화 체계를 갖춘 환경에서 실행돼야 한다는 것을 고려해 설계됐는가(폐쇄된 송신 포트, 제한된 파일 시스템 권한 등)? • 설치 프로그램과 애플리케이션 프로세스를 실행시키고자 최소한의 권한만 요구되는가? 권한을 자주 회수하는가? • 보안이 강화된 이미지가 클라우드 플랫폼에서 사용되는가? • 앱은 절대 경로를 통해서만 라이브러리를 로드하는가? • 시스템 설계에서 서비스 격리(컨테이너화, 호스트 리소스 소비 제한, 샌드박싱)가 고려됐는가?
클라우드 서비스	• 클라우드 서비스의 설계 및 사용에서 알려진 모범 사례를 따르는가? • 역할 요구 사항과 보안 정책 • 적절한 경우 MFA(Multi-Factor Authentication) 사용 • API 키 순환 계획 • 루트 접근(클라우드 공급자 관리 시스템에 대한)이 올바르게 보안 강화되고, 관리되고, 구성됐는가? • 클라우드 서비스별로 권한이 강화됐는가? • 모든 백 채널(서버 간, 내부 API) 통신이 VPC 피어링을 통해 내부적으로 라우팅되는가 (즉 백 채널 트래픽이 공용 인터넷을 거치지 않음)?

주제	해당 주제의 질문 예제
개발/스테이징/ 프로덕션 사례	• 환경이 적절히 보호되는가? • 비프로덕션 테스트 환경(특히 스테이징/통합)의 경우 테스트 데이터가 프로덕션에서 제공되는가? 그렇다면 비프로덕션 환경에서 사용하기 전에 민감한 데이터(예: 개인 식별 정보 또는 고객 데이터)를 스크러빙(scrubbing)하거나 마스킹하는가? • 이 메일 기능은 항상 회사에서 관리하는 이 메일 계정을 사용해 테스트하는가(예: test@gmail.com과 같은 공개 이 메일을 사용하지 않음)? • 코드 리뷰는 자격을 갖춘 사람이 커밋별로 수행하는가(릴리즈 또는 주요 브랜치에 직접적으로 커밋(commit)하지 않음)? • 단위/기능 테스트에서 다루지 않는 보안 기능(로그인, 암호화, 객체 권한 관리)이 있는가?
API	• 브라우저에서 API를 사용할 수 있다면 CORS(Cross-Origin Resource Sharing)를 조사해야 하는가? • 올바른 인증과 권한 부여 모드를 사용하고 있는가? • 사칭이나 인젝션을 고려하는가?

이것은 체크리스트가 아니라 주요 질문 목록이라는 점에 유의해야 한다. 팀은 각 질문에 단순히 대답하는 것이 아니라 구축 중인 시스템의 맥락에서 이 질문을 논의하고 대응해야 한다. '잘못될 수 있는 것'에 대한 생각을 이끌어 내는 동시에(시스템이 이미 있는 경우) 개발자가 과거에 해결하지 않은 문제(시스템을 실행하는 것에만 목표를 뒀던 시절의 보안 부채)를 드러내도록 유도하는 것이 이 토론의 목적이다.

이러한 질문에 답해야 한다는 부담을 극복하는 것은 팀에 방법론을 도입하는 가장 어려운 부분이며, 팀은 충분하게 답했다고 생각하겠지만 사실 그게 전부가 아니다. 여기서의 요점은 탐색을 장려하는 것이다. '이 시스템에서 스푸핑 문제가 일어날 수 있을까?'라고 생각하기보다는 '인증과 관련해 사용자가 겪었던 초기 문제점을 고려한 후, 그 밖에 고려할 점은 무엇인가?'를 생각해야 한다.

팀이 주제 목록을 시스템에 적용한 후, 식별된 모든 결과를 검토한다. 보안 전문가가 있고 필요한 경우 전문가가 팀에게 추가 질문을 제시한다. 전문가는 더 많은 아이디어를 제공하지만 '오, 여기 이것을 까먹으셨군요'라는 비판은 하지 않는다. 이를 통해 전문가는 팀에서 필요한 교육 영역을 파악할 수 있다. 예를 들어 '팀 구성원은 인증과 권한 부여 항목은 잘 수행했지만, 로깅이나 강화 접근 방식에는 더 깊이가 필요하구나'라고 판단할 수 있다.

교사가 주어진 요점을 단순히 확장하는 방법 대신에 논쟁적 대화를 사용해 학생을 깨달음으로 이끄는 소크라테스식 방법(https://oreil.ly/x9_Jj)을 생각해 보자. 이 접근 방식은 비판적 사고를 더 자극하고 잘못된 전제를 찾아내는 데 도움이 된다고 알려져 있다. 보안 전문가는 팀에게 방향을 제시하고 가능성의 대화를 '주도'함으로써 가능성을 하나씩 나열하고 그대로 진행할지 여부를 확인하는 것보다 효과적인 지시 학습 기회를 만든다.

전문가가 없는 경우에는 팀 내 성찰이 필요하다. 예를 들어 결과물이 나오지 않았다면 시스템이 안전해서인가? 아니면 팀이 충분히 검토하지 않았기 때문인가? 큐레이터나 팀 리더는 팀의 취약한 지식 영역을 활용해(팀에게 '키의 길이는 무엇을 의미하는가?' 또는 '인증이란 무엇인가?'라고 질문을 하면서) 추가 전문 교육을 제공해야 한다. 이 작업이 완료되면 해당 주제의 토론을 시작하면서 부족한 영역을 채울 수 있다.

주제 목록을 분석 지침으로 적용한 결과는 다음과 같다.

- 주어진 주제의 시스템 설계를 기반으로 한 결과물
- 팀이 더 깊이 분석할 수 없다고 느끼는 경우 주제 학습 기회
- 보안 시스템 설계가 시스템 전반에 걸쳐 평가됐다는 확실성

충분히 했는지 언제 알 수 있는가?

위협 모델링의 일반적인 질문은 '언제까지 해야 하는가?'다. 작업이 완료됐다고 간주할 수 있을 만큼 충분히 검토하고, 충분히 생각하고, 시스템에 충분한 질문을 던졌다는 것을 언제 알 수 있을까? 지극히 개인적인 질문이다. 우리는 해야 할 질문이 생각났거나 그 벡터를 올바른 방식으로 고려하지 않았다는 것을 깨달을 때마다 한밤중에 '유레카!' 하면서 일어났다. 중요한 것을 잊고 있을지 모른다는 사실을 알고 있다. 위협 모델을 효과적으로 만들고자 편집증적일 필요는 없지만 도움이 되긴 한다.

CTM에서는 위협 모델이 정의상 진화적이며 추가 조사를 위한 기회가 남아 있기 때문에 질문의 대답이 쉽다. 그러나 일상적인 지침이 필요하며 많은 생각과 시행착오 끝에 다음 기준이 충족되면 위협 모델이 완성된 것으로 간주한다.

- 모든 관련 다이어그램은 문서에 있다.

- 개발 팀이 선택한 추적 시스템에서 합의된 형식으로 배경 정보와 결과를 문서화했다.

- 위협 모델의 버전이 붙은 복사본은 제품 팀과 보안 팀이 공유하는 접근 제어되는 중앙에 저장된다.

보안 팀이나 보안 전문가가 검토할 수 없는 경우 보안에 관심이 많은 팀원을 '악마의 옹호자devil's advocate'로 선택해 위협 모델에서 만들어진 보안 가정에 의문을 제기하고 완화 방법을 찾고자 만들어진 모든 주장에 반기를 들게 한다. 이렇게 하면 최소한 취약한 영역을 확실히 검사했다는 확신을 가질 수 있다.

보안 팀이나 보안 전문가의 지원이 가능한 경우 교육 및 멘토링 역할을 수행해 제품 팀의 보안 태세에 의문을 제기하기보다 이를 향상시킬 수 있도록 노력해야 한다. 위협 모델링 동안 팀의 성과에 건설적인 비판을 제공함으로써, 추가 탐구를 위해 독특하고 잠재적으로 제품 지향적인 주제 영역을 지적함으로써, 개발 팀이 인증, 권한 부여, 암호화, 데이터 보호와 같은 모든 중요한 영역을 검증하도록 함으로써 보안 상태를 향상시킬 수 있다.

위협 모델의 모든 스토리

베이스라인과 초기 분석을 통해 시스템의 상태를 파악하고 지금 당장 고쳐야 할 것이 무엇인지 파악됐을 것이다. 그러나 시스템이 발전됨에 따라 위협 모델이 뒤처지는 문제는 어떻게 해결할 수 있을까? 다른 개발 주기가 끝날 때 동일하게 광범위한 베이스라인 설정 작업을 수행하지 않아도 되게 하려면 어떻게 해야 할까?

어떻게 보더라도 시스템에 버그를 유입시키는 요소는 단 하나뿐인데 그것은 바로 코더coder다. 궁극적으로 코더는 어떤 매개변수를 사용할지, 주어진 흐름에서 어떤 순서로 작업할지, 어디로 전송하고 시스템에서 누가 무엇을 할 수 있는지 결정하는 사람이다. 즉 이러한 문제를 해결하려면 개발자 수준에서 해결해야 한다.

그렇다면 개발자의 작업 범위를 존중하면서 동일한 이슈의 여러 측면에 집중하고, 팀 전체가 이미 확립된 사실 정보를 교환하지 않는 방식으로, 주제 목록의 솔루션 프레임워크를 어떻게 개발자 수준에서 적용할 수 있을까? 즉 CTM은 어떻게 주제 목록을 개발자가 즉시 사용할 수 있는 실행 가능한 아이템으로 줄여 줄 수 있을까? 그것은 바로 보안 개발자 체크리스트^{secure developer checklist}다.

체크리스트의 사용은 새로운 것이 아니다. 의사와 간호사가 체크리스트를 사용하기 시작하면서 병원에서는 수술 오류와 감염이 크게 감소했다.[3] 조종사는 첫 바퀴가 착륙하기 전부터 체크리스트를 사용한다. 일상 생활의 많은 측면에서 체크리스트를 사용하기 때문에 오늘날 대부분의 사람은 기억술^{mnemonic device}로 인식하지 못한다.

이러한 체크리스트의 대부분은 목표 상태를 달성하고자 구성할 조건을 지정한다. 예를 들어 세스나(Cessna 152) 항공기의 '엔진을 시작하기 전에^{Before Start Engine}' 체크리스트를 살펴보자.[4]

'엔진을 시작하기 전에' 체크리스트는 다음과 같다.

1. 비행 전 검사 완료

2. 좌석을 조정하고 제자리에 고정

3. 안전 벨트와 어깨 벨트 고정

4. 연료 차단 밸브 켜기

5. 라디오와 전기 장비 *끄기*

6. 브레이크 테스트 후 멈추기

'연료 차단 밸브 켜기'와 같은 문구는 이전 상태와 무관하게 조종사가 설정해야 하는 목표 상태('밸브 켜기')를 나타낸다. 여기서 중요한 점은 항공기가 과거에 어떤 상태에 있었든 간에 엔진을 시동하기 전에 조종사는 차단 밸브를 켜야 한다. 그렇지 않으면 파일럿은 체크리스트의 다음 단계를 진행할 수 없다. 이것 또한 기본적인 예로, 우주 왕복선과 같이 복잡한 엔진 시동 체크리스트를 상상해 보자. 엄청나다![5]

---

3 아툴 가완데(Atul Gawande), 『The Checklist Manifesto: How to Get Things Right』(New York: Picador, 2010).

4 'Cessna 152 Checklist,' FirstFlight Learning Systems Inc., https://oreil.ly/ATr_k

5 'STS-135 Flight Data Files', Johnson Space Center, NASA, https://oreil.ly/tczMp

상황이 심각해질 수 있는 경우 모든 상태가 올바른 순서로 나열된 체크리스트는 매우 중요하다. 반면에 시스템 개발과 같은 활동에서는 가능한 상태의 수가 방대하고, 모든 환경의 체크리스트를 만드는 것은 불가능하다. CTM은 개발자에게 모든 상황의 단계별 체크리스트를 제공할 수 없다. 다른 메커니즘이 필요하다.

이러한 이유로 보안 개발자 체크리스트는 '이 경우에는 이것을 수행If-This-Then-That' 형식으로 알려진 다른 접근 방식을 채택했다. 이 모드에서 체크리스트는 단계별 지침이 아니라 콜 아웃과 응답 지침을 포함한다. 개발자는 '이 경우에는if this'과 '이것을 수행then that'이라는 측면을 쉽게 인식할 수 있다는 아이디어에서 나왔다.

보안 개발자 체크리스트는 의도적으로 짧고 간결하다. 핸드북이나 'then that' 조항에 대한 각각의 가이드가 아니라 개발자에게 더 많은 정보를 올바른 방향으로 안내하는 기억 전환memory refresher이 되는 것을 목표로 한다.

체크리스트의 궁극적인 목적은 다소 직관적이지 않다. 결국 버려져 사용하지 않게 된다.

이전 교육으로 돌아가서, 보안 교육의 심각한 실수 중 하나는 교육생에게 몸이 기억하는 메커니즘muscle memory mechanism을 만들려고 하지 않는다는 것이다. 방대한 양의 정보와 객관식 질문을 제공함으로써 그들이 그것을 기억하고 필요할 때 올바르게 적용할 수 있을 것이라는 가정을 한다. 하지만 그렇게 되지 않는다. 개발자는 알고리듬과 코드 스니펫code snippet, 시스템 구성의 툴 박스를 개발해 언제 어떻게 적용할지 이해하는 기술을 배운다. 작업의 측면에서 그들은 초보자로 시작해 일꾼으로서 경험을 쌓고, 기본을 충분히 다룬 후에 전문가가 된다. 그러나 어떤 이유로 보안은 이 규칙의 예외가 될 것이다. 그들은 제시된 보안 기술을 언제 어떻게 사용해야 하는지를 다룬 1시간짜리 세미나에 참석할 필요없다.

따라서 여러분의 팀은 체크리스트를 몸이 기억할 때까지 체크리스트를 계속해서 사용하며 개발을 하길 바란다. 그때가 되면 체크리스트 사용을 중단하거나 주어진 스택 또는 기술에 더 적합한 방식으로 동일한 형식의 체크리스트를 사용할 수 있다.

다음은 최신 버전의 오토데스크 보안 개발자 체크리스트(https://oreil.ly/BYTus)로 그 일부를 참고해 보자(표 5-2 참고).

표 5-2 오토데스크 보안 개발자 체크리스트에서 발췌

이것을 한 경우라면	이것을 수행한다.
시스템의 민감한 속성이나 객체를 변경하는 기능 추가	• 인증으로 보호한다. 모든 새로운 기능이 인증으로 보호하는지 확인한다. SAML 또는 OAuth와 같은 강력한 인증 메커니즘을 사용해 개인이나 엔티티, 서버의 신원을 확인한다. • 권한으로 보호한다. 권한은 개인이 엔티티 또는 작업이 갖는 퍼미션/권한을 강제한다. • 모든 새로운 기능에 최소 권한 접근 제어 정책을 실행한다. 대략적인 권한 부여(coarse-grained authorization)를 설계하겠지만, 세부적인 권한 부여(fine-grained authorization)를 위해 유연해야 한다. • 비밀은 일반 텍스트로 유지해서는 안 된다. 비밀은 어떻게 보호하는지에 달려 있다. 비밀번호나 암호화 키를 사용할 때 항상 보호하는 것이 중요하다. 사용 직후 변수를 스크러빙해 메모리에서 머무는 시간을 최소화한다. 어떤 경우에도 비밀을 하드코딩하지 않는다. • 최소한의 권한으로 실행한다. 프로세스나 서비스에 필요한 권한 수준을 결정할 때 해당 프로세스나 서비스에 필요한 권한만 있어야 한다는 점을 염두에 둬야 한다. 예를 들어 데이터베이스만 쿼리하는 경우 자격 증명은 데이터베이스에 쓰기 권한이 없어야 한다. 상승된 권한(루트 또는 관리자)이 필요하지 않은 프로세스는 루트 또는 관리자 권한으로 실행되지 않아야 한다. • 클라이언트 바이패스의 모든 벡터를 고려한다. 애플리케이션의 클라이언트 측에서 사용되는 모든 로직은 공격의 대상이 되기 쉽다. 애플리케이션의 단계를 건너뛰거나 잘못된 값을 입력하는 등의 방법으로 클라이언트 측 제어를 우회할 수 없도록 한다.
신규 프로세스나 신규 행위자 추가	• 최소한의 권한으로 실행한다. 프로세스나 서비스에 필요한 권한 수준을 결정할 때 해당 프로세스나 서비스에 필요한 권한만 있어야 한다는 점을 염두에 둬야 한다. 예를 들어 데이터베이스만 쿼리하는 경우 자격 증명은 데이터베이스에 쓰기 권한이 없어야 한다. 상승된 권한(루트 또는 관리자)이 필요하지 않은 프로세스는 루트 또는 관리자 권한으로 실행되지 않아야 한다. • 자격 증명이 안전하게 저장됐는지 확인한다. 사용자 자격 증명은 솔트(salt) 값과 해시 값으로 데이터베이스에 저장한다. 강력한 해시 알고리듬과 충분한 랜덤 솔트가 사용됐는지 확인한다. • 적절하게 보안을 강화한다. 정기적인 패치와 업데이트 설치, 표면 공격 최소화, 최소 권한 원칙 실행 등을 통해 시스템이나 구성 요소(상업용이나 오픈 소스, 다른 팀에서 가져온 소스 등)를 강화한다. 시스템 엔트리 포인트 개수를 줄여 공격 표면을 최소화한다. 꼭 필요하지 않은 기능과 서비스, 접근을 차단한다. 역할 기능에 필요한 최소한의 접근과 퍼미션을 제공해 최소 권한 원칙을 실천한다. 컴플라이언스를 보장하고자 모든 제어의 감사(audit)를 실시한다.

이것을 한 경우라면	이것을 수행한다.
암호화 사용	• 조직에서 승인한 툴킷을 사용했는지 확인한다. 외부 콘텐츠(라이브러리, 툴킷, 위젯 등)를 적용할 때 해당 콘텐츠에 보안 문제가 있는지 확인한다. • 자체적으로 암호화를 개발하지 않는다. 자체적으로 암호화를 개발하면 새로운 결함이 발생될 수 있으며, 사용자 지정 알고리듬은 공격으로부터 보호하는 데 필요한 강도(strength)가 없을 수 있다. 올바른 목적을 위해 올바른 방식으로 산업 표준 암호화 알고리듬을 사용하고 있는지 확인한다. 자세한 내용은 OWASP 암호화 저장소 체크리스트(https://oreil.ly/Tk6Rh)를 참고하자. • 올바른 알고리듬과 키 길이를 사용하는지 확인한다. 최신 산업 표준 암호화 알고리듬과 키 길이를 올바르게 사용한다. 자세한 내용은 OWASP 암호화 저장소 체크리스트를 참고하자. • 모든 비밀이 올바르게 저장됐는지 확인한다. 비밀은 어떻게 보호하는지에 달려 있다. 비밀번호나 암호화 키를 사용할 때 항상 보호하는 것이 중요하다. 사용 직후 변수를 스크러빙해 메모리에서 머무는 시간을 최소화한다. 어떤 경우에도 비밀을 하드코딩하지 않는다. 키와 비밀 관리의 업계 모범 사례를 따른다. • 사용자 정의가 불가능한 하드와이어 키 또는 비밀이 없는지 확인한다. 키를 하드코딩하지 않는다. 코드, 리포지터리, 팀, 개인 메모, 일반 텍스트 저장소에 키를 저장하지 않는다. 키가 비밀번호 관리자에 올바르게 저장됐는지 또는 데이터베이스에 솔트 값과 해시 값으로 저장됐는지 확인한다.
임베디드 구성 요소 추가	• 적절하게 보안을 강화한다. 모든 임베디드 구성 요소는 보안을 강화해야 한다. 다음과 같은 작업을 수행할 수 있다. 　1. 시스템 엔트리 포인트 개수를 줄여 공격 표면을 최소화한다. 꼭 필요하지 않은 기능, 서비스, 접근을 차단한다. 　2. 타사 구성 요소(상업용이나 오픈 소스, 다른 팀에서 가져온 소스 등)를 적용할 때 해당 구성 요소의 보안 요구 사항, 구성, 예상되는 결과를 알고 있어야 한다. 구성 요소의 보안을 강화하는 데 도움이 필요한 경우 보안 팀에 문의한다. • 구성 요소의 위협 모델링을 고려한다. 타사 구성 요소를 사용하는 경우 이와 관련된 위험/취약점도 내재돼 있으므로 사용하려는 타사 구성 요소의 위협 모델링을 수행해야 한다. 애플리케이션에 들어오고 나가는 모든 타사 구성 요소의 데이터 흐름을 파악하고, 오토데스크 위협 모델링 핸드북을 사용해 위협을 생성한다. • 타사 구성 요소를 위협 모델링할 때 고려해야 할 몇 가지 예는 다음과 같다. 　1. 타사 구성 요소의 권한이 애플리케이션에서 필요한 수준보다 더 높게 부여되지 않았는지 확인한다. 　2. 타사 구성 요소에서 활성화된 불필요한 기능(예: 디버깅 서비스)이 없는지 확인한다. 　3. 구성 요소의 기존 보안 지침과 보안 강화 지침을 따랐는지 확인한다. 　4. 구성 요소의 설정에 제한적인 기본값을 선택했는지 확인한다. 　5. 전체 시스템의 보안에서 구성 요소의 역할을 문서화한다. • 타사 구성 요소의 위협이 식별되면 해당 위협의 위험/심각도에 따라 적절하게 해결한다. 타사 구성 요소에 해결되지 않은 심각하거나 높은 취약점이 있는 경우 제품을 배포하지 않는다. • 구성 요소 인벤토리에 추가한다. 인벤토리에 신규 임베디드 구성 요소를 추가해 업데이트와 패치를 모니터링한다. 이 인벤토리는 보안 이벤트 중 빠르고 쉽게 접근할 수 있는 살아있는 문서로 최신 상태를 유지해야 한다.

이것을 한 경우라면	이것을 수행한다.
신뢰할 수 없는 출처로부터 통제되지 않은 입력받기	• 입력의 크기를 검증하고 제한한다. 입력 크기를 검증(경곗값 확인)하지 않으면 버퍼 오버플로, 인젝션 공격 등과 같은 메모리 문제가 발생할 수 있다. 입력 크기를 검증하지 않고 제한하지 않으면 할당된 공간을 초과해 데이터가 기록되고 스택/힙의 내용을 덮어쓰게 된다. 오류/예기치 않은 입력을 방지하고자 사용 전에 입력 유효성 검사를 구현한다(GUI 뿐만 아니라).
	• 모든 입력에 악의적인 의도가 있다고 가정하고 그에 맞게 처리한다. 작업을 수행하기 전에 입력을 검증하고 출력을 삭제한다. 이렇게 하면 애플리케이션의 전반적인 보안 태세가 향상된다. 입력의 유효성을 검사할 때 알려진 좋은 접근 방식(https://oreil.ly/IDNRy)을 사용한다.
	• 클라이언트 측 입력 검증은 쉽게 우회할 수 있기 때문에 클라이언트 측에서 입력 크기가 검증되더라도 무조건 서버 측에서 입력 검증을 수행한다.
	• 입력이 출력되기 전에 인코딩을 고려한다. 사용자 입력이 응답에 추가되고 웹 페이지에 표시되면 출력 상황에 맞는 인코딩이 교차 사이트 스크립팅(XSS, Cross Site Scripting)을 방지할 수 있다. 인코딩이 수행되는 유형과 콘텍스트는 인코딩을 하는 것만큼이나 중요하다. 그것이 잘못되면 인코딩을 했음에도 XSS가 발생할 수 있기 때문이다. OWASP 기사(https://oreil.ly/hfW-f)에서 상황에 맞는 인코딩을 자세히 알아보자.
	• 인코딩된 형식으로 입력을 저장하는 것을 고려한다(예들 들어 URL로 인코딩된 영 숫자가 아닌(nonalphanumeric) 문자). 사용자 입력이 응답에 추가되고 웹 페이지에 표시되면 출력 상황에 맞는 인코딩이 XSS를 방지할 수 있다. 인코딩이 수행되는 유형과 콘텍스트는 인코딩을 하는 것만큼이나 중요하다. 그것이 잘못되면 인코딩을 했음에도 XSS가 발생할 수 있기 때문이다. OWASP 기사(https://oreil.ly/hfW-f)에서 상황에 맞는 인코딩을 자세히 알아보자.
	• 프로세스 체인에서 입력이 사용되는 위치와 방법을 고려한다. 애플리케이션을 시작하거나 통과하는 악의적인 입력이 다운스트림 애플리케이션으로 전송되고, 다운스트림 애플리케이션이 전달받은 데이터를 암시적으로 신뢰하는 경우 침해될 수 있다. 이를 방지하고자 모든 입력에 악의적인 의도가 있다고 가정하고 그에 맞게 처리한다. 입력을 적절하게 검증하고 데이터가 다운스트림 애플리케이션으로 출력되기 전에 인코딩한다.
	• 신뢰할 수 없는 출처의 입력이 있는 그대로 사용되지 않도록 한다. 작업을 수행하기 전에 입력을 검증한다. 이렇게 하면 애플리케이션의 전반적인 보안 태세가 향상된다. 입력의 유효성을 검사할 때 알려진 좋은 접근 방식(https://oreil.ly/EHT1H)을 사용한다.
	• 데이터를 사용하는 모든 해석자가 오염된 데이터를 사용할 수도 있다는 것을 알고 있는지 확인한다. Perl과 Ruby와 같은 일부 언어는 오염 검사를 수행할 수 있다. 변수의 내용이 외부 행위자에 의해 수정될 수 있는 경우 오염된 것으로 표시하고 보안에 민감한 작업에 포함시키지 않는다. 이 기능은 일부 SQL 인터프리터에도 존재하며, 자체 파서/인터프리터를 개발하는 경우 이 기능을 구현하는 것이 좋다.
	• 파싱 사양(parsing specification)을 QA 담당자에게 알리고 퍼지(fuzz) 테스트를 진행한다. 퍼지 테스트는 사용자 입력을 수용하는 파서와 기타 기능을 테스트하고자 에지 조건에서 다양한 크기의 무작위 데이터를 입력한다. 사용자 입력을 수용하고 '이해'하는 기능이 있는 경우 파싱을 검증하는 데 필요한 테스트를 개발할 수 있도록 QA 팀과 소통한다.

이것을 한 경우라면	이것을 수행한다.
웹(또는 웹과 유사한 REST) 기능 추가	• 권한으로 보호한다. 권한 부여는 개인이 엔티티 또는 작업에 갖는 퍼미션/권한을 강제한다.
	• 모든 새로운 기능에 최소 권한 접근 제어 정책을 실행해야 한다. 대략적인 권한 부여(coarse-grained authorization)를 설계하겠지만 세부적인 권한 부여(fine-grained authorization)를 위해 유연해야 한다.
	• 인증으로 보호한다. 모든 새로운 기능이 인증으로 보호하는지 확인한다. SAML 또는 OAuth와 같은 강력한 인증 메커니즘을 사용해 개인이나 엔티티, 서버의 신원을 확인한다.
	• 신뢰할 수 없는 출처의 제어되지 않은 입력인 토큰과 헤더, 쿠키 사용을 확인한다. 요청 헤더에서 오는 입력 데이터는 클라이언트 측 공격자가 조작할 수 있으므로 신뢰하지 않는다. 악의적인 의도가 있는 데이터로 취급하고, '신뢰할 수 없는 출처에서 제어되지 않는 입력이 수신됨'이라는 설명을 붙인다.
	• TLS를 올바르게 사용하고 인증서를 적절하게 확인한다. 오래된 버전의 TLS를 사용하지 않는다. 뚫린 암호 또는 구식의 암호를 TLS 연결에 사용하지 않는다. 충분한 길이의 암호화 키를 사용하고 있는지 확인한다. 인증서 자체가 유효하고 인증서의 일반 이름이 인증서를 제공하는 도메인과 일치하는지 확인한다. 제공된 인증서가 인증서 폐기 목록(CRL, Certificate Revocation List)의 일부가 아닌지 확인한다. 이것은 TLS와 인증서에서 확인해야 할 모든 항목이 아니며, TLS를 올바르게 사용하는 방법은 이 기사(https://oreil.ly/GvalS)를 참고한다.
	• 호출 인수(argument)가 노출되지 않도록 보호하려면 GET 대신 POST를 사용한다. POST를 사용해 요청 본문에 민감한 데이터를 보내는 것은 GET 요청 URL에 인수로 데이터를 보내는 것보다 안전하다. TLS를 사용하더라도 URL 자체는 암호화되지 않고, 로그와 브라우저 등에 저장돼 민감한 정보가 노출될 수 있다.
	• 세션을 고정시킬 수 없는지 확인한다. 고정 세션은 사용자의 유효한 범위를 벗어나 다른 범위에 들어가고자 식별자를 변경하는 방식으로 조작할 수 있다. 예를 들어 주어진 URL이 보안 검증 없이 쿼리 문자열에서 가져온 세션 ID를 허용하는 경우 공격자는 해당 URL을 사용해 사용자에게 이 메일을 보내고 자신의 제작된 session_id(http://badurl/?session_id=foo)를 추가할 수 있다. 타깃이 이 꾀에 넘어가 해당 URL을 클릭하고 (기존의 유효한)자격 증명을 입력하면 공격자는 사전 설정된 세션 ID foo를 사용해 사용자의 세션을 가로챌 수 있다. 이러한 이유로 심층 방어를 제공해야 한다. TLS를 사용해 전체 세션을 가로채지 않도록 보호하고, 초기 로그인 후 세션 ID를 변경하고, 각 요청에 다른 ID를 제공하고, 로그아웃 후 과거 세션을 무효화하고, URL에 세션 ID가 노출되지 않도록 하며, 서버에서 생성한 세션 ID만 허용한다.
	• 비밀의 안전한 저장과 접근을 확인한다. 비밀은 어떻게 보호하는지에 달려 있다. 비밀번호나 암호화 키를 사용할 때 항상 보호하는 것이 중요하다. 사용 직후 변수를 스크러빙해 메모리에서 머무는 시간을 최소화한다. 어떤 경우에도 비밀을 하드코딩하지 않는다. 키와 비밀 관리의 업계 모범 사례를 따른다.
	• 식별자의 고품질 무작위성을 확인한다. 공격자가 쉽게 예측할 수 없도록 모든 식별자에 충분한 랜덤 값을 사용한다. 암호로 안전한 의사 난수(pseudo random number) 생성기를 사용해 식별자의 엔트로피(entropy)가 최소 256비트인 값을 생성한다.

이것을 한 경우라면	이것을 수행한다.
네트워크를 통한 데이터 전송	• 데이터 전송 중에 스니핑할 수 없도록 한다. 전송 중인 데이터를 보호하려면 전송하기 전에 민감한 데이터를 암호화하거나 HTTPS/SSL/TLS와 같은 암호화된 연결을 사용해 전송 중 데이터가 스니핑되지 않도록 보호해야 한다. • 데이터 전송 중에 변조되지 않도록 한다. 사용 사례에 따라 해싱이나 MAC/HMAC, 디지털 서명을 사용해 데이터 무결성을 유지한다. 자세한 내용은 이 기사(https://oreil.ly/ce0LA)를 참고한다. • 데이터를 재생할 수 없는지 확인한다. 타임스탬프나 nonce를 사용해 데이터 전송 전에 데이터의 MAC/HMAC를 계산한다. • 세션이 하이재킹(hijaking)되지 않도록 한다. 세션 ID의 길이가 충분하고 암호학적으로 랜덤한지 확인한다. 세션 ID 자체가 TLS를 통해 전송하는지 확인한다. 가능하면 세션 쿠키에 Secure 및 HTTPOnly 플래그를 설정한다. 세션 고정에 취약하지 않은지 확인한다. 자세한 내용은 OWASP 기사(https://oreil.ly/6Nejw)를 참고한다. • 보호나 인증, 권한 부여를 클라이언트에 의존하고 있지 않은지 확인한다. 클라이언트는 사용자가 완전히 제어할 수 있는 환경에서 실행되므로 공격자도 제어할 수 있다. 보안 제어를 클라이언트에 의존하는 경우 이를 우회해 민감한 데이터와 기능을 노출할 수 있다. 예를 들어 공격자가 여러 메커니즘(프록시 등을 사용해)으로 이를 수정할 수 있다는 점을 감안한다면 자바스크립트를 사용해 브라우저에서 자격 증명 또는 보안 속성을 확인하는 것만으로는 충분하지 않다. 클라이언트는 관련 데이터를 서버에 전달하는 것 이외의 보안 결정에 책임이 없어야 한다. 클라이언트 측에서는 유효성 검사를 하고, 서버 측 애플리케이션은 보안 제어를 하도록 적절한 솔루션의 피드백을 제공한다.
컴퓨터를 사용한 프로세스 또는 스토리지 바운드 프로세스 생성	• 프로세스가 엉망이 되는 어떤 경우라도 다른 사용자/행위자에게 서비스 거부를 유발하지 않도록 한다. DoS 서비스 상황을 예방하고자 다음 모범 사례를 구현한다. 　– 장애 발생 시 시스템/애플리케이션이 의도한 작동을 계속할 수 있도록 하는 내결함성(fault-tolerant) 설계를 사용한다. 　– 단일 장애 지점을 피한다. CPU 소모 작업을 진행하지 않거나 제한한다. 　– 대기열을 짧게 유지한다. 　– 메모리, 버퍼, 입력을 올바르게 관리한다. 　– 대규모 작업의 완료를 기다리는 동안 작업이 차단되지 않도록 스레딩, 동시성, 비동기성을 구현한다. 　– 속도 제한을 구현한다(서버 또는 구성 요소에서 들어오고 나가는 트래픽 제어).
설치 또는 패치 기능 생성	• 설치 프로그램이 서명됐는지 확인한다. 설치 프로그램은 정의에 따라 대상 호스트에 설치할 바이너리와 해당 설치를 담당하는 스크립트를 포함한다(퍼미션을 갖고 있는 디렉토리와 파일 생성, 레지스트리 변경 등). 대부분의 경우 이런 설치 프로그램은 상승된 권한으로 실행된다. 따라서 실행하려는 설치 프로그램이 실제로 신뢰할 수 있는 소프트웨어만 포함된 설치 프로그램인지 사용자에게 확인할 때 각별히 주의한다. • 키가 순환될 수 있는지 확인한다. 암호화 키는 주기적으로 순환돼야 하므로 키가 손상될 경우 소량의 데이터만 노출된다. 　– SOC2 또는 PCI-DSS와 같은 컴플라이언스 요구 사항으로 인해 1년에 한 번 주기적으로 키를 교체해야 한다. 　– 이벤트를 기반으로 키가 제공한 접근 권한을 취소해야 하는 경우 키가 순환돼야 한다.

이것을 한 경우라면	이것을 수행한다.
프로세스의 일부로 CLI, 실행 프로그램 또는 시스템 명령 생성	• 모든 입력에 악의적인 의도가 있다고 가정하고 그에 맞게 처리한다. 작업을 수행하기 전에 입력을 검증하고 출력을 삭제한다. 이렇게 하면 애플리케이션의 전반적인 보안 태세가 향상된다. 입력의 유효성을 검사할 때 알려진 좋은 접근 방식(https://oreil.ly/ucz3u)을 사용한다. 클라이언트 측 입력 검증은 쉽게 우회할 수 있기 때문에 클라이언트 측에서 입력값이 검증되더라도 무조건 서버 측에서 입력 검증을 수행한다.
	• 관련 없는 명령을 인수로 인젝션할 수 없도록 한다. 모든 종류의 인터프리터, 파서 등에 의해 eval() 평가되거나 exec() 실행되는 쿼리 및 명령어를 작성할 때 인젝션 문제를 예방하고자 올바른 유효성 검사와 입력의 이스케이핑 및 인용 부호를 적용하고 있는지 확인한다. 인터프리터 측에서는 사용할 수 있는 호출 중 가장 안전한 버전을 사용하고 있는지 확인하고, (해당하는 경우)인터프리터에게 수신 데이터가 손상됐음을 알린다.
	• 공격자(최소 권한)에게 권한 상승 벡터를 제공하고 있지 않은지 확인한다. 프로세스나 서비스에 필요한 권한 수준을 결정할 때 해당 프로세스나 서비스에 필요한 권한만 있어야 한다는 점을 염두에 둬야 한다. 예를 들어 데이터베이스만 쿼리하는 경우 자격 증명은 데이터베이스에 쓰기 권한이 없어야 한다. 상승된(루트 또는 관리자) 권한이 필요하지 않은 프로세스는 루트 또는 관리자 권한으로 실행되지 않아야 한다.
	• 명령의 범위를 의도한 작업과 파일 시스템 영역(입력 유효성 검사 및 최소 권한)으로 제한하고 있는지 확인한다. 예를 들어 파일 관련 작업에 입력을 수락하는 경우 액세스하려는 전체 경로가 사용자가 있어야 할 영역에 있는지 여부를 실행(GUI 아님!) 직전에 검증하는지 확인한다. '..' 및 '/'로 시작하는 문자열과 같이 경로 범위를 수정하는 문자열이 설명돼 있는지 확인한다. 파일 또는 디렉터리에 접근할 때의 링크를 고려한다. 명령을 수행하고자 항상 경로의 표준 형식(상대 경로 아님)을 사용한다.
	• 명령을 실행하는 데 사용하는 언어 메커니즘에 안전하지 않은 부작용이 없는지 확인한다. 인기 있는 예는 PyYAML 라이브러리의 yaml.load() 함수다. 공격자는 YAML 파일 내부에 파이썬 코드를 사용해 yaml.load() 함수를 실행시킬 수 있다. 용도에 맞는 함수이긴 하지만 yaml.safe_load()를 대신 사용한다. 이 차이점은 문서에 나와 있지만 대부분이 이를 주의하지 않는다. 이것이 코드를 읽고, 구문 분석하고, 실행하는 모든 함수의 부작용을 인식해야 하는 이유다. exec(), eval(), 모든 종류의 load(), pickle(), 직렬화(serialization) 및 역직렬화(deserialization) 함수 등이 그 예다. Ruby 환경에서의 문제(https://oreil.ly/bK8Fw)를 참고하자.
	• 새 라이브러리를 만드는 대신 잘 구축된 명령 실행 라이브러리를 사용하는 것을 권장한다. 자체 명령 실행 라이브러리를 롤링하면 문자 인용이나 블랙리스트/화이트리스트, 필터를 우회하고자 입력을 조작하는 방법 등을 잊어버리게 될 가능성이 있다. 여러분의 책임을 덜어 주는 잘 만들어진, 실제 사용되고 있는, 테스트된 라이브러리를 사용한다. 물론 좋은 라이브러리를 선택한 후 이와 관련된 경고, 업데이트, 버그 수정이 있는지 지속적으로 확인한다.

이것을 한 경우라면	이것을 수행한다.
고객 데이터 또는 시스템 리소스를 파괴, 변경, 무효화할 수 있는 기능 추가	• 절차를 실행하기 전 이중 인증(two-factor authentication) 적용을 고려한다. 이중 인증은 허가되지 않은 작업을 수행하는 공격자에게 추가 보호 계층을 제공하는 대역 외 방법(out-of-band method)이다. 이중 인증은 기본 인증 방법(알고 있거나, 스스로의 모습이거나, 갖고 있는 것)과 다른 인증 방법이어야 하고 대역 외 인증 방법이어야 한다. 예를 들어 브라우저를 사용해 비밀번호(알고 있는)로 로그인하는 경우 하드 토큰(온라인이나 컴퓨터가 아닌 대역 외 존재하는)을 사용해 임의의 값을 얻어 이중 인증을 수행할 수 있다. • 관련 없는 명령을 인수로 인젝션할 수 없도록 한다. 모든 종류의 인터프리터, 파서 등에 의해 eval() 평가되거나, exec() 실행되는 쿼리 및 명령어를 작성할 때 인젝션 문제를 예방하고자 올바른 유효성 검사와 입력의 이스케이핑 및 인용 부호를 적용하고 있는지 확인한다. 인터프리터 측에서는 사용할 수 있는 호출 중 가장 안전한 버전을 사용하고 있는지 확인하고, (해당하는 경우)인터프리터에게 수신 데이터가 손상됐음을 알린다. • 타임스탬프와 요청자의 ID로 작업이 기록되고 있는지 확인한다. 공격자의 악의적인 행동을 추적하고자 조작하는 사람의 신원과 조작 시간을 모두 기록해야 한다. 공격자가 계정을 탈취할 경우 계정 소유자와의 활동을 확인해 악의적인 행동을 정확히 찾아낼 수 있다.
로그 항목 추가	• 민감한 정보(비밀번호, IP, 쿠키 등)를 기록하고 있지 않은지 확인한다. 문제가 발생할 경우를 대비해 가능한 한 많은 정보를 기록하고 싶을 것이다. 그러나 대부분의 경우 이 접근 방식은 GDPR과 같은 컴플라이언스 목표에 미치지 못할 수 있으며, 경우에 따라 일반 텍스트 형식의 비밀번호나 민감한 쿠키 콘텐츠 등과 같은 정보가 노출될 수 있다. 실제 필요한 것보다 더 많은 데이터를 사용자로부터 수집하고 있지 않은지 확인한다. 특히 개인 데이터나 민감한 데이터를 처리할 때, 필요한 것보다 더 많은 데이터를 장기간 저장하고 있지는 않은지 확인한다. • 기록된 메시지로 부인 방지 기능을 제공한다. 보안 이벤트는 '언제' 이벤트가 발생했는지가 중요하다. 문제를 해결하고자 해당 이벤트를 조사하는 모든 사람에게 시의적절하고 자세한 정보를 제공해야 한다. 그렇게 하려면 로그에서 보는 모든 메시지가 정확할 뿐만 아니라 보고하는 작업의 결과로만 표시돼야 한다. 권한이 없는 사용자(설정)가 로그를 수정할 수 없는지, 순서대로 기록하는지, 출처를 명확하게 기록하는지 확인한다. 가능하다면 서명된 로그 항목을 구현한다.

'이 경우에는 이것을 수행If-This-Then-That' 형식 이외에도 이 체크리스트의 여러 측면을 명확히 해야 한다. 첫째, 이 지침서는 간결하게 작성돼 있다. 복잡한 문제가 참조돼 있는 경우도 있지만 많지 않다. 이것은 문제 조사를 시작할 만큼 충분하며 과도하지 않다.

둘째, 목록이 깔끔하다(그 이상은 아니길 바란다). 깃허브에서 인쇄할 때 적당한 크기의 글꼴로 양면 페이지에 잘 맞는다. 개발자가 목록을 인쇄해 옆에 놓고(URL이 포함돼 있지만…) 그들의 워크플로를 중단하지 않고도 참조할 수 있다.

셋째, 아이템의 작업 반복은 의도적이다. 반복적인 사용은 개발자가 몸이 기억하게 하는 데 도움이 되므로 각 '항목'을 완전히 캡슐화해 내부 참조 및 위아래로 검색하지 않아도 된다. 개발자는 어렵더라도 '내가 한 일이 여기에 있다'라고 말할 수 있어야 하고, '지금

내가 해야 할 일이 여기에 있다'라는 전체성을 볼 수 있어야 한다.

넷째, 마지막으로 '확인한다'의 남용은 의도적이다. 어떻게 '확신'할 수 있을까? 그것을 자세히 알게 됨으로써 가능하다. '확신'할 수 없다면 보안 전문가에게 의뢰하거나 조사를 시작하거나 또는 통찰력이 있는 동료에게 상의해 답변을 얻는다. '확신'의 사용은 추가 연구와 커뮤니케이션의 장려책으로 존재한다. '확신'이 들 때까지는 확인되지 않은 것이다.

개발자가 구현할 스토리가 선택되면 보안 개발자 체크리스트를 염두에 두고 평가해야 한다. 스토리에 보안 가치가 있는 경우, 즉 어떤 방식으로든 위협 모델을 변경하거나 구현의 근처에서 보안에 영향을 미치는 경우(예를 들어 다른 시스템이 소비할 출력을 생성하므로 보안 계약을 체결해야 한다) 스토리는 위협 모델 큐레이터가 고려할 potential-tm-update 레이블을 우리가 이전에 설명한 결과와 함께 받는다. 보안값이 포함된 경우 개발자는 문서를 허용할 수 있도록 티켓에 충분한 정보를 추가해 스토리를 안전하게 구현한다. 위협 모델 문서는 '이 스토리에서 발생한 위협을 완화한 방법'에 중점을 둔다. 이렇게 하면 다음에 전체 위협 모델을 고려할 때 위협이 재평가되지 않고, 완화 효과를 입증하는 데 충분한 정보를 갖게 될 것이다.

시간이 지남에 따라 개발자는 체크리스트를 보지 않고 스토리를 구현하기 시작하고, 목록에 익숙해짐에 따라 구현 전에 목록을 참고하기도 한다. 이를 통해 식별된 문제를 제거하거나 보다 완벽하게 문제를 완화하고자 다른 방법을 고려할 수 있다.[6]

이를 수치로 표현해 보자. 개발자가 처음 체크리스트를 보지 않고 스토리를 구현한다면 문제 식별과 해당 문제를 수정하기 위한 추가 시간이 필요하다. 이를 T1이라고 하자. 개발자가 개발을 시작하기 전 체크리스트를 사용하는 데 익숙해지더라도 분석과 수정을 위한 시간은 여전히 필요하다. 이를 T2라고 하자. 개발자가 개발 전에 체크리스트를 사용하기 때문에 T2 < T1이다. 단순히 체크리스트를 반복적으로 사용함으로써 개발자가 신속하게 문제를 확인하고 식별할 수 있을 뿐만 아니라 안전하게 코딩할 수 있기 때문이다. 시간이 지남에 따라 T2는 더욱 축소돼 여러분의 조직에 더 큰 이익을 제공함으로

---

6 유사한 사례로 브룩 S. E. 쇼엔필드가 McAfee에서의 작업을 문서화하면서 위협 모델을 애자일 스탠드업 룸에서 사용할 수 있는 일반 지식 도구로 사용했다. 그의 경험과 우리의 경험을 통해 결과물을 개발자에게 제공하는 것이 중요하다는 것을 깨달았다.

써 지속적인 위협 모델링의 효율성을 입증할 수 있다. 그러나 슬프게도 끊임없이 변화하는 환경에는 항상 학습 곡선^{learning curve}이 있고, 개발자는 계속해서 다른 방향으로 끌려갈 수밖에 없는 것이 현실이다. T2는 줄어들지만 기술 변화와 개발자가 적응해야 할 시간이 필요하므로 다시 커질 수 있다.

현장에서 얻은 발견

현재 A-CTM은 오토데스크에서 약 2년(2020년 말 기준)간 사용 중이며, 오토데스크의 외부에서 먼저 사용하기 시작했다. 애플리케이션 보안 커뮤니티의 피드백은 대부분 긍정적이었다. 모든 비판은 매우 건설적이었고 그 과정에서 직접적으로 방법론이 개선됐다.

2020년 1월, 앨리슨 쇼엔필드^{Allison Schoenfield}[7]와 이자르는 A-CTM 사용의 초기 결과를 발표했다.[8] 쇼엔필드는 방법론을 측정하고 향상시키고자 지속적으로 정보를 수집했고, 몇 가지 초기 결과를 검토할 수 있게 됐다.

- 개발 팀은 주로 기업 문화를 기반으로 다양한 수준의 열정을 갖고 CTM을 수용한다. 보다 독립적이고 연구 지향적인 문화를 가진 팀은 전문가의 도움 없이 스스로 CTM을 수용하려고 노력하지만, 보다 체계적인 배경을 가진 팀은 방법론이 제공하는 지침이 부족하다고 느낀다. 이 경우 중앙 AppSec팀 보안 전문가의 존재와 개입은 매우 중요하고 대체하기 어렵다.

- AppSec팀은 위협 모델링의 일상적인 실행과 검토 주기에 크게 관여하지 않으므로 많은 제품 팀에 서비스를 제공해야 하는 부담이 줄어든다. 연간(또는 주요 기능 개발 시) 검토 시간은 그에 따라 조정된다. 오토데스크가 현재 400개 이상의 제품을 유지보수하고 있다는 점을 감안할 때 모든 팀이 A-CTM을 채택하면 지속적인 검토가 필요하다. 이 대기열을 원활하게 관리하려면 팀에 과부하가 생긴다. AppSec팀은 검토 지침을 만들고 이를 제품 팀과 협의해야 했다. AppSec팀은 이전 결과를 표로 작성해 주제 목록에 없는 경우 집중해야 할 영역과 문제 패턴을

---

7 앨리슨 쇼엔필드는 브룩 S. E. 쇼엔필드의 딸이다. - 옮긴이

8 앨리슨 쇼엔필드(Allison Schoenfield)와 이자르 타란닥(Izar Tarandach), 「Scaling Up Is Hard To Do—The Threat Modeling Cover」, YouTube, 2020년 2월, https://oreil.ly/xobBx

찾았다.

- 위협 모델의 표준 결과 보고서를 사용하면 AppSec팀의 작업량은 더욱 줄어든다. 보안 엔지니어와 설계자가 검토 중인 시스템을 이해하고자 필요한 세부 정보를 찾는 시간을 최소화했기 때문이다. 모든 것이 항상 같은 위치에 있기 때문에 보안 엔지니어와 설계자가 원활하게 대화할 수 있다.

- 대부분의 제품 팀은 시스템의 진화적 특성에 만족감을 표시했다. 시스템의 '적절한 시기'에 위협과 결과물이 식별됨에 따라 지속적으로 논의가 가능했기 때문에 효율적인 속도와 시간으로 문제를 대응하고 백로그에 남아 있는 보안 문제의 양을 줄일 수 있었다.

- 진화적 특성이 있는 접근 방식으로 인해, 놓친 결함을 비난하기보다 교육적 접근 방식을 지지한다('승리하거나 배우거나').

전반적으로 CTM이 계획한 결과를 달성했다고 생각한다. 방법론이 완벽하지는 않지만 더 나은 방법론을 만들고자 여러분의 참여를 기대한다.

요약

5장에서는 위협 모델링의 단일 시점 활동에서 연속적인 활동으로 개선하는 방법을 살펴봤다. 폭포수 방법론을 사용하는 조직부터 애자일에 중점을 둔 조직, 독립적인 문화를 가진 조직 또는 체계적이고 확고한 문화를 가진 팀에 이르기까지 많은 조직이 채택할 수 있는 방식으로 개발 구조에 적용할 수 있다. 2단계 프로세스를 생성해 '현재 어떤 상황인지'에 대한 초기 위협 모델의 어려움을 극복하는 방법을 설명했고, 시스템에 새로운 기능이 반복적으로 추가될 때 위협 모델을 최신 개발 상태로 유지하는 방법(어떤 속도로 발생하든지 간에)을 설명했다.

여러분의 환경에서 이 방법론을 사용할 수 있길 바란다. 오토데스크 리포지터리를 복사해 여러분의 자체 수정본을 만들어 보자. 위협 모델링 커뮤니티에 공유하는 것도 잊지 말자!

위협 모델링 챔피언으로서의 역할

사람들은 여러분의 말을 듣지 않으며 실행하지 않는다. 간단한 작업은 진행하겠지만 진정한 변화를 구현하거나 복잡하고 어렵고 위험한 일을 하지 않는다. 여러분이 이들을 이끌어야 한다.

– 조코 윌링크(Jocko Willink)

6장에서는 일반적인 질문에 답변을 제공하고, 이전 장에서 다루지 못한 세부 사항을 다룬다. Q&A 스타일을 사용해 일반적인 질문에 답한다. 이러한 질문은 우리와 함께 일하는 개발 팀, 직속 경영진, 경험이 있는 동료, 신규 입사자 그리고 때로는 우리 자신으로부터 받기도 한다. 위협 모델러, 보안 실무자, 변화의 리더가 된다는 것은 무엇을 의미하는지 생각할 수 있기를 바란다.

경영진으로부터 위협 모델링의 지지를 얻으려면 어떻게 해야 하는가?

Q: 경영진은 위협 모델링의 가치에 동의하지 않는다. 그들은 이 기능을 보유하거나 이를 구축하는 데 필요한 투자의 이점을 알지 못한다. 이 대화를 촉진하고 지지를 얻고자 내가(보안 챔피언 또는 전문가로서) 할 수 있는 일은 무엇인가?

A: 위협 모델링을 구축하지 않으면 어떻게 될지 상기시켜 보자. 경영진은 위협 모델링이 시스템의 보안 또는 품질에 미칠 수 있는 영향을 인식하지 못할 수 있다.

'전문가는 우리가 이것을 해야 한다고 한다'에 의존하지 않는 두 가지 주요 주장을 사용할 수 있다(이는 가치를 얻는 것보다 컨설턴트에게 추가 비용을 지출하는 것에 찬성하는 주장이다). 경영진에게 다음과 같이 말해 보자.

- 개발 팀원들이 분석을 한다면 시스템의 구석구석을 더 잘 알 수 있을 것이다. 이는 문제가 발생할 경우 수정하는 데 걸리는 시간을 단축하고 보안 문화의 발달을 촉진할 것이다.

- 실습 자체는 보안 시스템이 무엇인지에 대한 개발 팀의 접근 방식을 강화하기 위한 교육 도구다. 실습 중 결함이 발견되지 않더라도 그들은 보안 개발에 의식을 갖고 업무에 임할 것이다.

가능하다면 여러분의 제품에 기존 데이터를 사용해 보자.

- 시스템에 설계 결함으로 인한 결함이 있는가?

- 이러한 결함이 해결되기엔 너무 늦게 발견되지 않았는가?

- 고객이나 비즈니스에 영향을 미쳤는가?

- 그것을 고치는 데 얼마나 많은 시간과 비용이 들었는가?

위험 등록을 유지 관리하거나 단순한 결함 목록이 있는 경우 비용 및 가치 정보를 수집해 기능 배포 사례를 구축하는 데 사용할 수 있다. 시스템의 문제를 줄이는 데 가치가 있음을 입증할 수 있고, 해결 비용을 최소화하는 방식을 보여 줄 수 있는 경우(즉 애초에 문제를 피할 수 있을 만큼 일찍 해당 기능을 사용함으로써) 경영진은 당신의 제안에 지지할 것이다.

또한 SAFECode(https://www.safecode.org)나 BSIMM^{Building Security In Maturity Model}(https://www.bsimm.com)과 같은 업계 소식통을 이용한다. '전문가는 우리가 이것을 해야 한다고 한다'의 범주에 속할 수도 있지만, SAFECode는 컨소시엄이며 BSIMM은 서로 다른 업종에 존재하는 회사의 설문 조사 결과 모음이다. 둘 다 위협 모델링이 효과적인 제품 보안 프로그램의 핵심임을 보여 주는 지원 데이터를 갖고 있다. 이렇게 하면 '누가 그렇게 말했는가'의 질문은 유명 기업 관찰을 통한 경험이 되고 권위의 호소가 줄어든다.

결국 전체 결과는 설계 시 문제를 식별하고 완화하는 프레임워크를 만드는 동시에 보안 테스트와 문서를 생성함으로써 측정할 수 있는 보안 제품으로 이어질 것이다. 이러한 접근으로 경영진에게 강력한 주장을 할 수 있다.

제품 팀의 반대를 어떻게 극복하는가?

Q: 경영진은 위협 모델링이 좋은 아이디어라고 생각한다. 그들은 수명 주기 초기에 이 중요한 활동의 가치를 확인했고 이해한다. 그러나 제품 팀 구성원은 이를 반대한다. 이를 극복하고자 어떻게 해야 하는가?

A: 먼저 반대의 이유를 이해해야 한다. 다른 개발자와 대화해 그들의 애로사항을 이해해 보자. 필요하지 않은 활동이라고 생각할 수 있다. 아마 그들은 중요한 것을 놓쳤다는 비난을 받길 꺼릴 것이다. 제안된 방법론이 현재 진행 중인 전체 개발 방법론과 일치하지 않을 수 있다. 또는 기존 요구 사항에 부담이 된 상태에서 또 다른 요구 사항을 받아들일 시간이 없다고 느낄 수 있다.

다음 세 가지의 방법을 사용해 보자.

비난하지 않기

위협 모델링은 시스템 설계에 비난 없는 탐색 과정이어야 한다. 일부러 결함을 만드는 결정을 하는 사람은 없다('악의적인 내부자'가 아닌 한). 이런 작업을 수행하려면 '이기거나 배우거나take the win, or learn'라는 사고방식이 필요하다.

접근 방식 조정하기

만약 팀이 사용한 방법론에 열의가 없는 경우 '너무 무겁다', '속도가 느리다', '지금 코드를 작성하거나 설계를 문서화할 수 있는데 무엇을 할까?', '보안을 잘 모르겠다' 등의 불만을 들을 것이다. 팀이 수용할 수 있는(또는 설득될 수 있는) 다른 방법론이 있는지 확인해 보자. 여러분의 필요에 맞는 방법론이 없다고 생각하고, 작은 규모로 시작해 사례가 더 잘 수용됨에 따라 성장하는 것에 두려워하지 말자. 프로세스가 진화적이어야 한다고 언급한 것을 기억하는가? 분석의 깊이나 결과물의 '좋은 점'과 더불어 더 잘 수용됨에 따라 프로세스도 진화해야 한다.

전문가 고용하기

기존의 복잡한 시스템을 처음으로 위협 모델링할 때 그 작업은 엄청난 가능성으로 인해 부담이 크다. 전문 위협 모델러가 팀에 컨설팅하거나 프레젠테이션 또는 데모를 전달한다면 올바른 방향으로 위협 모델링을 구성하는 데 큰 도움이 될 것이다. 전문가의 역할은 설계를 비판하는 것이 아니라 설계의 대화를 촉진해 설계를 보다 강력하고 탄력적이며 안전하게 만들고 의견과 지침을 제공하는 것임을 팀에 상기시킨다.

크게 시작해서 조직의 보안 개발 수명 주기에 작업할 기회를 놓치는 것보다, 작게 시작해 차근히 진행하는 것이 더 낫다는 점을 기억하자.

위협 모델링에 실패했다는 느낌(또는 실제 실패했음)을 어떻게 극복하는가?

Q: 팀이 참여하고 경영진이 지원했지만 위협 모델링이 실패한 것 같다. 우리가 정말 실패한 건지 아니면 단지 혼돈 상태인지 불확실한 상태인지 어떻게 알 수 있는가? 모든 경우에 확실하게 성공하기 위해 무엇을 해야 하는가?

A: 경영진의 지원이 있고 팀이 참여하고 있다면 성공적인 위협 모델링 사례를 구축하기 위한 기본 요소는 이미 갖추고 있다. 그러나 이것만으로 충분하지 않다는 것은 인정한다. 성공이 의미하는 정의는 무엇인지부터 시작해 보자. 스스로에게 몇 가지 질문을 하고 신중하게 답해 보자.

여러분은

시스템의 모든 중요한 부분이 포함되는 시스템 모델을 생성할 수 있다고 생각하는가?

시스템 모델(시스템의 추상화라고도 함)이 설계 또는 구현된 실제 시스템과 일치한다는 것에 팀이 동의하는가?

여러분은 할 수 있는가

시스템의 중요한 부분(중요한 자산, 리소스, 데이터)이 어디에 위치해 있고 공격으로부터 어떻게 보호되는지 설명할 수 있는가?

단일 장애 지점, 외부 종속성, '부적절한 위치에 있는 것'을 식별할 수 있는가?

그림 6-1에서 볼 수 있듯이 위의 질문 중 하나라도 '아니오'라고 답한 경우 위협 분석을 수행하기도 전에 실패했다고 생각할 것이다. 시스템 모델링 작업에 접근하는 방법을 자세히 살펴봐야 한다.

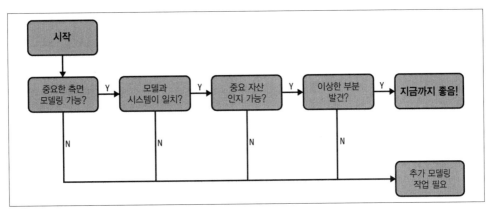

그림 6-1 스스로에게 질문하기

대부분의 경우 시스템 모델과 고려 중인 실제 시스템이 일치한다는 데 모든 사람이 동의하는 것과 정보를 수집하는 것은 위협을 식별하는 것보다 어렵다. 문서화된 설계와 구현이 일치하지 않는다는 것을 발견했을 때 유레카 순간을 언급한 것을 기억하는가? 이 경우 위협 모델링 작업을 계속하기보다 전체 팀을 모아 시스템 추상화를 업데이트해야 할 시기일 수 있다. 이 시점에서 문제의 근본 원인을 논의할 때 GIGO라는 말을 하지 않도록 주의한다. 시스템 모델의 혼란이나 불완전성은 의도적으로 오해의 소지가 있는 데이터나 정크 데이터와 같지 않다. 불일치 항목을 찾음으로써 팀의 자신감을 회복하고, 문제가 발생한 부분을 찾기 위한 조치를 취한다. 불일치를 제거하고자 모델에서 필요한 변경 사항을 찾고, 작업할 견고한 대표 모델이 있다는 것을 인지하면서 자신감 있게 진행한다.

이전 질문의 대답이 '예'인 경우 효과적인 시스템 모델을 구축하고 있지만, 위협을 식별하기 위한 추상화 분석이 우려될 수 있다. 각 팀 구성원 스스로 또는 팀 전체에 다음과 같은 질문을 해보자.

1. 위협 모델링 작업이 유효한 결과를 생성하고 있는가?

2. 시스템의 몰랐던 정보로부터 무언가를 배우고 있는가?

3. 이미 식별된 결함을 수정할 수 있는가?

다시 말하지만(중요하다) 위협 모델링은 진화하는 과정이다(아이디어는 5장 참고). 바다를 끓이는 걸 목표로 모든 것을 처음부터 올바르게 하려고 하는 것보다 (특히 이 작업을 처음 접하는 팀의 경우)정기적이고 지속적인 평가와 발견을 허용하는 방법론을 채택해 계속해서 학습하고 결함을 식별할 수 있도록 한다.

위의 질문에 '예'라고 답한다면 실패한 것이 아니다. 이미 프로세스에서 가치를 창출하고 있다! 그럼에도 여전히 실패했다고 생각된다면 자신의 능력에 자신감을 키워야 한다.

여기서 자신감은 경험과 가치감에서 비롯된다. 팀의 결과물이 언제 영향을 미치는지 생각해보자. 피드백 루프를 식별한다. QA 팀의 품질 문제가 감소했는가? 보안 스캐너의 마지막 실행에서 더 적은 수의 결과물이 나왔는가? 보안 취약점 신고제bug bounty 프로그램에 제출된 수가 변경됐는가? 다운스트림 기능에서 데이터를 가져와 위협 모델링 작업의 결과와 연결하고, 이미 달성한 결과가 시스템의 전반적인 상태와 보안에 의미 있는 영향을 미치고 있다고 확신해 본다. 성공에 완벽이 필요한 것은 아니므로 이 시점에서 완벽함을 신경 쓰지 않는다.

무엇이 잘못돼 시스템 모델(즉 추상화)에 문제가 생겼는지 생각해 볼 때 팀이 실수하는 몇 가지 영역을 고려한다.

- 시스템 추상화 작업에 적합한 인재를 배정하지 않으면 설계가 잘못될 수 있다. 모델링에 참여하는 사람을 확인하고, 시스템 설계에 직접적인 지식을 가진 사람을 추가 투입하거나[1] 인터뷰를 수행해 참석자가 직접 경험을 쌓게 한다.

1　물론 투입이 가능하다는 전제하에.

- 불분명하거나 모호한 요구 사항은 설계 시 가정^{assumption}하거나 혼란을 초래할 수 있다. 이것은 'no GIGO' 규칙에 예외 사항이며 자세히 살펴봐야 한다. 설계 팀이 요구 사항 혼란으로 인해 시스템의 올바른 구현에 도달하지 못한다면 성공할 수 없을 것이다. 그렇지만 요구 사항의 정의를 담당하는 제품 관리자나 이해관계자에게 책임을 전가하지 않는다. 요구 사항 도출 프로세스의 이해관계자로서 엔지니어링은 개선 영역을 식별할 책임이 있고, 궁극적인 설계에서 정확한 요구 사항을 도출할 책임이 있다. 요구 사항의 품질 규칙을 식별하는 방법으로 위협 모델링의 실패를 발판 삼아 미래에는 더 성공적으로 설계할 수 있을 것이다. 위협 모델링의 결과가 수명 주기의 다운스트림뿐 아니라 업스트림에서도 활용될 수 있음을 보여 줌으로써 자신감을 회복한다.

- 타사 구성 요소를 처리할 때 하드웨어 또는 소프트웨어 기능의 불확실성이나 혼동으로 인해 시스템 설계 기능에 좋지 않은 가정을 초래할 수 있다. 관련된 시스템 구성 요소의 기능과 제약 조건을 기반으로 시스템 추상화에 올바른 정보가 있는지 확인한다. 추상화 세부 정보를 기반으로 약점을 식별한다. 팀 구성원이 이 지식을 다른 팀 구성원(품질 팀 또는 빌드 팀)과 공유해 자신감을 얻는다. 설계자 또는 개발자 수준에서 혼란이 존재한다면 프로젝트의 다른 구성원은 당연히 혼란에 빠질 수밖에 없다. 지식을 공유하는 것은 시스템의 추상화와 정보의 구축 활동에서 역량을 입증하고 가치를 보여 주는 좋은 방법이다. 또한 시스템 모델링 참여자에게 추가 정보를 제공하고, 보다 효과적인 위협 모델링 활동으로 이어지는 커뮤니케이션 라인을 만들 수 있다.

여기에 언급된 모든 작업을 수행했음에도 위협 모델링이 여전히 유효한 결과를 창출하지 못한다고 생각된다면 이제는 전문가를 초빙해 현재 팀에서 식별할 수 없는 결함과 취약점을 교육해야 한다. 전문가는 공식보다 기본에 중점을 둔 교육 프로그램을 진행할 수 있다. 예를 들어 외부에서 제공받은 데이터와 SQL 쿼리를 혼합하는 것은 '객체 관계형 매퍼$^{ORM, Object Relational Mapper}$를 사용하는 것'보다 왜 안 좋은지 배울 수 있다.[2] 이를 통해 팀은 시스템 기능에 더 깊게 연구하고 더 많은 전술적 위협을 식별할 수 있을 뿐만

---

2 M. 호요스(M. Hoyos), 「What Is an ORM and Why You Should Use It」, Medium, 2018년 12월, https://oreil.ly/qWtbb

아니라 전체 유형의 위협을 '제거'하는 중간 계층을 추가해 설계에 보안을 포함시킬 수 있다. 여러분의 팀은 가치 있는 행동에 자신감을 얻게 될 것이다. 때로는 그 가치가 순수 보안과 관련이 없을 수 있지만, 그래도 괜찮다.

여러 유사한 접근 방식에서 어떤 위협 모델링 방법론을 선택해야 하는가?

Q: 고려 중인 모든 위협 모델링 방법론의 공통 스레드는 무엇인가? 대부분의 방법론에서 식별할 수 있는 위협 모델의 절대적 요구 사항은 무엇인가?

A: 팀 토디Tim Toady을 만난 적 있는가? 그는 Perl 프로그램의 지침 격언인 '이를 수행하는 방법은 여러 가지다TIMTOWTDY, There Is More Than One Way To Do It'로 널리 알려져 있다. 지금쯤이면 환경과 팀, 개발 방법론 그리고 이전 장에서 살펴본 기타 요소를 고려해 위협 모델링에 적용한다는 것을 알게 됐을 것이다. 그러나 옵션이 다양하기 때문에 적절하고 유용하며 대표적인 위협 모델을 만들려면 다음과 같은 공통적인 요구 사항에 답할 수 있어야 한다.

시스템 모델링

시스템 내 각 구성 요소의 속성과 특성의 기능으로서 시스템을 조작하고 기술적인 표현으로 변환하는 기능

위험 식별

시스템 모델을 활용해 해당 모델에 존재하는 위험의 종류를 식별하고 취약점으로 현실화할 수 있는 방법

위험 분류와 순위

어떤 위협이 다른 것보다 더 긴급하고 어떻게 어떤 방식으로 시스템에 영향을 미치는지 이해하기 위한 공식적인 접근 방식

후속 조치

식별된 위협이 해결 또는 완화되거나 적어도 조직의 위험 선호 프로필risk appetite profile 의 일부로 수용되는 상태에 도달하는 방법

지식 공유

모든 방법론은 본질적으로 팀 구성원과 이해관계자의 의사소통을 촉진하며, 이는 즉각적인 보안 요구 사항 이상으로 영향을 미친다.

결과 데이터 수집

식별하려는 노력과 관련해 결과물의 품질을 측정하기 위한 피드백 메커니즘, 결과물의 평균 중요도, 교육 및 계획 그리고 가장 중요한 보안 설계 패턴과 라이브러리, 툴을 사용해 이상적으로 완화를 추진하고자 가장 많이 노출되는 영역과 주제다.

위의 목표를 달성하고 개발 팀에 적합한 방법론을 찾거나 개발할 수 있다면 여러분은 방법을 찾은 것이다. 결국 유용한 결과(시스템에 적용되고, 식별되고, 분류되고, 순위가 지정되며, 완화 방법을 찾음)를 얻은 경우 여러분의 팀은 배우고, 보안 마인드를 갖게 되며, 여러분의 시스템은 잘 표현되고 분석된다. 이후 위협 모델링의 모든 요구 사항을 충족하고 위협 모델링의 이점을 누리게 된다.

'안 좋은 소식'은 어떻게 전달하는가?

Q: 위협 모델과 이 모델에서 얻은 결과물이 있다. 어떻게 프레젠테이션과 후속 조치를 진행해야 하는가? 모두에게 안 좋은 소식을 전달해야 한다면?

A: 때때로 위협 모델링의 결과물은 다시 드로잉 보드로 돌아가 시스템의 기본적인 설계 결함을 수정해야 한다는 걸 뜻한다. 다음과 같은 몇 가지 권장 사항으로 안 좋은 소식(부정적인 결과)의 '충격을 완화'시킬 수 있다.

- 모든 이해관계자가 이해할 수 있는 명확하게 정의된 평가 시스템을 사용한다.

- 취약점을 통해 어떻게 결함을 악용하는지 보안 지식이 없는 사람도 이해할 수 있도록 현실적이고 달성할 수 있는 공격 시나리오를 구축한다.

- 경영진, QA, 개발자, 위험 평가 전문가와 같은 다양한 이해관계자가 사용할 수 있는 용어로 결과를 제시한다.

청중에게 적절한 경우 다음과 같이 결과를 설명하는 소규모 비즈니스 사례를 포함한다.

공격자는 인증된 사용자로 가장해 제품 피드백 페이지의 댓글 입력란에 악성 자바스크립트 코드를 삽입할 수 있다. 다른 사용자(인증 여부와 관계없이)가 게시된 피드백을 읽고자 이 페이지에 접근하면 해당 자바스크립트 코드가 로컬 브라우저의 콘텍스트에서 실행되고 세션 식별자나 자격 증명(극단적인 경우)과 같은 민감한 정보를 획득할 수 있다.

'댓글 입력란에 크로스 사이트 스크립팅 결함이 있다'와 같이 개발자가 즉시 이해할 수 있는 기술적인 용어를 사용한다면 더 간결하겠지만 보안에 지식이 없는 사람은 이해하지 못할 것이다. 같은 방식으로 CVSSv3 점수를 중요도의 척도로 추가하고(현재 허용되는 업계 표준을 적용해 보자), 위험이 'CVSS:3.0/AV:N/AC:L/PR:N/UI:R/S:U/C:H/I:N/A:N 6.5 중간'이라고 추가할 수 있다. 이것은 영향 시간 가능성의 범주categorization of impact times likelihood를 찾고 있는 위험 전문가에게 방해가 될 수 있다.

안 좋은 소식을 전하는 것은 결코 유쾌한 일은 아니지만, 명확한 프레젠테이션은 긍정적인 변화를 촉진하는 데 큰 도움이 될 수 있다. 모든 이해관계자가 변화와 수정의 필요성을 더 쉽게 이해할 수 있도록 사실을 명확하게 표현하고 결과물에 의존할 수 있는 모든 가정을 포함한다. 각 이해관계자를 위한 올바른 언어와 표현을 사용한다면 모든 사람이 의사결정에 필요한 데이터가 명확하게 존재함을 보장할 수 있다.

승인된 결과는 어떤 조치를 취해야 하는가?

Q: 결과를 문서화하고 순위를 지정한 후 문제 해결을 위한 일정을 수립한다. 무엇을 언제 해결하고 문제를 해결할 때까지 얼마의 시간이 있는지 알 수 있는가?

A: 이는 조직과 환경에 따라 다를 수 있다. 조직의 위험 순위 시스템과 위험 수용 정책을 사용해 해결한다. 많은 수의 사용자가 있는 웹 기반 시스템의 치명적인 취약점의 예를 고려한다. 이러한 유형의 문제는 로컬 네트워크 외부에서 도달할 수 없는 데스크톱 클라이언트를 대상으로 하는 취약점보다 우선순위가 높을 수 있다(두 시나리오의 위험 수준이 다르기 때문에). 명심해야 할 중요한 것은 일관성이다. 주어진 모든 중요도 등급의 문

제를 해결하는 데 허용된 시간 동안 달성해야 할 정책이나 서비스 수준 목표를 설정한다. 특정 기간 내에 결함을 해결해야 하는 외부 계약이 있는 경우(예: '외부에서 보고된 모든 심각한 취약점은 영업일 기준 3일 이내에 수정해야 한다') 내부적으로 식별된 취약점도 동일한 기간을 적용한다. '협상 불가'가 유연해지는 문화를 만들지 않도록 정말 필요한 경우에만 예외를 허용한다.

예외의 적합한 예는 시스템의 대부분의 구성 요소에 주요 변경을 필요로 하는 애플리케이션의 핵심에서 식별된 설계 결함이다. 이 경우 결함이 수정될 때까지 모든 것을 중단하는 것보다 악용하기까지 더 많은 '방해물'을 추가해 영향을 간접적으로 완화해야 할 수 있다. 반대로 예외의 잘못된 예는 '지금 시간이 없다'다. 지금 시간이 없다고 생각한다면 이후 취약점이 터지고 즉시 해결해야 하는 상황에는 얼마나 더 시간이 없을지 상상해 보자. 특정 문제의 중요성에 타당한 사례를 만들 수 있다면 주어진 시간 계약 내에서 문제를 해결해야 하는 것은 당연한 것이다. 그렇지 않으면 '나중에' 해결해야 하는 문서화된 보안 부채를 만드는 것이다.

결과물^{finding}을 버그로 취급하되 추가 정보 레이어를 사용한다. 위협 모델에서 비롯된 것으로 명확하게 레이블을 지정해 결과를 결함 추적 시스템에 보관함으로써 완화 작업 이력을 관리할 수 있을 뿐만 아니라 이전에 여러분과 팀의 성과를 더 잘 이해할 수 있는 충분한 정보를 얻을 수 있다. 결과를 분류하는 데 도움이 되는 메타데이터를 추가해 패턴을 찾을 수 있다. 예를 들어 대부분의 결함이 위협-모델-출처 권한 문제로 분류돼 있다면 모든 사람을 회의에 초대해 권한 부여 원칙을 논의하고, 설계 패턴의 커밋을 고려해야 한다. 시스템의 모든 부분에서 모든 권한 부여 요청을 중앙 집중화한다. 이것이 '제품의 승인 결정 방법'이라는 표준으로 수립될 수 있으며 개발의 지침이 된다. 새로운 추가 사항이 팀의 표준으로 받아들이게 되고, 시간이 지남에 따라 권한 부여 문제가 조금씩 사라지게 된다(또는 해결해야 할 다른 권한 부여 문제로 변형된다).

역할에 따라 동일한 결과에 다른 관점을 갖는다는 것도 고려한다. QA 담당자와 개발자는 가능한 세부 정보를 원하지만, 경영진은 식별된 결과의 실행 탭^{a running tab}(감소하게 되길 희망한다)만 원할 수 있으며, 제품 소유자와 프로그램 관리자는 결과물 사이의 새로운 패턴에 더 관심이 있을 수 있다. 조회를 허용하는 방식으로 결과의 세부 정보를 저장해 이런 뷰의 생성을 최대한 자동화할 수 있어야 한다. 물론 이 모든 데이터의 접근은 엄격하게 제어해야 한다.

뭔가 빠뜨린 게 있는가?

Q: 침투 테스트, 버그 포상금 제도, 실제 보안 사고를 통해 설계 수준의 문제를 찾고 있다. 위협 모델링 중에 놓친 것이 있을까?

A: 아마도 빠진 것이 있겠지만 괜찮다. 위협 모델은 결과물만 생성하는 것이 아니다. 침투 테스트와 보안 문제에 중점을 둔 품질 보증, (최근)버그 포상금은 동일한 순위와 완화가 필요한 문제를 발견할 수 있다. 그러나 항상 질문이 따른다. 위협 모델링이 그렇게 뛰어나다면 이미 제품의 일부가 된 후에도 이러한 활동이 왜 문제를 식별하지 못했는가?

위협 모델과 그 결과물 사이에는 뚜렷한 차이가 있다. 위협 모델은 특정 시점의 활동이 아니라 시스템 추상화와 함께 변경되는 살아 있는 문서여야 한다. 위협 모델에서 발견한 결과는 개선의 기회를 제공한다. 버전 간 그리고 제품 팀 간의 의사소통을 원활하게 하고자 결과물을 일관된 형식으로 사용한다. 이는 위협 모델을 다시 들여다볼 때와 사람 간에 위협 모델의 책임을 전달할 때 그리고 다른 팀으로 이동할 때 해당 결과물을 이해하기 위한 수고를 덜어 준다.

완전한 위협 모델에는 시스템을 공격하는 실용적인 청사진이 포함돼 있기 때문에 민감한 정보로 분류되고 완료된 후에는 적절히 관리돼야 한다.

프로세스로서의 위협 모델링은 진화적이다. 오늘날의 위협 모델은 어제보다 더 좋아야 하고 내일의 위협 모델은 오늘보다 훨씬 더 좋아져야 한다. 이를 위해서 팀원들은 지속적으로 학습해야 하며, 위협 모델이 완료된 후의 결과물은 다음 위협 모델링을 할 때 자세히 살펴봐야 하는 새로운 영역이 된다. 몇 개월마다 위협 모델링을 다시 들여다보고 주의가 덜 필요한 영역(조직에서 적절하게 처리했거나, 적어도 어떻게 해야 하는지 배웠기 때문에)과 주의가 더 필요한 새로운 위협 영역(조직의 취약한 영역으로 식별됐거나, 최근에 발견된 문제거나, 이전 위협 모델링 범위에 포함되지 못했거나, 이전 위협 모델링의 시스템 보안 부채였기 때문에)을 식별한다.

한 대 맞고 정신차리자. 그런 다음 처음으로 돌아가 다시 시작해 보자.

요약 및 마무리

FAQ가 다른 이해관계자와 관련 토론을 이끄는 데 도움이 되는 충분한 정보와 배경 정보였기를 바란다. 그리고 이런 토론을 통해 위협 모델링 수행을 시작하는 데 가장 걸림돌이 되는 요소를 파악하고 '그렇지만 이것은요?'라는 질문에 신속하게 대처할 수 있다.

이 책을 읽으면서 유용한 조언과 제안을 얻었기를 바란다. 몇 년 전 위협 모델링을 시작할 때 이와 같은 책이 있었으면 도움이 됐을 것이라는 생각으로 이 책을 마무리한다. 시중에 나와 있는 다른 책에서는 특정 방법론과 설계 패턴에 보다 집중적이고 심층적인 접근 방식으로 보안 설계와 위협 모델링을 다룬다. 여러분이 이런 책들도 살펴보길 권장한다.

위협 모델링 여정의 흥미롭고 보람 있는 시작 또는 지속을 기원한다. 아담 쇼스탁은 '위협 모델링을 배울수록[...]'라고 말했다(https://oreil.ly/qEg2V). 우리는 위협 모델을 지속적으로 사용하고, 기사를 내고, 책을 출판하고, 방법론을 만들고, 강연을 하지만 끊임없이 배우고 있다. 앞으로 여러분이 이 분야에 기여할 수 있기를 기대한다.

참고 도서

이 분야에 관심 있는 독자에게 추천하는 참고 도서는 다음과 같다.

- 아담 쇼스탁의 블로그 「Adam Shostack & Friends」(https://oreil.ly/n8axu)

- 브룩 S. E. 쇼엔필드의 『Securing Systems: Applied Security Architecture and Threat Models』(CRC Press, 2015)

- 아담 쇼스탁의 『보안 위협 모델링 Threat Modeling』(에이콘, 2016)

접근 방식에 특별한 요구 사항이 있는 독자를 위한 방법론별 참고 도서는 다음과 같다.

- 샤말 페일리의 『Designing Usable and Secure Software with IRIS and CAIRIS』 (Springer, 2018)

- 토니 우세다벨레즈와 마르코 M. 모라나의 『Risk Centric Threat Modeling: Process for Attack Simulations and Threat Analysis』(Wiley, 2015)

작업 예제

시스템 모델을 구축하고, 시스템 정보를 도출하고, 잠재적인 취약점과 위협의 추상화 분석을 통해 위협 모델링 프로세스를 깊이 있게 제공했다고 생각한다. 여기에서는 이를 확실히 이해하기 위한 예제를 살펴보자.

 이 책은 위협 모델링이 일반적으로 요구하는 수준에는 부족한 정적인 문서이기 때문에 다음 프로세스 단계는 '단계 설정하기'에 이어 '완료하기'로 요약한다(스포일러 없음). 이 접근 방식에서 어떤 방법론을 선택하든 여러분의 위협 모델링 작업에 적용하는 방법을 배워야 한다.

높은 수준의 프로세스 단계

2장에서 언급했듯이 이 예제에서 수행할 높은 수준의 위협 모델링 단계는 다음과 같다.

1. 고려 중인 시스템의 객체를 식별한다.

2. 해당 객체 간의 흐름을 식별한다.

3. 관심 자산을 식별한다.

4. 자산의 영향도를 판단한다.

5. 위협을 식별한다.

6. 악용 가능성을 판단한다.

위협을 식별한 후에는 결함을 기록하고, 완화 방법을 강구하고, 시스템 개발 팀과 협력해 완화책을 적용한다. 이 단계는 조직에 따라 다르고 단계에 변화를 주려는 의도가 없기 때문에(이 단계가 여러분의 팀에 적절하게 잘 동작한다면) 여기에 대한 예제는 별도로 설명하지 않겠다.

첫 번째 시스템 모델에 접근하기

모델링을 위한 기본 프로세스의 시작은 시스템의 주요 구성 요소(애플리케이션, 서버, 데이터베이스, 데이터 저장소 또는 기타 항목)를 식별하는 것이다. 그런 다음 각 주요 구성 요소의 연결을 식별한다.

- 애플리케이션이 API 또는 사용자 인터페이스를 지원하는가?

- 서버가 모든 포트로 수신받는가? 그렇다면 어떤 프로토콜을 사용하는가?

- 데이터베이스와 통신하는 것은 무엇이며, 데이터베이스와 통신하는 모든 것은 데이터 읽기 권한만 있는가 아니면 쓰기 권한도 있는가?

- 데이터베이스는 어떻게 접근을 제어하는가?

필요한 모든 연결과 인터페이스, 프로토콜, 데이터 스트림을 완료할 때까지 대화 스레드를 따르고 시스템 모델의 콘텍스트 계층에 있는 모든 엔티티를 반복한다.

다음으로 관심 영역을 식별하고 더 세분화하고자 알아야 할 추가 정보가 포함되는 엔티티(일반적으로 애플리케이션이나 서버 요소)를 선택한다. 애플리케이션의 진입 지점, 종료 지점, 주요 구성 요소, 다른 구성 요소 또는 엔티티 간의 데이터/메시지를 전달하는 통신 채널에 집중한다. 채널을 통해 전달되는 데이터의 프로토콜과 유형 및 민감도를 식별한다.

팀과 협력하는 동안 발견된 정보는 주석을 달아 시스템 모델을 업데이트한다.

위협 모델링을 작업하는 동안 보안 원칙과 기술의 판단력 및 지식을 활용해 취약점과 위협을 식별할 수 있는 정보를 수집해야 한다.

시작하기 전에 위협 모델링 방법론을 선택하고 선택한 방법론에 그래픽 모델이 필요한 경우 사용할 심벌을 정한다. 이 예제에서는 DFD를 기본 모델링 접근 방식으로 사용하고, 선택적 개시자 표시^{optional initiator mark}를 포함한다. 이 예제에서는 선택적 인터페이스 심벌이나 신뢰 경계 심벌을 사용하지 않는다.

위협 모델링 작업 주도하기

모델링 작업의 리더로서 올바른 이해관계자를 참여시켜야 한다. 수석 설계자가 있는 경우 다른 설계자들과 개발 팀 리더를 초대한다. 또한 QA팀 리더도 초대한다. 프로젝트 팀의 모든 구성원이 모델 구성의 정보를 제공하길 권장하지만, 현실적으로 어려우므로 최대한의 시간과 관심을 유지할 수 있는 참석자들로 구성하길 추천한다.

여러분 또는 여러분의 개발 팀이 시스템 모델을 처음 접하는 경우 천천히 시작한다. 이 작업의 목표나 예상 결과를 참석자에게 설명한다. 또한 이 작업에 소요될 것으로 예상되는 시간과 수행해야 할 프로세스, 각자의 역할과 이해관계자의 역할도 설명한다. 팀원들이 서로를 잘 모르는 경우 세션을 시작하기 전에 회의실을 돌아다니며(물리적으로 또는 가상으로) 소개한다.

세션 중에 드로잉과 회의록을 작성할 사람을 정한다. 항상 대화의 중심에 있는 리더가 직접 드로잉해 참석자들이 작업에 집중할 수 있게 하는 것을 권장한다.

시스템을 살펴볼 때 알아야 할 몇 가지 포인트는 다음과 같다.

타이밍이 중요하다

너무 서둘러 시작하면 설계가 명확하게 형성되지 않은 상태에서 서로 다른 관점을 가진 설계자들의 아이디어가 소용돌이치고 회의가 삼천포로 빠지게 된다. 너무 늦게 시작하면 이미 설계가 확정된 상태에서 위협 분석 중에 발견된 이슈가 적시에 해결되지 못하고 위협 분석을 위한 회의가 아닌 문서화를 위한 회의가 된다.

이해관계자의 견해는 다를 수 있다

참석자의 수가 증가함에 따라 시스템 설계와 구현 방식에 이해관계자들의 견해가 다를 수 있으므로 올바른 설계를 이해할 수 있도록 대화를 이끌어 내야 한다. 회의 중 대화가 삼천포로 빠지거나, 같은 대화가 반복되거나, 일부 웅성거리는 등의 불필요하고 시간 소모적인 산만한 토론은 중재해야 한다. 시스템 모델링 프로세스에서 이해관계자 간의 적절한 대화는 종종 '유레카!'로 이어진다. 이 대화를 통해 설계로부터 예상되는 것과 구현의 벽에 부딪히고, 아무렇게나 시작한 설계의 한계점을 깨닫게 된다.

완벽하지 않아도 괜찮다

앞서 언급했듯이 완벽을 추구하겠지만 일부 정보가 누락될 수도 있다. 고의로 잘못된 정보를 사용하지만 않으면 된다. 모델의 데이터 흐름이나 요소에 부정확한 내용을 채우는 것보다 물음표로 채우는 것이 낫다. '잘못된 정보가 입력되면 잘못된 정보가 출력된다(garbage in, garbage out)'라는 격언과 같이 부정확성으로 인해 분석이 제대로 이뤄지지 않으면 잘못된 결과물이 도출되거나 시스템의 중요한 영역에서 약점을 찾을 수 없게 된다.

예제 활동: 시스템 모델링 생성하기

이 활동에서는 이론적인 산업 제어 시스템의 프로세스를 사용한다. 제품 소유자가 제공하는 시스템 기본 설명과 간단한 세부 정보는 다음과 같다.

이 시스템은 감압 밸브를 위한 산업용 제어 시스템으로 이 제품의 코드명은 솔라 플레어(Solar Flare)다. 밸브를 제어하는 장치와 밸브에 접근하는 파이프의 압력 수준을 판독하는 센서로 구성된다. 이것은 '스마트' 밸브로, 제어 평면의 지시를 받아 언제 밸브를 열지, 얼마나 오래 열어둘지를 결정한다. 밸브와 센서는 클라우드 서비스(퍼블릭 클라우드 제공업체에서 호스팅함)에서 실행되는 제어 평면과 통신하며, 이 제어 평면에는 과거 데이터 추세와 임곗값 설정이 저장된 데이터베이스와 '섀도(shadow)' 장치가 포함돼 있다. 제어 평면은 데이터 수집, 장치 명령, 장치 제어를 위해 장치 제어 프로토콜 채널을 장치에 노출한다.

위의 기본 설명에서 여러분은 문제가 있을 수 있는 위치를 추측해 볼 수 있으며, 추가 질문이 있을 수 있다. 당장 무엇을 '해결'해야 한다는 생각보다 모델링 실습을 연습하는 과정으로 모든 질문은 이 시점에서 결론을 내리기 위한 것이 아니라 더 구체적인 정보를 수집하기 위한 것임을 기억하자. 우려되는 부분이 있겠지만 여러 팀이 협력해 시스템의 많은 정보를 얻길 바란다.

이 예제에서 사용된 약어에 익숙하지 않은 독자를 위해 몇 가지 간단한 정의를 설명한다.

UART

범용 비동기 수신기/송신기Universal Asynchronous Receiver/Transmitter

RS-232

직렬 통신 프로토콜a serial communication protocol

GPIO

범용 입출력General-Purpose Input/Output

MQTT

메시지 큐 원격 분석 전송Message Queuing Telemetry Transport

RTOS

실시간 운영체제Real-Time Operating System

구성 요소, 흐름, 자산 식별하기

이 시점에서 시스템의 기본 설명, 즉 시스템이 무엇이고, 무엇을 수행해야 하는지, 어떤 범주에 속하는지(잠재적으로 속하지 않는지) 이해했다. 다음 단계는 쉽다. 모델을 구축하기 위한 시스템과 그 구성 요소의 세부 사항을 이해하고, 보호할 가치가 있는 자산을 식별하고자 팀에 추궁만 하면 된다.

이 활동은 비대화형이므로 여러분과의 어색한 대화 대신에 수집할 만한 정보를 제공할 것이다.

- 이 시스템에는 밸브 제어 장치, 밸브 유닛, 원격 제어 서비스, 압력 센서가 포함된다.
  - 밸브 제어 장치를 밸브 컨트롤러^{valve controller}와 센서 어레이 유닛^{sensor array unit}이라고 한다.
    - 장치는 UART 라인을 통해 센서와 연결되고, GPIO 라인을 통해 밸브와 연결되며, 둘 다 직렬 통신을 한다.
    - 장치에는 원격 제어 서비스를 위한 IPv4 네트워킹 기능이 있다.
    - 장치로부터 원격 제어 서비스와 밸브 모듈의 통신을 시작하지만 각각의 통신은 양방향이다.
  - 프라이빗 클라우드 기반의 원격 제어 서비스는 데이터 분석 기능이 있다.
    - 제어 서비스는 밸브 컨트롤러와 센서 어레이 유닛에서 데이터를 가져오고, 이 데이터를 사용해 연결된 밸브를 언제 열거나 닫을지 결정한다.
  - 밸브 유닛은 전자 제어식 공압 액추에이터가 부착된 기계식 밸브다.
  - 센서는 밸브 이전의 파이브 압력을 측정한다.

이 정보를 기반으로 한 시스템 구성 요소의 드로잉은 그림 A-1과 같다.

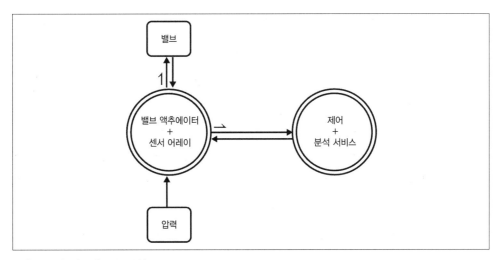

그림 A-1 시스템 콘텍스트 드로잉

아티스트가 아니어도 걱정하지 말자. 중요한 보안 결함이나 개인 정보 보호 결함을 발견했을 때 아무도 드로잉에 대해서 여러분을 탓하지 않을 것이다. 우리의 경험에 따르면 손으로 그린 그림은 개발 팀과 만날 때 어색한 분위기를 깨는 데 도움이 된다.

이전에 수집한 정보를 시작으로 각 구성 요소와 흐름의 세부 사항을 파악해 시스템과 그 특성의 이해를 얻고자 할 것이다. 시스템 모델 내에 있는 각 엔티티의 속성에 대한 질문으로 자세한 내용을 알아낼 수 있다. 각 유형 별 객체 질문 항목은 1장을 참고한다. 더 많은 아이디어는 5장의 주제 목록을 참고한다.

후속 대화를 통해 얻을 수 있는 정보는 다음과 같다.

- 장치는 ARM 프로세스를 사용하고, 조정 작업을 위해 C로 작성된 RTOS와 서비스를 실행한다.
  — 원격 서비스에 전송하는 데이터 메시지와 원격 서비스로부터의 제어 메시지는 MQTT(공통 IoT 메시지 대기열)를 통해 이뤄지며, 제어 프록시 서비스에 의해 처리된다.

- 클라우드 프록시 서비스는 '섀도'에 장치 상태 기록을 관리하고, 모든 변경 사항은 로컬 및 원격 제어 서비스에서 조정한다.

- 센서 판독 서비스는 UART 통신 라인을 통해 센서에서 데이터를 읽고, 온보드 섀도를 업데이트한다.

- 밸브 제어 서비스는 GPIO(입력)를 통해 밸브의 상태를 가져오고, 이 정보를 사용해 장치 섀도를 최신 상태로 유지한다. 또한 열림이나 닫힘 상태를 작동시키고자 밸브에 GPIO(출력)를 기록한다. 마지막으로 서비스는 장치 섀도의 상태 변경에 따라 밸브가 열리거나 닫히도록 작동시킨다.

- 센서는 제곱인치당 파운드^{PSI, Pounds per Square Inch}로 측정된 밸브 앞 라인의 압력을 측정한다. 데이터는 직렬(RS-232) 라인을 통해 밸브 액추에이터 제어 장치로 전송된다.

- 액추에이터는 밸브를 활성화(열기)시키는 신호를 수신받을 수 있다. 신호를 수신받지 않을 때의 기본 상태는 밸브를 비활성화(닫기)하는 것이다.

  - 액추에이터의 열림/닫힘 상태는 다른 GPIO 라인 세트를 통해 출력되며, 장치의 밸브 제어 서비스에 의해 읽는다.

- 제어 서비스는 Go(https://golang.org)로 작성된 섀도 서비스와 의사결정 지원 서비스라는 두 가지 주요 기능을 갖고 있다.

  - 섀도 서비스는 연결된 장치 상태의 복사본을 관리하고, MQTT 채널을 통해 장치로부터 데이터를 수집하며, 데이터를 장치 섀도에 먼저 저장한 후 CockroachDB(https://oreil.ly/BybER) 데이터베이스에 저장한다.

  - 의사결정 지원 서비스는 데이터베이스의 데이터를 분석해 언제 밸브를 열고 닫을지 결정한다. 이러한 계산을 기반으로 장치 상태로 장치 섀도를 업데이트한다.

시스템 구성 요소의 추가 정보를 사용해 그림 A-2와 A-3 같은 드로잉을 만들 수 있다.

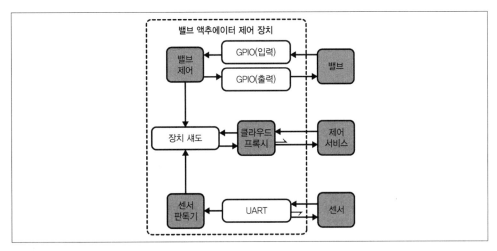

그림 A-2 밸브 제어 장치의 레벨1 드로잉

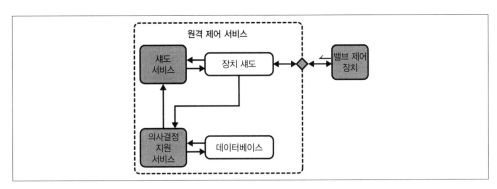

그림 A-3 원격 제어 서비스의 레벨1 드로잉

마지막으로, 가치 있는 자산과 그 자산에 존재하는 보안(또는 개인 정보 보호) 요구 사항을 식별해야 한다. 일부 자산은 이 예제 시스템을 통해 알 수 있지만, 다른 자산은 팀과 대화를 나눈 후에 찾을 수 있다.

다음은 이 예제 시스템의 주요 자산과 각각의 보안 요구 사항이다. 이 시스템(산업 제어 애플리케이션)의 특성으로 인해 이 예제에서 개인 정보 보호는 문제가 되지 않는다. 또한 요구 사항은 이 예제의 애플리케이션 목적에 따라 반우선순위^{semi-prioritized order}로 표시된다.

센서 데이터

가용성은 의사결정 프로세스에 중요한 요소이지만 무결성도 중요하다. 센서의 연결 상태는 물리적으로 확인할 수 있다.

밸브 상태 데이터

센서 데이터와 유사하다.

밸브 액추에이션 신호

가용성은 중요한 속성이다.

장치 섀도

장치 섀도의 데이터는 정확하고(무결성) 최신 상태(사용 가능성)여야 한다.

장치 섀도 데이터(전송 중)

장치와 제어 서비스 간에 전송되는 데이터는 변조되지 않아야 하고(무결성) 선택적으로 기밀성이 유지돼야 한다.

분석 데이터베이스

데이터베이스의 데이터는 무결성을 보장해야 한다. 데이터베이스가 퍼블릭 클라우드 환경에 있기 때문에 퍼블릭 클라우드 제공자를 포함한 다른 테넌트가 읽지 못하도록 보호해야 한다(기밀성).

밸브 제어 서비스

서비스가 올바르게 작동해야 하고(무결성) 적시에 작동해야 한다(가용성).

센서 판독 서비스

서비스는 센서 데이터를 올바르게(무결성) 해석해야 한다.

클라우드 프록시 서비스

서비스가 올바르게 작동해야 하고 올바른 원격 제어 서버와 통신해야 한다(무결성, 가용성).

섀도 서비스

서비스가 올바르게 작동해야 하고(무결성) 사용할 수 있어야 한다(가용성).

의사결정 지원 서비스

서비스가 올바르게 작동해야 하고(무결성) 적시에 작동해야 한다(가용성).

시스템 약점과 취약점 식별하기

지금까지 수집한 정보를 사용해 시스템 자산의 잠재적인 우려를 살펴보자. 이는 식별된 자산 중 하나(각 자산의 보안 요구 사항 중 하나)에 영향을 미칠 수 있는 악용 가능한 약점을 찾는 것을 의미한다.

이 예제에서 고려해야 할 잠재적인 약점은 다음과 같다.

1. 센서 데이터가 가로채어 변조될 수 있지만 이를 위해서 직렬 케이블이나 커넥터의 물리적인 접근이 필요하다.

    a. 센서 데이터 형식은 무결성을 보호하지 않는다.

    b. 센서 데이터 통신은 파손에 대비한 이중화가 돼 있지 않다.

    c. 센서는 장치 컨트롤러를 인증하지 않지만, 장치 컨트롤러에 물리적으로 연결돼 있기 때문에 진위 여부와 변조 여부를 육안으로 검사할 수 있다.

2. 밸브 상태 데이터가 가로채어 변조될 수 있지만, 이를 위해서 GPIO 라인에 물리적 접근이 필요하다.

    a. 밸브 상태 데이터 형식은 무결성을 보호하지 않는다.

    b. 밸브 상태 데이터 통신은 파손에 대비한 이중화가 돼 있지 않다.

    c. 밸브 모듈은 장치 컨트롤러에 의해 인증되지 않지만, 장치 컨트롤러에 물리적으로 연결돼 있기 때문에 진위 여부와 변조 여부를 육안으로 검사할 수 있다.

3. GPIO 라인이 절단된 경우 밸브 액추에이터 신호가 밸브에 도달하는 것을 방지할 수 있다(GPIO에 물리적 접근 필요).

4. 컨트롤러 장치에 전원이 공급되지 않으면 장치 섀도(장치 측)가 파괴될 수 있다.

   a. 장치 섀도 데이터는 비메모리 안전 언어로 작성된 서비스의 제어하에 장치 컨트롤러의 메모리에 저장된다.

   b. 장치 섀도는 메모리 크기가 고정된 구조다.

5. 클라우드 계정의 접근 권한이 있는 모든 사람은 분석 데이터베이스에 접근할 수 있다.

   a. 데이터베이스는 데이터 암호화를 지원하지 않는다.

   b. 데이터베이스는 암호화가 내장된 스토리지 노드에서 호스팅된다.

6. 밸브 제어 서비스는 높은 이벤트 우선순위가 부여된다.

7. 센서 판독 서비스는 높은 이벤트 우선순위가 부여된다.

8. 클라우드 프록시 서비스가 장치 섀도 데이터를 잘못된 클라우드 서비스로 보낼 수 있다.

   a. 프로토콜로서의 MQTT는 무결성이나 기밀성을 보장하지 않는다.

   b. 전송 프로토콜은 신뢰할 수 있다.

또한 전송 중인 MQTT 데이터는 장치 컨트롤러와 클라우드 서비스 간의 네트워크 연결에 접근할 수 있는 모든 사람이 가로채고 변조할 수 있다.

알림: 이는 시연을 위한 내용일 뿐 시스템 자산에 영향을 미칠 수 있는 모든 목록이 아니다. 여러분이 발견할 만한 것에 좋은 표현을 제공하고, 위협 모델링 활동을 마무리하는 방법을 보여 주려 노력했다.

위협 식별하기

시스템 모델링 활동에서 식별한 모든 정보를 기반으로 드러난 위협은 다음과 같다.

1. 악의적인 행위자는 원격 제어 서버를 스푸핑해 밸브 액추에이터 제어 장치가 적의 제어하에 있는 시스템으로 데이터를 보내도록 속일 수 있다. 이를 위해서 밸브 액추에이터 제어 장치와 동일한 서브넷에 속해 있거나 클라우드 계정을 손상시키거나 접근할 수 있어야 한다.

2. 악의적인 행위자는 원격 제어 서버를 스푸핑해 밸브 액추에이터 제어 장치가 잘못된 작업을 수행하도록 속일 수 있다(예를 들어 잘못된 시간에 밸브를 열거나 열어야 할 시기에 밸브를 열지 못하도록). 이를 위해서 밸브 액추에이터 제어 장치와 동일한 서브넷에 속해 있거나 클라우드 계정을 손상시키거나 접근할 수 있어야 한다.

3. 악의적인 행위자는 압력 센서 데이터가 밸브 액추에이터 제어 장치에 도달하는 것을 방해하거나 보고된 값을 수정할 수 있다.

4. 악의적인 행위자는 밸브 작동 신호가 밸브에 도달하는 것을 방해해 밸브 전후의 압력에 예기치 않은 변화를 일으킬 수 있다.

5. 악의적인 행위자는 밸브 상태 정보가 밸브 액추에이터 제어 장치에 도달하는 것을 방해해 잠재적으로 의사결정 지원 서비스가 작동하는 방식에 영향을 줄 수 있다(향후 잘못 열거나 닫는 동작으로 이어질 수 있다).

악용 가능성 판단하기

이 다섯 가지 위협 목록은 매우 심각해 보인다. 가장 먼저 수정해야 하는 것은 무엇인가? 심각도와 위험도에는 약간의 차이가 있기 때문에 우선순위를 결정하기 모호하다. 식별된 취약점과 위협의 우선순위를 정하는 데 유용한 악용 가능성을 계산할 때 CVSS와 같은 도구를 사용해 점수를 생성할 수 있다. 다시 한 번 말하자면 다음의 요소가 CVSS 점수에 반영된다.

- AV: 공격 벡터^{Attack Vector}

- AC: 공격 복잡성^{Attack Complexity}

- PR: 필요한 권한^{Privileges Required}

- UI: 사용자 상호작용^{User Interaction}(필수)

- SC: 범위 변경^{Scope Change}

- C: 기밀성^{Confidentiality}

- I: 무결성^{Integrity}

- A: 가용성^{Availability}

일부 위협에는 다른 정성적 기반의 심각도 값이 있으며, 이러한 값은 위협이 발생할 때 적용된다.

위협 1과 2에는 클라우드 서비스 엔드포인트를 스푸핑하는 악의적인 행위자가 포함되는데, 이는 MQTT 채널이 보안 프로토콜을 사용하지 않기 때문에 가능한 일이다. 대부분의 위협과 마찬가지로 취약점을 악용하고 부정적인 영향을 미치는 방법은 여러 가지다. 이 위협의 악용 경로에 있는 CVSS v3.1 요소(공격자가 밸브 액추에이터 제어 장치의 로컬 서브넷에 속해 있음)는 다음과 같다.

- AV: 인접 네트워크

- AC: 낮음

- PR: 없음

- UI: 없음

- SC: 없음

- C: 높음

- I: 높음

- A: 높음

CVSS v3.1 점수, 등급, 벡터의 결과는 8.8/높음(CVSS:3.1/AV:A/AC:L/PR:N/UI:N/S:U/C:H/I:H/A:H)이다.

또는 계정 접근 권한이 있는 공격자가 원격 제어 서비스의 진입 점을 수정해 원격 제어 서비스가 잘못 동작하게 할 수 있다(밸브 액추에이터 제어 장치의 관점에서). 이 경우의 요소는 다음과 같다.

- AV: 네트워크

- AC: 높음

- PR: 높음

- UI: 없음

- SC: 있음

- C: 높음

- I: 높음

- A: 높음

CVSS v3.1 점수, 등급, 벡터의 결과는 8.0/높음(CVSS:3.1/AV:N/AC:H/PR:H/UI:N/S:C/C:H/I:H/A:H)이다.

계속해서 위협 3, 4, 5를 스스로 진행해 보자.

마무리

이제 여러분은 식별된 문제의 잠재적 심각도를 충분히 이해하고 고려 중인 시스템의 특성을 기반으로 위험 평가를 수행할 수 있게 됐다. 예상할 수 있듯이 일부 위협은 다른 위협보다 수정하기 쉽고, 수정 비용이 적게 들며, 영향을 완화시키기 쉽다.

 MQTT 통신 채널에 상호 TLS를 추가하면 가장 심각한 위협(CVSS v3.1을 사용해 심각도를 평가한 경우)인 위협 1과 2를 완화시킬 수 있다.

위협 모델링 선언문

위협 모델링에서 '메타 이익meta-interest'이라고 부를 수 있는 사람으로 구성된 보안과 개인 정보 보호 커뮤니티를 정의하는 것부터 시작해 보자. 이들은 학문적인 환경에서 위협 모델링 방법론을 연구하고, 회사의 전문가 또는 컨설턴트로서 위협 모델링을 수행하고, 보안 업계 콘퍼런스에서 이 주제를 연설하고, 정기적으로 전파한다. 이들은 위협 모델링이 안전한 시스템을 개발하는 데 가치가 있다는 걸 경험을 통해 알고 있다.

이들이 모여 위협 모델링 커뮤니티가 된다. 말도 많고 탈도 많았지만 2017년부터 회사와 제품 개발 팀 사이에서 위협 모델링의 관심이 높아지기 시작했다. 2019~2020년에 들어서는 위협 모델링이 소수의 전문가가 수행하는 '예술'이라는 일반적인 상식을 깨고, 가르칠 수 있는 분야로 만들어야 한다는 의견이 위협 모델링 커뮤니티에 나오기 시작했다(크리스 로미오Chris Romeo는 '가르치는 것보다 잡은 것이 낫다better caught than taught'라고 표현한다). 다른 분야와 마찬가지로 위협 모델링은 연구, 측정, 설명, 테스트, 개선, 질문, 논의할 수 있으며 사실상의 규율을 만드는 모든 프로세스를 포함한다.

위협 모델링 커뮤니티 구성원의 말을 인용하고 개인과 집단의 경험을 공유해 위협 모델링을 발전시키는 데 필요한 배경 지식을 제공하고 있다. 책 전반에 걸쳐 우리의 개인적인 신념과 경험이 반영된 부분은 별도로 공지했다.

2020년 DC[1] 중반, 이전에 협력한 경험으로 존경하게 된 위협 모델링 커뮤니티의 많은 유명인이 위협 모델링 선언문을 작성하고자 모였다. 이 그룹의 일원으로서 위협 모델링

---

1   코로나-19 동안(DC, During COVID-19)

의 자료와 배경을 공유하는 최초의 인쇄물에 참여한 것을 영광으로 생각한다. 여러분은 이 책에서 심도 있게 논의한 많은 가치와 원칙을 알게 될 것이다.

방법과 목적

위협 모델링이 튼튼한 기반 위에서 자리잡을 수 있도록 정리되길 원했다. 개별 저자는 수십 년간 위협 모델링을 가르치고 수행하고 연구한 경험이 있다. 우리(선언문 작성자)는 애자일 선언문^{Agile Manifesto}(https://agilemanifesto.org)의 성공적인 경험에서 영감을 얻어 다른 사람이 가치를 찾고 미래 개선을 위한 토대가 되도록 할 것이다. 이러한 방식으로 위협 모델링 선언문은 세 부분으로 구성된다.

1. 정의와 범위

2. 위협 모델링 가치

3. 위협 모델링 원칙

정의와 범위로 시작하는 이유는 무엇인가? 위협 모델링이 무엇인지 우리 모두 알고 있지 않은가? 그렇다. 이제는 여러분도 알고 있다. 그러나 초기 토론 과정에서 때때로 '맹인과 코끼리'의 비유(https://oreil.ly/McFdH)에서 맹인처럼 행동하기도 한다(4장을 기억하는가? 유용한 이야기다).

경험과 개별 접근 방식을 통해 위협 모델링이 무엇인지 '알고' 있지만, 때로는 위협 모델링의 다른 측면이 더 중요하고 핵심적이거나 정의적일 때가 있다. 우리 중 일부는 위협을 찾는 데 중점을 뒀고, 다른 일부는 현실적인 모델을 만드는 데 중점을 뒀고, 나머지는 전체를 수행하는 방법의 메타 접근 방식에 중점을 뒀다.

최소한의 정의로 수렴함으로써(동의하지 않는다는 점에 유의하자) 우리는 이런 모든 내용이 공유되고, 개별 의견에 대화를 나누고, 위협 모델링이 실제로 무엇인지 기본적인 내용을 알게 됐다. 거기에서부터 구축할 수 있게 됐다.

'y보다 x를 더 중요하게 생각한다'라는 형식으로 가치를 나타낸다. 이것은 x가 본질적으로 y보다 더 낮다거나 항상 y를 피해야 한다는 것은 아니다. 이는 오랜 경험 기간, x가 일반적으로 y보다 더 나은 결과를 가져온다는 것을 관찰했음을 뜻한다. 상황에 따라 y가 완벽하게 잘 맞을 수 있고, 심지어 z도 다른 특성으로 잘 맞을 수 있다. 그러나 대체로 우리는 x가 y보다 더 바람직하다는 데 동의했다. 원칙은 정의에 비춰 가치를 설명한다.

우리(매트[Matt]와 이자르[Izar])는 이러한 협업, 학습, 토론을 경험할 수 있게 도와준 위협 모델링 선언문 그룹의 모든 구성원에게 감사를 표한다. 더 이상의 고민 없이 위협 모델링 선언문을 발표할 수 있게 돼 자랑스럽게 생각한다.

위협 모델링 선언문

위협 모델링이란 무엇인가?

위협 모델링은 보안과 개인 정보 특성의 우려 사항을 강조하고자 시스템 표현을 분석하는 것이다. 가장 높은 수준에서 위협 모델링을 수행할 때 다음 네 가지의 핵심 질문을 한다.[2]

1. 우리는 무엇을 하고 있는가?

2. 무엇이 잘못될 수 있는가?

3. 그것을 갖고 무엇을 할 것인가?

4. 충분하게 했는가?

왜 위협 모델인가?

위협 모델링을 수행하면서 여러분은 시스템에서 무엇이 잘못될 수 있는지 인식하기 시작한다. 초기 또는 시스템 수명 전반에 걸쳐 완화가 필요한 설계 문제와 구현 문제를 정확히 찾아낸다. 위협이라고 하는 위협 모델의 결과물은 이후 설계, 개발, 테스트, 배포

---

2 위협 모델링 선언문 그룹의 구성원인 아담 쇼스탁의 「Shostack's 4 Question Frame for Threat Modeling」(https://oreil.ly/NIzOH).

이후의 단계에서 결정할 수 있게 한다.

누가 위협 모델을 수행해야 하는가?

여러분, 즉 시스템의 개인 정보 보호, 안전, 보안을 우려하는 모든 사람이다.

위협 모델링 선언문을 어떻게 사용해야 하는가?

선언문을 지침으로 사용해 여러분의 요구 사항에 가장 적합한 방법론을 개발하거나 개선하자. 선언문의 지침을 따르면 더 효과적이고 생산적인 위협 모델링이 될 것이라 믿는다. 결과적으로 이는 보다 안전한 애플리케이션, 시스템, 조직을 성공적으로 개발하고, 데이터와 서비스의 위협으로부터 보호하는 데 도움이 될 것이다. 선언문에는 아이디어가 포함돼 있지만, 어떻게 해야 하는가의 설명이 아니며 방법론에 구애받지 않는다.

위협 모델링 선언문은 다음 두 가지의 지침을 따르며, 애자일 선언문[3]과 유사한 형식을 가진다.

- **가치**value: 위협 모델링의 가치는 상대적인 가치worth나 장점merit, 중요성importance이 있는 것이다. 즉 오른쪽 항목에 가치가 있다면 우리는 왼쪽 항목에 더 큰 가치를 둔다.

- **원칙**principle: 원칙은 위협 모델링의 기본 진리를 설명한다. 원칙에는 다음과 같은 세 가지 유형이 있다. (i) 성공적인 위협 모델링을 가능하게 하는 기본적이고 일반적인 사실, (ii) 적극 권장되는 패턴, (iii) 피해야 하는 패턴.

가치

다음과 같은 것에 가치를 둔다.

- 체크박스를 준수하는 것보다 설계 문제를 찾고 수정하는 문화

- 프로세스, 방법론, 도구에 대한 인력과 협업

---

3 2001년에 작성된 애자일 소프트웨어 개발 선언문은 소프트웨어 개발 가치와 원칙을 식별하며 그중 일부는 이 위협 모델링 선언문과 일치한다.

- 보안이나 개인 정보 보호 스냅샷의 이해

- 말보다 행동으로 수행하는 위협 모델링

- 단일 납품의 지속적인 개선

원칙

다음의 원칙을 따른다.

- 위협 모델링의 가장 좋은 사용 방법은 초기에 자주 분석해 시스템의 보안과 개인 정보를 개선하는 것이다.

- 위협 모델링은 조직의 개발 관행과 일치해야 하고, 시스템의 관리 가능한 부분으로 각 범위가 지정된 반복iteration의 설계 변경을 따라야 한다.

- 위협 모델링의 결과물은 이해관계자에게 가치가 있을 때 의미가 있다.

- 대화는 가치로 이어지는 공통의 이해를 확립하는 데 핵심적인 역할을 하며, 문서는 이러한 이해를 기록하고 측정하게 한다.

이러한 패턴은 위협 모델링에 도움이 된다.

- 체계적인 접근 방식: 보안과 개인 정보 보호 지식을 체계화된 방식으로 적용해 완전성과 재현성을 달성한다.

- 이론을 실무에 적용: 현지 요구 사항에 맞춰 성공적으로 필드 테스트를 통과한 기술을 사용하고, 해당 기술의 이점과 한계에 최신 정보를 제공한다.

- 정보에 입각한 창의성: 기술craft과 과학을 모두 포함해 창의력을 발휘한다.

- 다양한 관점: 적절한 주제 전문가와 부서 간의 협업으로 다양한 팀을 구성한다.

- 유용한 도구: 생산성을 높이고, 워크플로를 개선하고, 반복 가능하고, 측정 가능한 도구를 사용해 접근 방식을 지원한다.

이러한 패턴은 위협 모델링을 어렵게 한다.

- 완벽한 표현: 이상적인 뷰가 없고 추가적인 표현이 또 다른 문제를 시사하므로 여러 모델링 표현을 만드는 것이 좋다.

- 영웅 위협 모델러: 위협 모델링은 누군가의 타고난 능력이나 독특한 사고방식에 의존하지 않는다. 누구나 할 수 있고 해야 한다.

- 문제에 대한 찬사: 단순히 문제를 분석하는 것 이상으로 실용적이고 적절한 해결책을 제시한다.

- 치우친 경향: 모델의 일부가 상호 의존적일 수 있으므로 큰 그림을 보고 판단한다. 공격자나 자산, 기술에 과한 관심을 갖지 않는다.

위협 모델링 선언문에 대해서

위협 모델링 선언문에 대한 우리의 의도는 우리가 경험한 위협 모델링 지식을 공유해 다른 실무자에게 위협 모델링을 사용하도록 권장하고, 정보를 제공하고, 교육하는 것이다. 또한 개발 중 보안과 개인 정보를 개선할 수 있게 하는 것이다.

우리는 위협 모델링을 생각하고, 수행하고, 가르치고, 연습한 수년간의 경험을 바탕으로 이 선언문을 개발했다. 업계 전문가, 학자, 저자, 실무 전문가, 발표자로서 다양한 배경을 통해 위협 모델링의 다양한 관점을 모았다. 위협 모델링을 최상의 결과를 이끌어 내기 위한 조건, 접근 방식, 실패했을 때 개선하는 방법에 초점을 맞춘 우리의 지속적인 대화를 통해 아이디어를 형성해 나가고 있다.

저자

위협 모델링 선언문의 작업 그룹은 보안 또는 개인 정보 보호에 위협 모델링 경험이 있는 개인으로 구성된다.

- 조 브라이터만^{Zoe Braiterman}, @zbraiterman

- 아담 쇼스탁^{Adam Shostack}, @adamshostack

- 조나단 마실^{Jonathan Marcil}, @jonathanmarcil

- 스티븐 드 브리스^{Stephen de Vries}, @stephendv

- 아이린 미클린^{Irene Michlin}, @IreneMichlin

- 킴 뷔츠^{Kim Wuyts}, @wuytski

- 로버트 헐버트^{Robert Hurlbut}, @RobertHurlbut

- 브룩 S. E. 쇼엔필드^{Brook S.E. Schoenfield}, @BrkSchoenfield

- 프레이저 스콧^{Fraser Scott}, @zeroXten

- 매튜 콜스^{Matthew Coles}, @coles_matthewj

- 크리스 로미오^{Chris Romeo}, @edgeroute

- 알리사 밀러^{Alyssa Miller}, @AlyssaM_InfoSec

- 이자르 타란다크^{Izar Tarandach}, @izar_t

- 아비 더글렌^{Avi Douglen}, @sec_tigger

- 마크 프렌치^{Marc French}, @appsecdude

문서 내용과 구조의 기술적인 편집 검토와 전문적인 피드백을 해준 로렌 콘펠더^{Loren Kohnfelder}와 쉴라 카마트^{Sheila Kamath}에게 감사를 전한다.

찾아보기

개발자를 위한 위협 모델링

발 행 ㅣ 2023년 1월 3일

옮긴이 ㅣ 김 예 솔
지은이 ㅣ 이자르 타란다쉬 · 매튜 콜스

펴낸이 ㅣ 권 성 준
편집장 ㅣ 황 영 주
편 집 ㅣ 김 진 아
　　　　임 지 원
디자인 ㅣ 윤 서 빈

에이콘출판주식회사
서울특별시 양천구 국회대로 287 (목동)
전화 02-2653-7600, 팩스 02-2653-0433
www.acornpub.co.kr / editor@acornpub.co.kr

한국어판 ⓒ 에이콘출판주식회사, 2022, Printed in Korea.
ISBN 979-11-6175-686-8
http://www.acornpub.co.kr/book/practical-threat-modeling

책값은 뒤표지에 있습니다.